国家出版基金项目
“十三五”国家重点出版物出版规划项目
安徽省文化强省建设专项资金项目

爱的归宿

Берег любви

［苏联］奥·冈察尔◎著
力　冈◎译

安徽师范大学出版社
·芜湖·

图书在版编目(CIP)数据

爱的归宿 / (苏)奥·冈察尔著; 力冈译. — 芜湖: 安徽师范大学出版社, 2018.1

(力冈译文全集;3)

ISBN 978-7-5676-3271-4

Ⅰ. ①爱… Ⅱ. ①奥… ②力… Ⅲ. ①长篇小说-苏联 Ⅳ. ①I512.45

中国版本图书馆CIP数据核字(2017)第258885号

爱的归宿　　[苏联]奥·冈察尔◎著　力 冈◎译
AI DE GUISU

责任编辑: 禹晓雪
装帧设计: 刘　畅　桑国磊
出版发行: 安徽师范大学出版社
芜湖市九华南路189号安徽师范大学花津校区
网　　址: http://www.ahnupress.com/
发 行 部: 0553-3883578　5910327　5910310(传真)
印　　刷: 浙江新华数码印务有限公司
版　　次: 2018年1月第1版
印　　次: 2018年1月第1次印刷
规　　格: 880 mm×1230 mm　1/32
印　　张: 10.25
字　　数: 244千字
书　　号: ISBN 978-7-5676-3271-4
定　　价: 65.00元

力冈先生文学翻译的历史意义

——序《力冈译文全集》

刘文飞
中国俄罗斯文学研究会会长

在力冈先生诞辰91周年的今天，在力冈先生去世20年后的当下，在洋洋19卷23册的《力冈译文全集》面世的此刻，我们终于可以试着归纳一下他的文学翻译所具有的历史意义了。

一

力冈先生的文学翻译苦行僧形象是具有典型意义和感召力量的，这是中国老一辈俄苏文学翻译家留下的一个苍凉背影，也是他们为自己建起的一座“非人工的纪念碑”。翻译是一项苦差事，是需要坐冷板凳的，是一项付出和回报往往不成正比的工作，是一种注定要与孤独和寂寞为伴的工作。文学翻译至少需要出色地掌握两种语言，而好的外语或许能让人找到另外一种更为轻松、更有利可图的工作，好的翻译家若用其母语来进行创作，大约自己也能写出像样的文学作品来。可是，文学翻译似乎像电子游戏、像吸食鸦片一样是一种能让人上瘾的事情，一旦上手，一旦品味到其中的甘苦，往往便欲罢不能。始自玄奘的翻译姿态和翻译精神，似乎成了中国一代又一代译者的宿命，即专注和吃苦，苦修和执着。

力冈先生1926年生于山东乡间，自幼失去母亲，生活贫苦，到他上中学时，家乡被日寇占领，他流亡河南、甘肃、陕西等地。1950年，他考入哈尔滨外国语专门学校俄语专业，毕业后志愿来到安徽师范大学任教，不久就开始了文学翻译工作，陆续在报刊上发表一些短篇译作，至1956年，他的单行本译作《里雅希柯小说集》已由上海新文艺出版社推出。然而次年，他便在反右运动中蒙冤，被开除公职，押往新生耐火材料厂劳教。1960年7月，他因“劳动表现突出”被摘掉右派帽子，重返学校，他在教学之余立即重拾译笔，在短短数月间便译出苏联作家艾特马托夫的中篇小说《查密莉雅》，这篇译作在《世界文学》杂志1961年第10期刊出，引起轰动，“力冈”这一译家大名从此进入人们的视野。就在力冈先生准备大展宏图、施展拳脚的时候，“文化大革命”却突如其来，1968年，他再度被逐出校园，下放至宣城地区新田公社劳动改造，直到“文革”结束后的1978年方得以重返讲台，此时他已过天命之年，用他自己的话说就是：“噩梦醒来，已是人生的黄昏。”文学翻译需要天赋，但也是一种力气活，在对于一位翻译家而言的黄金时期，即30—50岁，力冈先生却两度蒙冤，两度再拾译笔，重新开始，这需要何等的勇气和坚韧！他两落三起的翻译经历，几乎就是20世纪五六十年代中国的俄苏文学翻译家们跌宕起伏的人生经历的缩影，就是那一时代中国知识分子命运的象征。令人惊讶的是，重返译坛的力冈先生以超乎常人的工作激情和翻译速度，在1978年后的20年间陆续出版20余部译著，平均每年一部，总字数达700余万。在20世纪80年代，最初几部译著的出版使力冈先生挣到了以当时标准看相当不菲的稿酬，甚至成为所谓“万元户”，但他似乎无暇也无意去享受自己的劳动成果，依然粗茶淡饭，素衣裹身，与此同时却以更大的热情继续译事，终日伏案，不懈地爬格子。1997年2月，力冈先生因肝癌病在芜湖弋矶山医院逝世，据家人说，他在生命的最后时刻仍在念叨着未译完的最后一部译作《罪与罚》。我们或许可以说，他是被文学翻译累死的；我们肯定可以说，文学翻译是他最为看重的毕生事业。

力冈先生少年时四处漂泊，中年时命运多舛，老年时病魔缠身，他的一生似乎都不是给最需要安宁和平静的翻译家所准备的；力冈先生的职业是教师，他偏居小城，又不善交际，这些似乎都不构成他迅速成长为一位全国著名翻译家的前提条件。但是，正如吴笛教授在他纪念力冈先生的文章中所言：“他的一生就是用出人意料的成就表现了悲怆的境界。面对种种意想不到的遭遇和不公，他并没有沉沦，也没有片面地记恨，而是在艰难的岁月中怀着对人性的憧憬，将厄运升华为创作的动力，在逆境中不忘呼唤人性和仁爱，将种种遭遇视为生命中的财富，在悲怆的境界中抒写诗意人生，毫不气馁地追求生命的意义，在自己所献身的俄罗斯文学翻译事业中，做出了杰出的贡献。”

普希金说过：“译者是文明的驿马。”笔者曾对此说法加以引申：“如果说广义的译者是文明的驿马，那么专事文学翻译的人士便是‘文学的驿马’了。凑巧的是，在汉语中，译者的‘译’和驿马的‘驿’不仅同音，而且在词源、词形和词义上也很相近，区别似乎仅在于后者为‘马儿’而前者是‘文人’（言者）。……用在驿站间往复奔波的马儿来形容译者，每个有过译事经验的人大约都能在这个比喻中品味出某种艰苦和辛酸，甚至是束缚和无奈。……既要有出众的能力还要有忍辱负重的秉性，日复一日的奔波只能换得微薄的粮草，还得时刻提防路途中遍布的坑洼和沼泽，能善此业者非驿马莫属也。”力冈先生就是这样一匹忍辱负重、砥砺前行的“文学的驿马”。力冈先生以他的作为告诉我们，文学翻译是一项可以托付终生的事业，是一种富有意义的存在方式；力冈先生及其文学翻译活动是一种燃烧生命的举动，一个与命运抗争的典范，同时是他的翻译意志奏出的一曲凯歌。

二

力冈先生是在中国改革开放的热潮中展开他最积极的翻译活动的，他的大部分译作出版于20世纪80年代。浏览一下力冈先生的译作书目，可以发现出版于80年代的译著有十余部之多，计有格鲁兹杰夫的《高尔基传》（与济凯合译，江西人民出版社1980年版）、冈察尔的《爱的归宿》（安徽人民出版社1983年版）、巴巴耶夫斯基的《野茫茫》（浙江文艺出版社1983年版）、艾特马托夫的《白轮船》（外国文学出版社1984年版）、阿列克谢耶夫的《儿时伙伴》（山东文艺出版社1984年版）、波利亚科夫的《别林斯基传》（黑龙江人民出版社1985年版）、普希金的《暴风雪》（春风文艺出版社1985年版）、肖洛霍夫的《静静的顿河》（漓江出版社1986年版）、帕斯捷尔纳克的《日瓦戈医生》（与冀刚合译，漓江出版社1986年版）、帕斯捷尔纳克的《含泪的圆舞曲——帕斯捷尔纳克诗选》(与吴笛合译,浙江文艺出版社1988年版)、卡里姆的《悠悠儿时情》(安徽文艺出版社1989年版)和格罗斯曼的《风雨人生》(漓江出版社1991年版)等。从这个目录还可以看出,力冈这一时期的译作总体上以苏联当代文学作品为主要翻译对象。

20世纪80年代是中国当代史上的一个特殊时期,那是一个文化转型期,甚至可以说是中国现当代的一场文艺复兴,是一个文化觉醒的黄金时期。在那场汹涌壮阔的思想解放运动中,在整个改革开放后中国当代文化的建构过程中,对外国文学和外国文化的翻译和介绍起到了无可替代的重要作用,中国当今的现代化,从某种意义上说就是一种“被翻译过来的现代化”。那是一个文学的时代,也是一个翻译文学的时代;那是一个开放的时代,更是一个对外国优秀文学和文化开放的时代,在精神上饥寒交迫的国人首度面对外国文学的盛宴,饕餮之余,最应该感谢的就是那一时代的翻译家。在中国改革开放后出现的外国文学翻译热潮中,俄苏文学也是重要的译介对象之一,力冈先生的译著也和其他众多翻译作品一样,是对改革事业的添砖加瓦,是为思想解放运动注入的燃料,对当时中国社会的文化重建、国民文化性格的重塑起到了重要作用。

中国的俄国文学翻译始自19世纪末,在五四时期出现第一个高潮,如今人们在探讨五四运动的起因时,常将俄国的文学与德国的马克思主义和法国的启蒙思想并列为三大思想资源,由此不难看出俄国文学在当时中国社会所发挥的强大思想作用。后来,在抗日战争时期,在新中国成立之后的50—60年代,俄苏文学再度发挥“军火”和“样板”功能，而在改革开放时期，包括俄苏文学在内的外国文学，又一次成为国人解放思想、放眼世界的意识形态工具和思想武器。如果说，鲁迅那一代翻译家是“给起义的奴隶偷运军火”的人，那么，改革开放时期的这一代中国翻译家同样是为国人“盗火”的普罗米修斯，功莫大焉，没有包括力冈先生在内的这一代翻译家的辛勤工作，国人的思想解放就是难以想象的。如果我们把出生在19、20世纪之交的翻译家如鲁迅、瞿秋白、蒋光慈、茅盾、巴金、耿济之等视为中国第一代俄国文学翻译家，那么20世纪第一个十年前后出生的姜椿芳、曹靖华、戈宝权、查良铮、汝龙、满涛、叶水夫等就是第二代，而力冈以及去年去世的草婴和刚刚去世的高莽等人则构成中国的俄国文学翻译家的第三代方阵，这一代翻译家同样以自己的辛勤努力为中国的思想启蒙和文化构建做出了历史性的贡献。

中国第三代俄国文学翻译家的工作也对当代中国文学的发展进程产生了深远影响。在20世纪80年代初起，俄苏文学在中国的译介出现一个“井喷”现象，十余年间，全国近百家出版社先后出版的俄苏文学作品多达近万种，在译作的种类和印数上，可能要高出此前所有同类出版物的总和。在这样一种铺天盖地的外国文学译介热潮中，受益的不仅仅是中国的读者，自然也包括中国的作家。王蒙在他的《青春祭》（作家出版社2006年版）一书中写道：“我们这一代中国作家中的许多人，特别是我自己，从不讳言苏联文学的影响。是爱伦堡的《谈谈作家的工作》在50年代初期诱引我走上写作之途。是安东诺夫的《第一个职务》与纳吉宾的《冬天的橡树》照耀着我的短篇小说创作。是法捷耶夫的《青年近卫军》帮助我去挖掘新生活带来的新的精神世界之美。在张洁、蒋子龙、李国文、从维熙、茹志鹃、张贤亮、杜鹏程、王汶石直到铁凝和张承志的作品中,都不难看到苏联文学的影响。张贤亮的《肖尔布拉克》、张承志的《黑骏马》以及蒋子龙的某些小说都曾被人具体地指认出苏联的某部对应的文学作品;这里,与其说是作者一定受到了某部作品的直接启发,不如说是整个苏联文学的思路与情调、氛围的强大影响力在我们的身上屡屡开花结果。"这里提到的张承志,就对力冈先生的译作赞不绝口,曾感慨:"我恨不得倒背如流!"由此不难窥见力冈先生的译作对改革开放时期中国作家产生的影响。

三

1984年,漓江出版社推出力冈先生重译的《静静的顿河》,这是新时期名著重译的第一部,而自90年代起,力冈先生更将名著重译当成首要任务,相继重译了多部俄国文学经典,如托尔斯泰的《复活》(译林出版社1992年版)和《安娜·卡列尼娜》(浙江文艺出版社1992年版)、屠格涅夫的《猎人笔记》(河北教育出版社1994年版)、莱蒙托夫的《当代英雄》(河北教育出版社1994年版)等,他作为翻译家的最后一项工作,就是重译陀思妥耶夫斯基的《罪与罚》。力冈先生是俄国文学经典著作重译的倡导者和先行者之一,他几乎将他翻译艺术炉火纯青的最后十年都用在了名著重译上。

文学名著重译始终是译界的一个有趣话题。中外文学史上的名作原著，无论出现在什么时代，一代又一代读者捧读的均为同一个文本，而文学名著的译本，即便是著名的译本，却常常会随着时间的推移而“衰老”，会被所谓“新译”所取代。日本著名斯拉夫学者、契诃夫的日译者沼野充义有一次曾对笔者说，被译成日语的契诃夫作品每20—25年便要新译一次，以适应新一代的读者。他的话让笔者大吃一惊，可转而一想，外国文学作品的汉译其实也有着大致相同的命运，尽管其存活期未必一定就是20—25年。汉语文学中的原创名著，如唐诗宋词元曲，如《三国演义》《水浒》《西游记》《红楼梦》，自然在任何时代都不需要也不允许做任何文字加工，可汉语文学中的翻译名著，即便是近现代翻译大家们的著名译作，如严复译的《天演论》、林纾和魏易译的《黑奴吁天录》、鲁迅译的《死魂灵》等，如今也会让人觉得不无“过时”之感，至少会让当下的读者阅读不畅。也就是说，文学名著是永恒的，不朽的，它们的译作却是相对短命的。笔者曾在一篇文章中对名著重译现象作过一番思考：首先，从读者方面看，读者为什么会在面对原作和译著时持有不同的阅读态度呢？他们对于原作和译作这种不同的阅读取舍究竟源自何种阅读心理呢？这种厚此薄彼的取向究竟是先天的还是后天的，是产生在翻译活动出现之后还是之前，这种倾向与文学名著重译这两者之间究竟存在着什么样的互动关系呢？其次，从译者的角度看，在进行重译和新译时究竟该如何面对已有的译作，尤其是已有的优秀译作，是刻意回避，还是尽量汲取原有译作的经验和精髓呢？如果对原有译作尤其是名译作的经验和精髓有所汲取，又该如何避免抄袭的嫌疑和版权的纠纷呢？如果对前辈翻译家宝贵的翻译经验视而不见，每位新译者均另起炉灶，真的能做到青出于蓝吗？如果新译在翻译质量上无法与旧译比肩，甚至不如旧译，那么重译的意义和价值又何在呢？最后，从翻译实践活动自身来看，用16、17世纪的汉语去翻译莎士比亚当然是可笑的，但是，用21世纪的汉语网络语言去翻译莎士比亚就一定具有历史的必然性和合理性吗？不断地重译、新译，会在多大程度上减少或抹去原作的时代感和历史感，把每一部新译作都作为当下的作品来读，是不是一种最大程度的误读呢？

力冈先生在进行文学名著的重译时，不知是否也曾遭遇此类问题，但他在晚年义无反顾地执着于重译，一定是一种有意识的抉择。我们猜度，他在他翻译事业的黄金时段做出这一重大转向，可能有如下几种原因：首先，他觉得在他之前的译本还有继续加工的余地，还有再度提升的空间。力冈先生重译的这几部俄国文学名著在他之前早已有过出自名家的名译，它们是不止一代中国读者捧读的对象，但力冈先生却不畏权威，另辟蹊径，公开与多位前辈翻译大家打擂台，这或许是力冈先生个人性格的一种显现，但他敢于“叫板”，无疑因为他自信他可以比之前的译著译得更好，或至少能译出他自己与众不同的特色。其次，在译出十多本书后，作为一名富有经验的翻译家，力冈先生大约也会产生出如何超越自己的问题，重译名著，既可以与前辈译家一较高低，同时也能时刻与俄国文学史上的名著及其作者进行跨越时空的深度交流，这无疑是一种更富有挑战也更富有趣味的工作。最后，名著之所以成为名著，就因为它们往往具有更为完满的艺术价值和更为恒久的艺术生命，翻译这样的作品，无疑更能呼应社会的阅读需求，赢得更大的社会意义。

力冈先生晚年重译的多部名著如今仍在一次又一次地再版，这说明力冈重译的俄国文学经典具有长久的生命力，也说明他当年重译名著的抉择是正确的。一位翻译家，只要他的译作还能出版，还能被人阅读，这位翻译家就还活着，好的译作就是译者的生命之延续。从更为广泛的意义上说，力冈先生是我国改革开放之后名著重译之风的倡导者之一，而名著重译，对于深化我们对外国文学经典的理解和认识、对于发展我们的翻译实践和理论而言，都是极具历史意义的。

四

力冈先生是一位翻译家，也是一位大学老师，教书育人是他的本业。作为恢复高考后步入安徽师大外语系俄语专业的20名学生之一，笔者有幸受教于王老师（力冈本名王桂荣，我们当时都称他“王老师”）。记得先生1978年从插队的宣城乡村回到安徽师大后，不久就开始给我们授课，他教的是“文学选读课”。先生是一个颇为“另类”的老师：他上课不用现成的教材，没有固定的教案，就以他当时正在进行的翻译工作为授课内容；他在教室里不来回走动，几乎不做板书，仅端坐讲台，摊开那本他正在翻译的原著，一旁摆着一摞他最新出炉的译稿，按部就班、一句一句对照着讲下去。对文学没有兴趣、对文学翻译没有兴趣的学生，听这样的课或许会感到无味，当时王老师课的课堂气氛也的确有些沉闷单调，但王老师并不在意，只管自顾自地讲下去，他会讲他为什么要这样译，讲到兴奋处，他会突然提高嗓门，用带有山东腔的口音高声朗读他最得意的译文段落，读完后，他会抬起眼睛，久久地盯着天花板，似在掩饰眼里涌出的泪水。记得是在讲解《当代英雄》时，他时时指出其他译者，甚至是非常著名的翻译家的错误，并向我们分析这些错误之所以出现的可能的原因，他也时常让我们在他的译文中“挑错”或为他的译文“润色”，如果我们偶有所得，他往往显得比我们还要高兴。与王老师的文学选读课构成呼应的，是我们在大三时学的翻译课，翻译课教师张本桂先生常常给我们一些原文片段，让我们动手翻译，并在下一次翻译课上让译文出色的同学朗诵其译文，并对他认为好的译文再逐字推敲。正是在力冈先生以及张本桂先生和其他老师的精心培养下，安徽师大俄语专业涌现出一大批俄罗斯语言文学专业的人才，其中多位如今已成为国内知名的翻译家，有译著面世的人更多达十余位，如吴笛、张杰、周启超、吴嘉佑、冯华英、朱少华、陈建硕和刘文飞等。名不见经传的安徽师大俄语专业，在短短二三十年间居然成为中国的俄语文学翻译家的摇篮，王老师在天之灵也会因此而深感欣慰！

我们这个俄国文学译者群体的崛起，在很大程度上要归功于力冈先生及其同事们的言传身教。首先，他在课堂上逐字逐句的中俄文对照讲解，他关于译者甘苦的诉说，对于有志于文学翻译的学生而言弥足珍贵，这其实就是一个文学翻译的工作坊和实验室，让我们当年在初步掌握俄语后不久便接触到了俄语翻译的真谛，亲眼目睹了一位翻译家的工作过程和工作方式。其次，他既与我们分享他的翻译过程，也与我们分享他的翻译收获，记得我们在校时，他和济凯先生合译的《高尔基传》已经出版（江西人民出版社1980年版），他送给全班同学每人一本译著，并用规整的笔迹在扉页上题字签名，不难想象，我们接到这样的馈赠时会多么激动，同时也会觉得译书和出书不再是一件遥不可及的事情。最后，他以他的翻译行为和翻译意志告诉我们大家，庙小并不妨碍念经，更不妨碍修身。他在翻译课上不畏权威，真诚地点出翻译名家们的长处和短处，让我们较早地感受到某种翻译民主精神，并从而确立自己的翻译人格。在他之前的大翻译家往往都生活和工作在大城市，而他在成名后却安居小城，潜心译事，他的存在方式构成一种垂范和激励，使我们很早就意识到，一位翻译家原本可以在任何环境里成长和工作。力冈先生作为一位翻译家的作为和风骨，为他的学生们树立起一个光辉的榜样。

五

力冈的文学翻译有着其鲜明独特的文字风格。译者作为一部作品中的“被动创作者”，究竟应不应该体现其风格，这也是翻译学中一个争论已久的问题，一个见仁见智的问题，有人认为，译者的责任就在于原封不动地传导原作的风格，而不能擅自发挥，喧宾夺主。但是，译作毕竟是由译者用另一种语言进行的文学再创作，译者个人的修辞习惯和语言风格不可避免地会在其译作中得到体现，也就是说，所谓“译者风格”实际上是难以避免的。在这种情况下，如何让译者的风格与作者的风格相互接近、相互吻合，往往就成了决定译作成败的关键因素之一。译者无法在作品的风格范畴里肆意妄为，但译者毕竟有权利选择与自己相近的原著，或者说，选择自己较容易处理的翻译对象，或者说，在一部作品的翻译过程中更注重在自己的风格较易发挥的地方施展拳脚。原作风格和译者风格的吻合虽是一个可遇不可求的事情，但一旦相遇，便是译者的幸事，也是原作者的幸事，更是读者的幸事。

在力冈先生的译著中，较之于人物对话和心理描写，大段落的抒情和大场面的写景似乎得到了译者更为精心的处置，他往往能借助这些段落营造出一种悲凉壮阔、哀婉抒情的氛围，更确切地说，他往往能细腻精准地传导出原作中的此种氛围。力冈先生钟情于这样的段落，钟情于这种文学氛围的营造和传导，无疑与他饱经沧桑的生活经历相关，也是他既刚正不阿又侠骨柔情的性格使然，更是他的审美趣味和文字风格的要求。他的几部译著在书名翻译上的处理，就在一定程度上体现了他的这一追求。巴巴耶夫斯基的小说原名 *Приволье*，这是一个很“地道”的俄语单词，意为“广阔的地方”“无拘无束”等，力冈成功地将其译成《野茫茫》，这个译名既契合小说描写苏联斯塔夫罗波尔草原地区生活的主题，也暗含着我国著名的北朝民歌《敕勒歌》所具有的苍茫壮阔的抒情力量。卡里姆的小说原题 *Долгое-долгое детство*，力冈先生最初发表在《世界文学》上的译文题为《漫长漫长的童年》，后来出版单行本时，他将书名改为《悠悠儿时情》，

“漫长漫长的”和“悠悠”这两种均使用了叠词的译法都是对原文题目中的修辞手法和诗意情绪的准确再现，但“悠悠”较之“漫长漫长的”似乎更符合中文习惯，再加上之后的“儿时情”，无疑更有抒情味。冈察尔的小说 *Берег любви* 通常被译为《爱的彼岸》或《爱之岸》，力冈先生却译为《爱的归宿》，译者似乎也是在有意地“拓展”作为小说描写对象的爱情的辐射范围。力冈最重要的译作之一《生活与命运》最初的译名是《风雨人生》，力冈是在20世纪80年代末结束此书的翻译的，想必他在译完这部作品时，回顾自己和社会遭遇的种种磨难，不禁百感交集，故将格罗斯曼的原书名 *Жизни и судьба* 译成《风雨人生》。需要说明的是，在广西师范大学出版社不久前再版力冈先生的这部译著时，笔者建议将译著的书名改为《生活与命运》，因为这部小说如今已与托尔斯泰的《战争与和平》并列，而作者格罗斯曼在为这部小说取名时也的确是对托尔斯泰那部史诗的有意模仿，“生活与命运”和“战争与和平”，都是对人类生活最高程度的归纳和概括。

我们或许可以将力冈先生的文学翻译风格概括为“大气的诗意”或“壮阔的悲凉”，即一种融悲剧与抒情于一炉、广阔的画面感与内在的节奏感相互呼应、一气呵成的连贯调性和力透纸背的史诗感相映成趣的译文风格。在他精心翻译的《静静的顿河》和《日瓦戈医生》等巨著中，他的译笔很好地传达出了原著中原本就饱含的由抒情性、悲剧性和史诗性抱合而成的小说整体氛围，而在《生活与命运》的翻译中，他的这一风格又得到了更为充分的彰显。请读一读这部史诗长篇的结尾：“在这种宁静中，会想起去年的树叶，想起过去的一场又一场风雨，筑起又抛弃的窠巢，想起童年，想起蚂蚁辛辛苦苦的劳动，想起狐狸的狡诈和鹰的强横，想起世间万物的互相残杀，想起产生于同一心中又跟着这颗心死去的善与恶，想起曾经使兔子的心和树干都发抖的暴风雨和雷电。在幽暗的凉荫里，在雪下，沉睡着逝去的生命——因为爱情而聚会时的欢乐，四月里鸟儿的悄声低语，初见觉得奇怪、后来逐渐习惯了的邻居，都已成为过去。强者和弱者、勇敢的和怯弱的、幸福的和不幸的都已沉睡。就好比在一座不再有人住的空了的房子里，在和死去的、永远离开这座房子的人诀别。但是在寒冷的树林中比阳光明丽的平原上春意更浓。在这宁静的树林里的悲伤，也比宁静的秋日里的悲伤更沉重。在这无言的静默中，可以听到哀悼死者的号哭和迎接新生的狂欢……”这一史诗性的小说结尾写得好，译得也好，善于再现悲剧抒情风格的翻译家力冈先生的功力和风格在这里体现得淋漓尽致，炉火纯青！

俄国诗人叶夫图申科在1986年访问中国之后，深为中国俄苏文学翻译家们忍辱负重、坚持不懈的精神所感动，写下一首题为《中国翻译家》的诗作，在由笔者译成中文的这首诗的最后，诗人写道：“知识分子的良心，/就是一家出版社，/它仍能工作，/即便没有印刷机，/无论监狱、痰迹还是侮辱，/它仍能用诗句的春燕/把各个民族连系。/翻译家们在做什么？/他们让各国人民相互走近，/越过国境，/越过谎言的沼泽地。/总有一天，要用他们的姓氏/为巨轮命名，/稻穗和麦穗，/会向他们鞠躬致敬。/伟大的译文，/就像神的预言。/翻译过来的细语，/会成为震耳的呼喊。/但愿能有一座纪念碑，/献给无名的翻译家，/那最为可敬的基座，/就由无数的译著垒成！”我们相信，力冈先生的译著，应该也被垒入这座纪念碑的基座;力冈先生的名字,应该也被刻上这座纪念碑的碑身!

二〇一七年初秋于京西

目 录

一

春天，以及阳光明媚的初夏，本地卫生学校的姑娘们常常在一座古城堡内进行防空演习。这些未来的医务工作者们带着担架，有时还戴着防毒面具，穿着笨重的防护服，挎着红十字包，在长满灰色艾蒿的荒野上散了开来，带着琅琅的笑声穿过假设的放射地带，抢救假设的伤员，不停地抢救、抢救、抢救……

这块城垣环绕的地区正适合做这一类的事情：因为这里到处是荒草丛生的洼地和山丘。每到夏季，考古工作者也在这里忙了起来：不停地挖呀，挖呀。旁边的山坡上，羊群在活泼愉快地奔跑着……这座城堡，这座罗马时代、或者更久远时代的古老建筑物，早已不再使人望而生畏。鸟雀在堞眼里筑巢；一些游客在一个个敌楼上留下歪歪斜斜的题词，希望自己能够在历史上留下一笔。只有从海上看，这座城堡还保持着昔日它那威严的神态：航海者从很远处就能看到它那矗立于悬崖峭壁之上、俯视着海湾和一个到处是葡萄藤的白色小城的雄姿。望着城堡的敌楼，令人产生一种神秘之感，不由得想起一位古人，缅怀他当年的豪语诗情……

当年在这里，罗马人或者土耳其人曾经将受尽凌辱的俘虏拖进城寨进行百般摧残，如今年轻的女实习生们却在城垣之内欢快、轻盈地飞旋，透过防毒面具的镜片，用笑眼迎送着过往的行人。

演习中间休息的时候，她们纷纷登上微风拂拂的城垣，摆动着她们那白衣素裹的身姿。远远看去，宛如一群白鹤；她们津津有味地吃着冷食，那是在城堡入口处一个胖婶婶那里买来的，胖婶婶穿的也是白色长衣。姑娘们虽然很累，却十分愉快，她们对刚才的演习感到非常满意，仿佛她们真的将人救活了。她们说俏皮话，取笑在附近土坑里进行挖掘的考古专业大学生。这些科学勇士们，像古罗马采石场上的奴隶那样，打着赤膊，汗流浃背，一天到晚在那里凿呀，刮呀，不住地在搜寻。

“喂，他们希腊人日子过得怎样？”女孩子们七嘴八舌地说，“他们谈不谈恋爱？”

“看不看电影？”

“他们把自己的诗人流放得这么远，究竟为了什么？”[①]

“把爱情的歌手都流放了！哎呀，真够野蛮！”

取笑由你，大学生们一概不作回答。

他们似乎没有听见，他们正埋头干自己的事情呢。他们正干得气喘吁吁，土坑里闷热得很哩。他们弯腰弓背，专心致志，难得有谁朝旁边望上一眼，尽管旁边聚拢了一群笑声朗朗的姑娘，那

---

①指古希腊诗人奥维得·普布利·纳庄（公元前43年—公元17年）著有长诗《变形记》。被奥古斯都皇帝流放到里海岸。

一双双晒得黑黑的、挺秀的小腿儿正在那儿养精蓄锐，单等着参加晚上的舞会。

要是敬爱的老师薇拉·康斯坦丁诺芙娜带领姑娘们实习，这些未来的医务工作者们就把多半的注意力集中到她身上。她曾受红十字会的委派，到过一个遥远的南方国家，不久前才从那儿回来。

“真是太有意思了，再给我们讲一点吧，薇拉·康斯坦丁诺芙娜，讲讲我们的仙鹤在那儿过冬的美丽的孟加拉……”

这真是一个诗人的国家，这儿的爱情永远忠诚，这儿四季如春，这儿有黑色的眼睛，明丽的笑容，女人的手臂像天鹅的翅膀，连蛇都会给迷得神魂颠倒……瞧，一条巨大的蟒蛇直竖在那儿，晃动着头，在欣赏姑娘的舞姿，那姑娘就在蟒蛇跟前也像蛇一样扭动着身躯，摆动两肩，舞出千姿百态，飘然欲飞，那是一个酣舞中的宽裙的茨冈姑娘……

可是薇拉·康斯坦丁诺芙娜今天不知为什么不愿意讲：她脸上显出沉思的样子，眼睛流露出忧郁的神情。即使开口，呈现在女学生们眼前的也不会再是欢乐的舞蹈，而是一群群吃不饱肚子的儿童，筋疲力尽的母亲，到处伸着长满溃疡、骨瘦如柴的手，张着烧红的眼睛，向你乞求帮助……红十字站通宵开放，就像处于包围之中，病人和饥饿者的叫声一刻不停，尽管不住地在分发药品和食品，可是等待治疗和食物的人不见减少；就连你自己，经过这样一些不眠的孟加拉之夜，也会头昏眼花，因而也就无暇领略孟加拉的美景……可叹这个四季常青的神话中的伊甸园，我们人类祖先发端的地方！到处潮湿而闷热的夜，害霍乱的人在帐外呻吟，你自己也因为极度疲劳禁不住昏昏欲睡，眼前出现幻影，出现一个身穿白大褂的妖婆，睁眼一看，又是一个很大的怪物，还说不出它叫什么名字，它十分机警地坐在盛食物和药品的箱子上。那小小的孟加拉爬虫，很像你童年时见到的蜥蜴。也许，它就是当初诱惑过夏娃的那条蛇的后代？这个令人难以捉摸的东西一动不动地直盯住你，谁又知道它会不会跳过来？是不是一条毒蛇，会不会致人死命？

然后又是直升飞机将你送往更遥远的地区。你俯瞰大地，一片汪洋，混浊的热带河流到处泛滥，偶尔只能看到尚未淹没的树顶，找不到一块可以着陆的地方。等到终于找到一块陆地，等待着你的依然是那副情景：潮湿而闷热的空气和向你伸出的无数只手，无数痛苦、陌生的眼睛里流露着无尽的哀求。

"薇拉·康斯坦丁诺芙娜，您在那儿究竟有什么感触？"

"孩子们，我觉得，我应该那样，我必须那样。就是说，我的责任是救死扶伤……"

她的声音是平静的，但在她们听来，这就是一个战士的心声，是她们学校陈列室的墙上挂着的照片上那个笑容可掬的戴大耳帽的年轻姑娘所发出的声音。当年她就是那个样子，如今已满头银丝，目光无神，脸上早已失去青春的光彩。难道她们，她的学生们，有朝一日也要变成这个样子？

英娜·雅戈尼奇，这个全校的光荣，全优生，还是个诗人（她创作的歌曲已由学生业余合唱团演唱），她满怀同情和关切地望着老师那失去青春光彩的面孔，突然换一种严肃的语调问道：

"薇拉·康斯坦丁诺芙娜，听说，您不论到哪里，都要留下一片心……”

“也许是这样。”

“哎呀，这可有点危险。”斯维特兰娜·乌西克一面照着小镜子，望着自己的长睫毛，一面调皮地笑着说，“这儿留一片，那儿又留一片……这样下去，不是要发生心力衰竭症状吗？”

“一颗舍得给人的心，是永远不会衰竭的。”女教师激奋地、甚至有点气恼地回答说。

“啊，我是说着玩儿的。”斯维特兰娜声辩说，“请您原谅。”

“不是原谅不原谅的问题，……到时候你会明白的。”

薇拉·康斯坦丁诺芙娜没有讲下去，但是似乎姑娘们能猜度出未说出的意思：“为了崇高事业不能吝惜自己的心；我过去给你们讲过，今天还要给你们讲。孩子们，也许你们当中很快就有人去尝尝热带滋味，——到那时候自己就会相信，人的心会发挥多么大的作用……满载红十字会救济物资的运输机在混浊的洪水中寻找着陆点，可是水泥地面实在难找，以致降落时，飞机轮子上的橡皮都会起火，不得不用灭火器扑灭……水里到处是细菌，到处是顶可怕的瘟疫；你天天看到的是苦难、肮脏不堪和不讲卫生，到处是可怕的疾病的病原体，你会感到束手无策……可是你还得振作精神，控制住自己的情绪，重新投入战斗，每跨出一步，都要冒着生命的危险，尽管你很想活下去，尽管你求生的欲望非常强烈，不亚于所有死去的人，不亚于现在的你们……”

有的地方瘟疫在肆虐，暴风在狂号，将轮船掀入海底，可是这里，在城堡里，是这样宁静，这样明丽，这样美好。来往于沿岸各码头的“流星号”偶尔驶过，有时在遥远的天际出现一艘轮船，随即又消失在海的远方。一条熟悉的驳船始终不动地、安心地停在离海岸相当远的地方，在那里为新的工程捞取海底的黑沙。驳船附近，一些潜水员在打捞一条深海中的货船，他们已经打捞了很多天了。那艘货船是在一九四一年被炸之后沉入海底的。那一年夏天这艘船在运送粮食，当时船舱中装满了小麦。据说，小麦在海底至今没有腐烂，只是变成了黑色。有一次潜水员在向沉船潜行的时候，无意中发现一座不知何时沉入海底的希腊古城的废墟。如今，这座废墟也引起了这些枯燥无味的考古大学生们的兴趣。

在姑娘们看来，这里的一切是如此地平淡无奇，如此枯燥乏味。只是春天或者夏末，才偶尔地从遥远的天际出现那艘“猎户星号”实习船，甲板上站着许多航海学校学生。这艘船或者外出归来，或者扬帆出发，都要显出一副神气活现、不可一世的样子，擦着这一带海岸匆匆驶过；它行驶在海上，好像一点重量也没有，给人一种虚幻的感觉，好像是神话中的仙舟；它扬起满帆飘然而过，就像姑娘甜蜜的梦中的幻影。它驶过了，像远游的云朵那样飘然而去，直至消失，看不见了。

又是平淡无奇的日子。那梦幻般的“猎户星号”已经消失，又是那熟悉的驳船和它捞取的黑沙。

姑娘们已经分配过了，已经拿到了分配通知书。未来的护士和医生们就要各奔东西了：有的对分配感到高兴，有的不太开心，有的从分配委员会走出来笑逐颜开，有的眼泪汪汪，泪珠儿像小溪那样从睫毛上往下淌。这真是难挨的一天哪——姑娘们的命运就在这一天决定……英娜·雅戈尼奇很幸运，她在分配的那一天从办公室里跳了出来，眼里闪着喜悦的光彩："咱们各奔东西，我可是要回库拉耶夫村了！"

分配的地方完全符合她的志愿，所以说，她很幸运。在分配之前，为了更有把握起见，库拉耶夫村为她寄来了一份申请书，农庄主席要求将英娜·雅戈尼奇派回她的故乡。毫无疑问，这在分配工作的天平上占有一定的分量。而且可能是决定性的分量。因为提出这个要求的不是一个等闲的人，而是全州闻名的契列得尼琴柯：他从前是个康拜因手，如今是整个滨海地区有名的先进集体农庄主席，社会主义劳动英雄，有影响的人物，谁能对他的请求置之不理？

英娜真的十分高兴：她就要回到家里，见到亲人，去给乡亲们治病。她很快就要登上"流星号"，劈开浪花，朝家乡驶去；这城堡，这城堡里的羊群和萋萋的荒草，留给别人去欣赏吧。迎接她的将是另一个天地：像足球场那样平坦、辽阔的滨海草原，低低的、参差不齐的海岸；从海上就能看到那赭色的黏土层，上面是清晰可辨的一眼望不到边的黑土地带；那黑土连同上面的青草和水草的根，年年在风暴怒吼的秋季受到大海的吞蚀。

"英娜，你学习成绩这么好，可以到好一点儿的地方去。"克拉娃·普利霍吉柯说。她和英娜虽然很要好，但总是存有一点儿嫉妒。"你可以到第一流的疗养院去，譬如说，可以到木兰花丛里，到柏树林中去……你现在却是去库拉耶夫村……"

"是我自己要求的。"

"你不觉得遗憾吗？"

"不觉得遗憾。"

不过，在她的脑海里偶尔也真的闪过一丝疑虑的阴影：真的将来不会觉得遗憾吗？回库拉耶夫村工作，有什么值得她高兴的呢？说不定，小丫头，有朝一日你会哭鼻子的，那不就迟了吗？回到库拉耶夫村去，那未来的情景，她自己是看得很清楚的：机务人员端着血肉模糊的手来找你，你得擦洗伤口上的灰尘；在田野里劳动，工伤事故实在不是稀罕事，特别是在夜间。前来找你的有妇女、烈属，她们害着各种各样的痼疾；有脾气古怪的退休人员，来向你索取延年益寿的药方；你还不得不拼命去向联合医院争取每一张病床，因为本农庄的医院至今还只是在设计阶段；而在"联合扩大医院"里，床位不足，有时病人要睡在走廊上，好姑娘，你的麻烦事将来有的是，不要发愁没有事情干……

"孩子们，美丽的孟加拉——这要看怎样去理解……"薇拉·康斯坦丁诺芙娜说，"依我看，所以说它美丽，是因为它最殷切地等待着你。"

这话真是说到人的心坎里去了！英娜默默地、感激地望着女教师：库拉耶夫村确实在等待着她。父亲，母亲，乡亲们……还有那个人，他那热恋的眼睛在远远地向你闪动，夜晚你向他默送过多少火热的信息，为他谱写过多少隐秘的、总也没有寄出的歌曲。

二

有一支歌叫《爱的归宿》，这支歌诞生在英娜初离家乡时的一个夜晚。在那些夜晚，英娜因为离别了库拉耶夫村，心里十分难过，并且常常有一种使她不安的预感。这时她觉得，只有将激情凝结为歌声，将痛苦、热烈的倾诉和心声一起融汇进去，只有借助这种神奇的、炽烈迸发的感情力量，才能保留住她最怕失去的东西。不是她想出名，不是因为年轻人好出风头、寻开心，而是内心深处迸发出了真正的心声。英娜认为，这支歌不是她一个人创作的，是女友们帮她配曲，又是音乐学校几位年轻教师协助她将曲调写成五线谱的；她认为这支歌是靠集体的力量和激情才登上舞台、被人传唱的。大家认为这是她的谦虚。英娜·雅戈尼奇获得了女诗人的名声，虽然也免不了有些尖刻的挖苦话，说她是"沙乎[1]再世”，说库拉耶夫村出了一个玛露霞·朱莱[2]。

意外的成功没有使英娜陶醉，她在学习上依然十分勤奋，在实习中依然十分认真，丝毫没有懈怠；因为对于她来说，不是笔头子，而是注射器的针头子比其他一切更为重要，更为有用。歌曲毕竟是歌曲，今后她将从事的是经常的、长期的、平凡的工作；姑娘准备拿出库拉耶夫村人那样的毅力和坚韧不拔的精神，投入将来的工作；有志者事竟成——她没有忘记父亲这一教导，而且她正在脚踏实地地照这样去做。但是，这次无意之中的创作冲动，在英娜心上不是没有留下痕迹，她不止一次察觉到自己怀有一个希望，希望这支歌传唱开去，希望这支歌通过无形的途径，到达心上人的耳边和心中，让他听到这支歌，也感到温暖。她常常在想，他现在很痛苦，他在那里，为了赎回自己的罪过在劳动，日子很不好过。过去他总是驾着他那“爪哇牌”摩托车像个森林妖魔那样在海滨到处飞跑，结果有一天冲进了少先队夏令营的孩子群里……虽然这是无意中肇事，只是因为车子开得太快，没有刹住，但这怎能成为开脱罪责的理由？而且当时他是喝了酒的……她最不喜欢他喝酒，对这一点最不能容忍。妈妈和邻居们都在责备她：你怎么和这种人在一起？他是流氓、浪子，你是全校第一名，眼看就要做医生了……这些话她耳朵里听着，心里觉得似乎很有道理。但是，她想到那一天，他们一块儿在沙嘴上，在游泳禁区内游泳（对于他来说，哪有什么禁区？），那一人多高的海浪翻滚着

①沙孚——纪元前7—前6世纪古希腊女诗人。

②玛露霞·朱莱——十八世纪带有传奇色彩的女诗人，有些民间流传的乌克兰民歌是她创作的。——原注

向他们扑来，那白色的沙滩上只有鸟爪儿划出的奇形怪状的花纹，是他们首先印上了人的足迹；她在这里第一次尝到了爱情的甜蜜。一想到那情景，一切明智的大道理便立刻烟消云散。他们两人在一块儿游泳，嬉戏，彼此往身上浇海水玩儿，那是多么幸福啊！在那里他第一次将她抱在手臂上，轻轻地从汹涌的浪涛里抱出水面。那样温柔地抱着她，一面走一面热烈地吻着……那双手臂，一点也不轻狂，而是那样温柔可亲，她永远也忘不了。因为这双手臂充满着爱情……在这双手臂的魅力和醉人的温柔面前，一切不相干的说法都销声匿迹，一切理智的声音顿时化为轻风。

他很少给她来信。不但来信很少，而且在信中越来越吞吞吐吐，费人猜测。不过，很快她就要回去了，他们总会在库拉耶夫村见面的。他如今又是什么样子呢？他的灵魂究竟怎样？是因为改正了过去的一切而感到无比振奋，仰慕人类最美好的情操，还是仍旧丢不掉那些粗野的、屡劝不改的恶习和那些令人厌恶的下流话？

这是现在最使她感到不安的心事。每当她同姑娘们登上炎热的一天过后还散发着暑气的古城垣，总是怀着极不愉快的心情想到他。她倚在城垣的古石上，那一块块古石，被对对情侣的臂肘磨得发亮，等她回到库拉耶夫村，也许会常常想起倚在古石上度过的这些惆怅的黄昏。微风从海上轻轻吹来，晶体管收音机不再一股劲儿地播放刺耳的华彩经过句，除了偶尔能听到姑娘们清脆的笑声，一切都静悄悄的，人们等待着接受大自然厚意的恩赐，只等那一刻到来：从幽暗的天际，从夜色朦胧的神秘的深处，月轮一跃而出，将一条银光闪闪的长带抛在大海上。

古城堡已有二千年、甚至更久远的历史，从挂着罗马旗帆的战船第一次在这一带海岸出现，已经过去了几十个世纪。奥古斯都及其军团的遗物已成了灰土，古城堡的废墟已成了野游的场所和考古工作者探宝的地方——无情的岁月在改变着一切，也许只有海上这条充满诗意的、银光闪闪的长带，这条恋人和诗人心目中的神话般的银毯，还保持着原来的样子。等月亮渐渐升起，倒映在珠母般亮闪闪的夜晚的海水里，这时幽暗的夜色中就会出现一种神秘的气氛，最喜欢吵闹的、一向喋喋不休的人都要变得鸦雀无声，姑娘们会更紧地靠在自己的潜水员身上。他们的目光静静地、深情地饱餐着梦幻般的月色，这真是难得的时刻，无法用言语表达的时刻，似乎大自然本身此刻正在加意地显示它所创造的万物的永世长存的神秘力量。整个环宇洒满了月光。在这样明媚的月夜，大海显得多么辽阔，那气势多么动人心魄！……

月轮跃出，在静寂中渐渐上升，离了天际，升上天空，这时又重新热闹起来，是谁在城垣上掏出一把花生，网袋里的啤酒瓶也碰得响了起来。这时潜水员尤其热心地在姑娘们面前夸耀自己日间的战绩。

“人家喜欢将船弄沉，我们可是专门喜欢往上捞！……”

“你们捞了多少天啦，船还是在海底纹丝不动……”

“姑娘们，这可不是捞一件玩具！”

“丫头们，割一个阑尾炎，一刀也割不好，这可是水下作业，你们以为就那么容易？给你头上再套一个铁头，连耳朵都罩住，好，到水下去吧，——你们以为这是好玩儿的事？到了海底，看到的是一个老大的怪物，上面蒙着淤泥和贝壳，满身是苔藓，像一只长毛大象，简直叫人弄不清该从哪一面下手。首先得用水力冲击机在船下面打出一条隧道，安放浮筒，然后往浮筒里拼命打气。为了安放浮筒，你就得在船下隧道里钻进又钻出……自己明明知道，上面是几千吨钢铁，可还是要往底下钻，你们以为这是简单的事？”

小伙子正要将啤酒瓶远远地摔去，摔向他们日间钻进钻出的可爱的大海。

“你别胡乱摔，孩子们正在那里游泳！”

“请原谅！我们粗野惯了……”

“粗野不值得夸口。”

下面传来溅水声和笑声——渔民的孩子们正在城堡脚下海湾里尽情地玩耍：他们一面在游泳，一面嬉戏，在水里翻筋斗，钻进又钻出，活像一群小海豚。

一些学考古的大学生也来参加夜游了。原来他们并不是那么枯燥无味。他们打扮得漂漂亮亮，脸刮得光光的（留胡子的除外），十分有礼貌地邀请姑娘们跳舞，伴奏的是一架十分陈旧、发出叮叮响声的磁带录音机；舞罢，为了满足姑娘们的好奇心，他们谈起自己的工作，谈起这一天挖到一些什么东西。

“我们本来以为挖到的是一把百人队长的长剑，结果是一个生锈的、像铜钱那样大的小铁片。”他们自己也笑了起来，“也许，这是长剑生锈烂得只剩下这么一点儿。”

“不过我们今天还是有收获的。”有一个胖胖的潜水考古实习生不服气地说，“今天从海底捞到一堆双耳瓶的碎片……里面盛过树脂、松香……”

“最有价值的，是我们弄到的一块白云石碑，上面还有字呢。”一个长腿的考古专业实习生补充说。

“什么字？上面写的是什么？”姑娘们追问说。

“这位是罗萨夫斯基，他是我们的语言专家，他能辨认。”考古专业大学生们指着一个留小胡子的瘦长小伙子说。看样子，这个小伙子因为他那十分漂亮的、卷曲的小胡子感到有点不自在。

“已经辨认出来了。”他坦然地回答说。

“要是不想留一手，就讲给我们听听。”斯维特兰娜·乌西克紧追着说。

“我的生母是雅典人，生父是日耳米昂人……”留胡子的小伙子清晰地念着，一面目不转睛地望着英娜·雅戈尼奇。“……我的名字叫捷奥道拉。我到过许多国家，遍游本都海[①]，因为我的父亲和我的丈夫都是航海者。我在爱神与缪斯庇护下度过的岁月是极其幸福的！……我生下一个酷似我的女儿，便在这充满无限希望和生机的青春年华，离开这阳光灿烂的人世，进入永恒的世界……”

“底下呢？”英娜问道，不知为什么她很激动。

“底下残缺了……”

英娜认识这个小伙子，有一次在区文化宫别人给她介绍过。她觉得他有一点吸引人的地方（可不是小胡子！），眼神是那样纯洁无邪，还有一点儿天真，有时他讲到他们如何发掘埋在千年土层下面的古城，讲到古罗马的原野——那繁荣的草原——是如何壮观，或者讲到在这里新发掘到了其他遗迹，这时候，他的眼里还闪现出灵感的火花。对于别人来说，不过是碎瓦片、小铁片，对于

①本都海是古希腊人对黑海的称呼。

他来说便是难得的宝物；他在研究出土的宗教迷信品方面也很有两下子。譬如说，一件很平常的东西，他能看出是古希腊斯基福游牧民族的一种护身符，斯基福人认为带着这种东西，便能驱除妖邪，不害眼睛，打仗不失败，趋吉避凶。罗萨夫斯基不知为什么认为英娜对考古感兴趣不单是出于女孩子的好奇心，而是有更重要的原因；所以他经常弄一些有关古希腊方面的书和画册给她看，画册上都是印制精美的古代艺术家的作品，其中表现了那时人对鸟兽、草木、五谷、森林神或水神的膜拜……这充满诗意的爱情和野蛮的暴行、可以驰骋丰富的想象力的古希腊世界，这位考古专业大学生在其中纵横自如的世界，确实使姑娘十分向往。他的脑子比得上电子计算机：他记得许许多多奥维得的诗歌和古代作家的论文，在他们认识的那一天，他就对英娜背诵了古代医生希波革拉第[①]的论文《论空气、水和环境》中很长的一段，今天他又这样充满激情地背诵这位捷奥道拉的自述，那样流利，一点也不含糊，叫你简直弄不清：是今天刚辨认出来的呢，还是以前就背熟了的？可是为什么他背诵的这段碑文，他读出的这古希腊时代的奇异的声音，特别使她不平静？何等熟悉啊！说也奇怪，这个古代年轻女子，这个有着诗情和文雅天性的女子的热情自白，竟然激动了她的心，——英娜要是能遇到她，她们会交成朋友的……如今她们穿过两千年的时间界限竟也相遇了！他在背诵的时候，真也奇怪，他发出的声音似乎带有一种别人不能察觉的言外之意。还有他那凝视的目光……他显然是对她英娜另眼相看，那捷

①希波革拉第（约纪元前460—前377年）古希腊著名医生和自然科学家。

奥道拉动人的自白他是特意读给她听的——姑娘立刻觉察到了这一点……可究竟为什么偏偏是对她英娜呢?

过了一会儿,这位大学生同她一起站在古城堡的城头,俯在城垣上,又谈起了考古。英娜这时同样察觉到他的言谈中有一种更深的言外之意,是专门对她而发的。她很喜欢听斯基福人的故事,他们是那样勇敢,行侠仗义,那是奥维得早就描写过的。还有斯基福妇女,根据她们的装饰来看,她们具有非同寻常的审美力。简直是草原上的仙女!

"可是,究竟为什么这座敌楼叫奥维得楼?"英娜指着最高的一座敌楼问道,"奥维得不可能到这里来吧?"

"为什么不可能?"小伙子劲头儿上来了,"当然,很多学者认为他没有到过这里。我完全不同意这种看法……我相信,他那双轻便的罗马平底鞋践踏过此地的泥土,在雪原上留下过印迹。是不是所有的问题都认真地考察过?还有另外一些发现不能说不重要,为什么置之不顾?他的流放地是伊斯特利亚,就是今天的多瑙河以北地区,这种说法是对的,但是谁能阻拦他走遍当时他所在的整个北方,游历今天我们这一带地方?他会自动离开流放地的,就像舍甫琴柯那样,不顾沙皇的禁令,去游历、考察咸海……说一声'没有到过',是最省力气的。特洛伊城①本来也没有,后来有人不服气,从千年的土层中挖掘了出来。就因为他相信荷马的史诗。

①特洛伊——小亚细亚西北的古城。荷马的长诗《伊里亚特》中叙述了希腊人进攻特洛伊的战争。后来该城长期湮没。十九世纪由德国考古学家什利曼发现。

为什么在这个问题上就不会出现类似的情形呢？譬如说，诗人对草原上许多民族、对这一带沿岸的土人有着极其广泛的了解，这一事实又如何解释呢？要知道，有确凿的材料证实，奥维得曾经同一些赫特人有过密切的交往，他甚至曾经试图用此地的语言创作诗歌……总有一天，科学会作出正确的结论，我相信，奥维得会在此地落户！”

英娜很喜欢小伙子热情洋溢的神情，使人觉得，他对这一切已经思索了很久，他对待历史有自己的观点，善于独立思考，不是人云亦云，敢于亲自去探索真理。看来，那些古老的、已经消失在若干世纪的迷雾中的民族，对于他来说，绝不是无足轻重的，他似乎一直在探寻这些民族的渊源，而且在义正词严地维护他们的一切，不容许别人否定他们的存在。

“可惜，修建陵墓的人不识字，虽然，这一点实在还是一个很大疑问！”他又激动地说，“识字不识字，将来总会弄清楚的。但是已经十分清楚的是——他们的精神是非常崇高的。奥维得在考察他们的时候，特别注意到这一点。”

“您对奥维得太崇拜了……”

“他值得崇拜！就拿您来说，为了开处方，死啃拉丁文，为什么不可以去钻一钻奥维得诗歌的原著？但是，在他的著作中，不是所有的问题都弄清楚了。譬如说，他的诗中写到的一种叫作伊比库斯的神秘的鸟，那是世界科学界至今无法解释的一种隐讳的象征，——这究竟指的是什么？他被流放的原因，奥古斯都大帝令人不解的暴怒，也是很神秘的……您看，在这方面就有许多空白点，许多悬而未决的问题，许多不解之谜。”

他谈到罗马君主的暴戾的时候，令人觉得，他对罗马君主的淫威感到无比的愤怒。别的什么人倒还罢了，凡是专制君主都要受到这个小伙子愤怒的谴责，他对他们一点也不留情。他深切同情古时此地那些土著民族，认为是他们在此处培植了葡萄，勤勤恳恳地进行劳动，用鹿角开垦了古老的土地……可是那些罗马侵略者竟然也向这里伸出了强盗的手。有一块浮雕上清楚地刻画着：侵略者正向当地土人投掷短剑，有一个身体魁伟、长大胡子的人被击倒了，被他们锁上了锁链——将成为他们的又一个角斗士……这些强盗们不以为耻，竟然将这样一些丑恶的行径雕刻在白云石上，当作自己的光荣！……他们为了纪念他们所进行的大屠杀，还在多瑙河彼岸建立了纪念塔。大家都知道，这伙侵略者和他们那种可耻的光荣落到什么样的下场：若干世纪之后，草原上的牧民，那些角斗士的后代，将侵略者的白云石纷纷抬走，凿成石槽，用来喂养牲畜。特洛扬大帝的雕像正是落到了这样的下场——变成了喂羊的石槽。当然，后来考古工作者将这一切都搜集起来，收进了博物馆。对于考古工作者来说，这样的东西总是珍贵的。但是，有的人出于仇恨心理，用皇帝的白云石雕像喂羊，这种心情也是可以理解的！……

小伙子还绘声绘色地向英娜讲了多瑙河彼岸同行们不久前的一项发现：他们发现了一尊青铜铸成的幻想的蛇像，那是一种极其可怕的巨怪。毫无疑问，这种巨怪含有隐讳的、我们目前还无法弄清的象征意义。这条蛇极其巨大，遍身是鳞，尾巴像狮子的尾巴，头像狗头或者羊头……难道这不也是一个待解之谜？

“最有意思的是，长着人的头发和耳朵！脸上的表情很像是一种笑容，一种奇怪的、隐隐约约的笑容……这该怎样去理解呢？谁能回答？多少难解之谜啊！而且难道我们人类本身不也是一个谜？”

“您为什么有这种看法？”

“一切事情您都彻底弄清楚了吗？要是这样，您给我解释解释，为什么穴居的人类能这样突然、这样迅速地站立起来？人类从原始的蒙昧时代发展到高级阶段，中间经过了哪些阶段？是不是每一个阶段都必定是向前进步的？人类在哪些方面变得更强、更完美了？又在哪些方面今天依然同古代一样？求知的欲望、探索——也许只有这一点是从来都有的。鹿角换成了拖拉机，木船换成了宇宙飞船，人类还是不满足。人类渴望揭示永恒的奥秘，这种渴望难道人类觉得满足过？”

时间已经很晚了。月光的银毯已经变换了方位，渐渐远去，渐渐消失。奥维得当年也许正是踏着这条缥缈的银毯来到这一带海岸，又踏着这条银毯离去，身后留下动人的传说。小伙子和姑娘们都双双走开，各自去寻找更僻静的角落：敌楼之下，城垣之上，一对一对的人影，彼此离得远远的。在这样的时刻，在这样美好的温暖的月夜——英娜十分喜欢这样的月夜——仿佛空气本身就饱含着爱情。如果你漫步在城垣上，到处能听到火热的低语，看到情人在接吻，他们见到你并不躲避。手臂交叉拥抱着，紧紧地，再也不隐藏青春的热情。一双眼睛向另一双眼睛输送着爱情的光芒。在这里，在城垣上，在俯视人间的群星照射之下，那青春的眼泪放射出异彩，那幸福的笑声多么甜蜜，还有的爱到忘情的地步。

正是在这样的一个夜晚，在这里诞生了那一曲《爱的归宿》。在这样可爱的夜晚，如果不是这位学考古的年轻人在这里，她又会编出一支歌的。他似乎应该走了，应该去磨一磨他的铁锹，明天照常去进行自己的挖掘，可是他依然迟迟不走，凝神望着海面上的银毯，仿佛想从中辨认出一点含意，仿佛要对这波光粼粼的银毯进行考古学的剖析。

“听说，您已经拿到了分配通知单？”他打破沉默，向英娜问道。

“是的，不久我就要离校了。”

“您要回库拉耶夫村？留恋家乡？……”

“您怎么知道的？”

“您的事情我知道很多。我很关心。只是十分遗憾，您竟然没有察觉这一点……”

“您这话我觉得奇怪……”

“没有什么奇怪的。人们都在寻找宝藏，但往往不是在有宝的地方找宝。也许，宝藏就在眼前，就埋藏在这些言语之中……”

“还是有点儿费人猜测。”

“宝藏总是费人猜测的。珍宝总是在地下，它那金色的花纹在黑暗的陵墓中静静地闪光……等待发掘者到来……您一看到陵墓，心里就激动起来：里面有没有呀？这样的珍宝，还没有发掘出来，只是在推测之中，就使你如此激动。可是，英娜，还有另外一种珍宝，比任何金子都珍贵。这种珍宝就叫做人的真挚、友谊和忠诚，又叫作不附带条件和不计较得失的爱情，这种爱情现在……现在来到您的面前……在这样笨拙……这样羞怯、这样坦率地寻找着您!”

“我实在不明白,您这是什么意思……”

“需要对您讲得更清楚、更明白吗?我实在不知道,这种事该怎样来讲……过去,这种事有一个概括性的公式:将我的手和我的心给您!懂了吗,英娜?这就全说清楚了。那就请您接受吧。”——他向姑娘伸出了手。

“拿这种事开玩笑可不好。”英娜说,虽然她看出,他并不是在开玩笑。

“在您看来,这一切似乎很奇怪、很意外、很粗野……您不十分了解我,您很难决断……请您决定吧,不要怕爱情影响事业……”他的声音变了调子,差一点要尖声叫起来,“请您相信,您将来不会不满意的。只要您能幸福,只要您的才华能得到发挥,我怎样都行,我可以粉身碎骨!”

不能不相信这突如其来的爱情表白是十分真诚的。她相信这是真诚的,她内心感到高兴,觉得自己这样一个平平常常的姑娘,竟使这个学考古的小伙子产生了如此强烈的感情,不由得心里暗暗地感到自豪。好姑娘,人家向你伸出了手——千真万确!别的许多姑娘在少女时期就梦想着的事情如今出现在你的面前了!……也许,这果真是一生中的重要时刻?此时对幸福不加以珍视,就会将终生幸福轻轻地放过……这些话语,你的任何一个女友听了都会感到无比激动,你却十分平静,带着宽容的微笑。别急,英娜,好好想一想吧,别以为自己有什么了不起,先别忙着一口拒绝……你现在迈出的是不是不幸的一步,这一步是不是会给你带来痛苦的眼泪?不过,这有什么可考虑的呢?原来爱谁,继续爱下去就是了……

可是他又继续说下去：

“英娜，我很难对您讲清楚……我自己也没有想到会出现这样的奇迹。这奇迹是您创造的！您能够给我照亮整个世界！……也许，您自己还不知道自己有这样的力量。可是，我第一次听到您的《爱的归宿》，就对自己说：她是诗人！真正的诗人！是的，是的，也许是真正的沙孚，也许，是我们的第二个玛露霞·朱莱，也许该是她来歌颂我们的故乡，她的歌将永远流传下去……她不是追随和盲目模仿别人的腔调，而是进行真正的创造，发挥自己的特色……就是那神奇的奥维得再世，也会推许您的才华！”

“这样的赞扬……恐怕太过分了。”

“一点不过分。世纪与世纪之间的关系，比我们所设想的要密切得多……创作是一条永远不死的绿枝，是最有生命的东西，任何人、任何东西都不能将它消灭，时间对它也无可奈何！”

听了这些挑动着她的下意识虚荣心的话语，姑娘的双颊感到火辣辣的。应该回答他，但是不知道该怎样回答。她腼腆地说：

“您真是个好心肠、叫人喜欢的人。谢谢您的……您的一切……我也希望您幸福。”

“我的幸福——就是您。”

“为什么这样……难道只有我一个？……我们有那么多的姑娘。”

“别的我都不喜欢。英娜，只有您……我不明白，这是一种什么样的力量，但确实有这样的力量！我要求您，我要求，我祈求您！还能叫我怎样呢？跪下？”

看样子,他就要跪下。他已经拿出架势——完全像古代戏剧中的款式。姑娘赶紧生气地将他拉住。

“我们别谈了……谈也没有用。”

“为什么?”

“原因……那是很明白的……”

于是他猜到了。他呆住了,一言不发,样子极其痛苦,两只手不由自主地紧紧抓住一块石头,靠在城垣上。过了一会儿,他问道:

“我该走了吗?”

“您走吧。”

“您一个人在这里,怕不怕?”

英娜这才松了一口气,笑了笑,说:

“我想,奥维得会来陪伴我的。”

月夜怀古

她十分逼真地看到,正是那位诗人奥维得在海上走着,向这一带海岸走来。他穿着他那罗马长袍,脚蹬系着布带的平底鞋,飘飘欲仙,在月光的长带上缓步行进,顺着这条波光粼粼的甬道径直走来。他长途跋涉,离了历史的名城,开始了历史上有名的流放。

他来到这块古希腊边远的土地上,遇到的是潮湿、凄凉、荒芜和阵阵的冷风。这里的草原是那样辽阔无垠,夜晚的暴风雪像狼嚎似的;守卫的士兵从城垣上下来,满身是雪,紧紧地裹在羊皮和兽皮里，显出一副野蛮人的样子——这一切他都觉得不习惯。这些驻守在城堡里的士兵，长头发，大胡子，染上了不少当地人的习惯，每个人身上都带上了野蛮人的标志，好像他们从来就不是从罗马募集来的士兵。那位城堡驻军首领、百人队长，本是一员仪表堂堂的、威武的战将，如今裹着又腥又臭的兽皮，真不像是一位来自罗马名城的人物，倒像一个野蛮的牧羊人。奥维得也渐渐穿起这种野蛮人的服装——至少，这位罗马伟大歌手登上城垣，孤单单地站在城头，眺望神秘的白色草原的时候，人们看到他穿的是这样的服装。

你竟来到这样的地方！你被流放到这荒凉的边塞，你所歌颂的威力无边的罗马神竟也无力相救，台伯河畔那些爱戴你的欢乐的仕女枉自叹息！称霸世界的罗马十分懂得怎样惩治这位不得宠的诗人：不是用一杯毒酒，也不是放到斗兽台上让非洲猛狮将他撕碎。它用最可怕的办法惩治他——让他孤孤零零、默默无闻，让人们将他忘却……于是将他无限期地流放到这冰天雪地的远方，这种地方没有、也永远不会有谁需要诗人。

你似乎还存在，但如同已经死去。你听凭严冬无情地折磨，你销声匿迹，将无声无息地死去，你那一行行沁人心腑、用金线织成的诗篇被狂风卷起，撒遍这荒凉的海滨。这海岸上永远也长不出为你编织花冠的绿桂！没有桂冠——只有斯基福的严寒，用希腊白云石一般的、凿不动的冰层，为你塑就一副石椁。

你歌颂过的那些神灵轻易地离弃了你，使你走进痛苦的境地；那些神灵已成过去，如今在这海岸上迎接你的是另一些神灵——残酷的北方之神。它们凶恶、无情，不断地掀起强劲、狂暴的风雪;草原经常淹没在可怖的风雪怒涛之中。此地的风不似罗马的风,它狂啸、嚎叫,城垣上的岗哨只见茫茫飞雪,不辨东西;草原本来一望无边,如今竟是咫尺难辨,任凭你呼告,任凭你朗读那饱蘸着心血的铿锵的诗篇,它都充耳不闻,毫无反响。你虽然活着,却亲眼看到了自己的死亡。在你那显赫的青年时代,你曾经饱尝了生活的欢愉,尝受过友谊、荣誉、爱情和放荡生活的乐趣。这一切如今又在哪里?你的名声和枝叶紧密的桂冠又在哪里?忘恩负义的罗马,可恨的罗马,它忘记了一切,对你的诗歌横加污蔑,如今你不过是一个活活地被排除在生活、时代和人类之外的死囚。因为,人类——就是罗马,你想象不到还有别的世界。罗马是诱人的,但是远不可及,它抛弃了你,你永远离别了罗马的豪华世界,离别了罗马的神灵和祭坛、酒神节之夜,离别了你的诗友,他们在你走后得以蜚声诗坛。到处不见你的踪迹,而你却只剩下回忆,还有回忆时那种揪心的、无法排遣的痛楚。

不过,也许你的心不是在怀念罗马,而是怀念逝去的年华。暮年渐渐来到。暮年将不会给你带来荣誉和声名,带来的将是孤苦无告的痛楚。你曾经是命运的宠儿,凭着你那甜美的歌喉、柔情的诗歌,在罗马才妓的怀抱中,在桂花醉人的香氲中享尽了幸福!向你表示敬意的酒曾经像河水那样地流,你曾经有数不清的朋友——有真诚的,有虚伪的,有忠实的,也有口是心非的,如今伴随着你的只有屋大维那种不容任何人进谏的盛怒。

奥古斯都·屋大维,这位元老院长老,就是他,爱同奴隶的孩子、同小奴隶一块儿玩小石子……就是他,常常将别人的妻子、世袭贵族妇女从宴会上拉下来,直接带上他那荒淫的卧榻……众所周知，他在准备去和妻子莉维雅进行争论的时候，还事先想好一番恭维她的话……煊赫的奥古斯都、忘恩负义的朋友，我在这流放中对你表示痛恨，虽然也许将来有一天我还要祈求你的恩典，也许我还要将你这煊赫的人物歌颂，因为这城堡还在你的手掌中，你的剑已经伸到了这荒凉的海岸，也要在这里显示罗马所向无敌的威力。

在这里生活的是一些半人的动物。有时，他们穿着他们那吓人的兽皮，戴着罗马人从未见过的皮帽，从草原深处奔来，那模样真够粗野、古怪。一点不错，他们是半人的动物，是草原上来去无踪的半人半马怪兽，因为一匹马加上马背上的骑手——二者永远不分开，这就不是人，正是半人半马。他们从来没有到过京城罗马。其中有极少数人到过，但也不过是带着奴隶的锁链去的。假使允许我回到台伯河畔，我要把他们这难以想象的野蛮形状画下来，亲手将这些佩带长弓和响箭的怪物的形状镌在白云石碑上。将石碑竖在我家的木樨树丛中，让大家参观，也让你奥古斯都开开眼界！

你是多么无情地将你的愤怒倾泻在我的身上，给我这样残酷的处罚。你强迫我生存在野兽和半野兽之间，我就在这里生活着。这里有像豹子一样的野猫，有跑得像闪电一样快的草原羚羊，有又笨又大的原牛，原牛一面吃草，一面凶狠地望着这个穿罗马平底鞋的不速之客。牧牛人的性情又倔又暴躁，与原牛十分配称……如今我被驱逐到这样的地方，任凭孤独伸出利爪将我撕碎。也许，你的百人队长说得不错：

“奥维得，你这样柔弱，这样娇嫩，会死在这里的。大家会把你忘记的——只有君王才万寿无疆。”

我会死亡，会消失的。我连一点痕迹都留不下！这寒冷、辽阔、丝毫没有诗意的荒野会把一切吞没。无人肯将诗人奥维得的遗骨带回亲爱的罗马；城堡的守军只能给他盖上一层沉重的坚冰当作棺椁……

百人队长还是对流放的诗人表示了关心，因为奥维得·纳庄的诗名过去也传到了他的耳边。他暗下有一种希望，希望迟早有一天屋大维的赦旨会送到你这个罗马歌手的手上，你会将自己的流放写成诗篇，会想起他们这些远处荒野的军人，描写他们驻守在遥远的疆域，和野蛮人英勇战斗，卫护着罗马帝国的声威。诗人啊，希望你描写我们，哪怕只用一行铿锵的诗句；因为长剑只能逞威于一时，诗歌却能永生不灭。

有时，那些半人的动物，赶着牲畜，踏着积雪，从草原上走来——他们好像要同城堡守军做生意。海湾里的冰层结得十分牢固，人可以骑着马在上面行走。冰面上形成了一条繁荣的集市。别看是半人半兽，别看满脸长毛，他们却很会算账，甚至还会用地道的拉丁语骂人。有时，平安无事地各自走散，有时为了一条羊尾巴打起架来，动起了长剑和鞭子，热血洒在白云石般的冰面上，有的像根树桩一样被扔进了冰窟窿，从此便长眠于水下。奥维得对他们并不怜悯。他冷眼看着一个野蛮的草原部落的小伙子被人捆绑起来，那个小伙子在做生意时为了求得公道，格斗得十分英勇，骂人时拉丁语也运用得娴熟。

后来，春天到了，阴云散去，露出了天空，是那样高，那样蔚蓝，和意大利的天空竟是完全一样！这时，出现了暂时的宁静，各部落之间停止了战斗行动，于是奥维得可以无所顾虑地在草原上到处走走，去领略这美丽无比的春光，欣赏那红花的海洋，那些红花在两千年后将被植物学家命名为“斯基福郁金香”。他的精神振奋起来。他从在罗马所受的种种摧残当中，从失望的黑渊当中，得到了来之不易的智慧的果实；他经历了人生道路上种种的不幸，终于换得了内心的平静。他在可怕的暴风雨中竖立起巍然高耸、风雨不动的灵魂的桅杆。这一望无边的草原风光，这欢腾的春天，给他的心灵送还了欢乐和强劲。他感到自己具有无限的力量。他徒手在草原上漫游，和骑马的人、和牧牛的人聊天。他觉得他们并不可怕：原来这些人非常友好，非常风趣，而且在某些方面很有见识……这时他才发现，他所遇到的是道道地地的人类。傍晚，他们在草原上架起篝火，用烤肉、羊酪和蜂蜜款待这位罗马客人，然后又唱起歌来。是的，是的，就是唱歌！他们唱得和奥菲士[①]一样，和你歌颂的古代神灵一样，不，比那些神唱得还好……只有你那怀抱竖琴的情人，在苍茫的夜色中，在台伯河畔，用这样的歌声赞美过你那欢乐的青春。

你们的幸福已过去，我们的幸福在未来，
我们才不管那古代的兴衰……

他漫游草原归来后，对百人队长说：

“不要再杀害他们了。把剑收起来吧，将军，别打了。他们会唱歌，他们也是人。”

---

①希腊神话中的诗人和歌手，他的歌声不仅能使人和动物陶醉，而且使顽石点头。

百人队长，他这个嗜杀成性的勇敢的武夫，这一次竟然明白了奥维得的用心，听从了他的话，——就是不知道能不能持久。

有一天傍晚，诗人还同百人队长一起来到草原上一处篝火边。在灿烂的星光下，在苍茫的夜色中，草丛中支起几口铜锅，里面煮着游牧人简朴的晚餐。他们又一次受到了殷切的招待。草原是有力量自卫的。虽然十分精良的武器一直明晃晃地挂在人们的身上，但是这个夜晚并没有发生什么流血纠纷。篝火旁一直回荡着全部落友好的笑声。草原上的妈妈们也一点不像母狼，她们正在耐心地给自己怀中胖胖的心肝宝贝儿喂奶。

那时还没有萨尔马特姑娘，没有波洛韦次姑娘，也没有欢乐的斯拉夫姑娘，她们的出现还是后来的事情，可是草原的篝火已经为她们烧旺，她们那酷爱舞蹈的祖先已经在旋转，铜铃一响，歌声随口而出，里面夹杂着个人的感想、和平的心愿，还有天上的星星。普布利·奥维得·纳庄尽情地呼吸着又酸又涩、干燥的空气。用他那阅尽人世的慧眼，观赏一个戴着金币穿成的项链的年轻姑娘在他面前跳舞，她那美丽的容貌，压倒了他过去在醉人的罗马之夜迷恋过的一切女子。

“我给你取个名字叫丹瑙。”等她舞罢，他对她说，“给你取个女神的名字，因为你真像女神。”

“一位顶有名的银匠的女儿，用别人的名字，太寒碜了。我自己有名字。”

“你叫什么名字？”

“我叫凯基特卡，一种鸟的名字，这种鸟你从来没见过，你也没听说过。”

他的青春怎能在这个夜晚重返？这位年轻的舞神和歌手怎能爱上他这个苍老、干瘪、无人理睬的流放者？

可是她爱上了他。她毫不惧怕，若无其事地擦着刀剑而过，登上城垣，来到一座敌楼下面——这座敌楼从那时起，一直到现在都叫奥维得敌楼。她给他送来一种草原上的药草，这种药草能治疗任何不治之症，并且还能延年益寿。当时这第一名女医，草原上的女大夫，受到自己纯洁感情的驱使，热心地要为诗人恢复青春，使他重新进行创作和享受爱情。

“她爱上你了。”百人队长说，“因为你是罗马人，因为你有城堡，手里还有长剑。”

“不是因为这个。”姑娘反驳说。

“那又因为什么？”

“你是诗人。”姑娘转身对流放者说，“你的灵魂充满阳光。你的语言不论飞到哪里，哪里就变得无比美丽，我的草原会变得像鲜花一样……因为这一点爱上你，没有什么好奇怪的。”

“可是我已经将我的青春留在了我们的罗马，爱过我的那些罗马姑娘都已成了老妪……你却是这样年轻。任何神灵都无法使我们的年龄相称。你看，这满头的白发，这人生的冬天，便是我们之间不可逾越的深谷。”

“我完全不计较这一点。因为你是奥维得，你的诗永远不会衰老。你的灵魂永远年轻，所以我爱你！”

这番话从她嘴里说出来，像是一支美妙的歌曲。他仿佛又听到：

二

……我们才不管那古代的兴衰。

诗人感觉到，他的血又像年轻时那样在血管里沸腾起来。

医治我的创伤的姑娘，我该怎样感谢你呢？我要将你如实地写进我的赫特文长诗，也许是我一生中最后一篇长诗。你在诗中将会永远年轻，永远美丽，就像这天空，就像你们这被春风吹醒了的、鲜花盛开的草原。你会变成歌曲，在我用你不懂的语言写成的诗句中，你将永远像春天一样美丽，等到我们落入死神的魔爪，等到尸骨烂掉，你还会活着。你将永远、永远年轻，千年万载都不会衰老！

奥维得眼看着变了，城堡里的人都看出了这一点：不知是姑娘的神奇的药草，还是爱情的歌声，使这位流放者恢复了生机。他的身体强健起来，他的精神增添了年轻时代都不曾有过的无所畏惧的力量。也许就在这时他第一次表现出诗人的胆气，就在这时他站在城头放声高呼：

"罗马！还有你，屋大维·奥古斯都！你的军队总有一天要变成灰土……姑娘的歌声将永世长存！"

三

半夜已过，大家都走了，收音机、录音机早已不响了，只有不知疲倦的草原叫蝈蝈还在一时不停地敲打着它那小小的鸣鼓。

英娜靠在女墙的古石上，思绪万千地凝望着寂静而神秘的夜空，夜空怀着爱抚和柔情，将嵌满星星的苍穹擎在自己的头上。辽阔的大海已变得黑沉沉的，月光暗淡了，月亮移到西方之后，散发出红色的余晖，宛若一丛红树，慢慢向一座大镇的后面，向一丛山岗的后面隐去，要是在白天就会看到那边是很大的一片葡萄园。再见了，山岗，再见了，那汁液饱满、金光闪闪、密密层层的葡萄串！……英娜和姑娘们在葡萄园里劳动过不止一次，那是在秋忙季节，全校出动，帮助国营农场采摘葡萄。那可真是愉快的日子，对英娜来说，特别富有诗意。看到她们一个个晒得黑黑的，喜气洋洋，手里捧着一串串美味的葡萄，谁又不感到诗意盎然？！真想知道，奥维得那时候这里有没有葡萄园呢？在那下边，城堡脚下，区中心所在的小城闪出点点灯光的地方，当年有没有一个小村落？那座小城是典型的新建城镇，到处是刺槐花，一片白色，白天叫人眼睛都睁不开，家家窗前都遮满了葡萄藤：大家都懂得用葡萄遮阴是一个好办法。英娜在这里学习了几年，熟悉了这座整齐、清洁的小城，看惯了城中那希腊式的（她觉得是这样的）一色白墙。看惯了葡萄串上那贝壳一样的闪闪金光。如今，就要分别了，姑娘真想为它，为这座葡萄之城写一首诗，献给它作为临别纪念……虽然这座小城里常常有些事情叫姑娘们不高兴，譬如说，缺水啦，输水管道大概从希腊时代就没有换过啦（没完没了的修补，街道总是挖得坑坑洼洼的），不过，尽管这样，英娜还是感受到一种离别的愁绪。她自己也觉得奇怪，同这座小城、同学校和这座阴沉的城堡竟是这样难舍难分！姑娘忽然觉得十分留恋这些阴沉着面孔、一点也没有浪漫主义味道，而且被各地游人涂抹得不成样子的敌楼……

星星越来越亮，辽阔的大海已经变成黑沉沉的一片。虽然，除了这一片黑暗，海面上什么也没有，可是姑娘好像还在期待着有什么东西会在黄昏时月亮抛出光带的地方出现。群星骄矜地俯视着寰宇，深夜的微风轻轻地吹在脸上……

谁都可以不相信占卜和幻觉，也可以不相信预感，但是有时候就有这样的事：英娜已经准备要走了，这时在海的远方，在暗沉沉的海面上，出现了一艘帆船，这艘帆船还在遥远的天际就被边境线上交叉的探照灯光紧紧地抓住了。还没有去睡的人都可以看出：在一条条光束的照射下，那艘船正挂着满帆，疲倦地行驶在遥远的天际——是“猎户星号”远航归来了。

四

这艘船远航归来，已经是遍体鳞伤了。可是，姑娘站在城垣上，是看不到它在这次航行中所受的“工伤”的，那要等修船厂的修理组前来，才能看得出它受了多大损伤，作出正确的诊断，给予医治。经过必要的治疗，治好了创伤，然后才让这艘心爱的船去进行另一次、也许是更为艰险的远航。

“猎户星号”多年来遭遇过无数次风险，但是这一次却是来势不同……

当时正行驶在马耳他海域，突然遇上了这种季节罕见的特大风暴……海校学生们已经两夜没有合眼，一次又一次跑出底舱，冲到一团漆黑的甲板上，去接替或者协助疲惫已极的同志们与风暴搏斗。这艘船看来已经没有救了，它飘飘摇摇，像一块小小的木片，那千吨巨浪不停地从黑暗中向它压了下来。在巨浪面前，这艘帆船看来简直是不堪一击，可是这些海上新手们觉得稀奇的是，这些可怕的巨浪，以排山之势涌来的海水，至今也没有将他们这艘冠以“猎户星号”骄傲称号的小船掀入海底,他们的小船经受住了这一切,一次又一次地跃到高高的浪尖上。在这样的夜晚,你会特别不安地感觉到,脚下可怕的万丈深渊是那样的深,海水是那样茫无边际,夜空是那样黑沉。不仅船长理解面临的危险,甚至没有经验的实习生也懂得,晴和的天气能够帮助“猎户星号”轻松愉快地行驶的篷帆,如今可能成为致命的危险;“猎户星号”上的每一个人都在惶惶不安地听着篷帆在头顶上被风吹得噼噼啪啪、吱吱嘎嘎地直响。是的,这正是考验你的勇敢和毅力的时刻,这正是严重的、生死攸关的夜晚,这时海校学生们都站在派定的位置上,手执砍刀寸步不离地守候着每根桅杆、每条缆绳,只等一声号令,便立即动手砍落篷帆,砍断“猎户星号”的翅膀,以减除覆灭的危险。

这一夜雅戈尼奇受了伤。一个浪头将他从甲板上抛起,摔到一根缆绳上,差一点抛到舷外。年轻海员们向他奔来的时候,他已经自己站不起来了。大家将他架着来到下面医务室里。老头子情况还是不见好转,不住地呻吟,甚至哼哼叫起来。谁也没听到雅戈尼奇这样哼叫过,这可是不祥的兆头。在这样一个生死攸关的夜晚,最有经验的师傅,唯一的、事实上无人可以接替的掌帆技师居然身负重伤,离开了岗位。正是他带领他们,教他们这些实习生航行的;没有了他,他们简直就无所适从。他浑身湿漉漉的,疼得抽搐着,用手捂住肚子,拼命哼着。雅戈尼奇情况严重。老师傅有生命危险!不知是阑尾炎发作了,还是犯了别的什么毛病,反正老头子疼得要命,有些实习生心里难过起来:老人家这一下子不行了!看着一个人死去,总是觉得可怕的;这时尤其感到恐怖，因为现在将要死去的是雅戈尼奇，对于年轻海员们来说，他又是老师，又是父亲，是坚强意志的化身，是他们主要的精神支柱；没有他，“猎户星号”就好像失去了灵魂。尤其是在这样严重的时刻，在这风暴怒吼的夜晚！……

可是他们的好老师是非常了解他们心情的，即使在痛苦呻吟，生命垂危的时候，还在想着这些不能独立工作的实习生心里可能会有什么样的想法，要是他就这样糊里糊涂地突然死去，他们又会怎样。这样可不行，老家伙，你不能死，你没有权利在这样的时刻离开自己的岗位，让这些孩子们听凭命运的摆布！……

所以，随船医生说要立即为他动手术时，雅戈尼奇连忙声音嘶哑地说：

“好的，好的，完全同意！快动手吧。随你把我割成碎块吧！……”

雅戈尼奇，正是这个雅戈尼奇，一向把医疗工作看作骗人的把戏，这一次却是自觉自愿地、服服帖帖地让人给他开刀。年轻医生叫人把病人绑在床上，又叫人将自己也绑在上面，免得风暴影响手术的进行。一阵阵呻吟，拼命地咒骂，像野兽那样嚎叫。这样在他身上横割竖割的，雅戈尼奇论个性、论心情，实在无法忍受。换一种场合，他无论如何不会答应对他强壮的身躯进行肆无忌惮的侵犯。可是这会儿他像羊羔一样驯顺，任你动刀动剪，一点也不抗拒，因为大家需要他这样。这不单单是一个人的生命问题……

“刀……动手！……啊，别，放下！……”雅戈尼奇有气无力地、嘶哑地说。这些含糊不清的呓语，可能不单是对医生讲的。

手术时在场的副政治指导员认为这些含糊不清的呓语是老师傅给全体船员下的最后命令，要求他们不要砍落上面的篷帆，要他们坚持到最后胜利。

黎明时候，风暴息了。风平浪静的大海上一片灿烂的阳光。船长轻松地吁了一口气：人员健在，帆船在大海上安全地行驶着，尽管经过了这样一场风暴已经是伤痕累累……实习生们好不容易得到医生的许可，前去探望雅戈尼奇，他们看到老人家疲惫异常，不过精神已经安定下来，有了转机。

“看样子，我又要活下去啰！”他说。

小伙子们虽然因为同风暴搏斗，也折腾得疲惫不堪，一个个都瘦了下去，可是还想开开玩笑。他们问雅戈尼奇：他在医生开刀的时候，一直在喊莫达，这位阿姨究竟是什么人？老头子生气了。简直是胡扯，哪一个喊“莫达阿姨”的？雅戈尼奇才不理睬他们。他想着别的事情：

“上面情况怎样？后桅怎样？主桅呢？前桅呢？没有吹断？”

“上面一切正常，倒是这下面……刚才简直乱成一团。”小伙子们还是不肯放松，“我们觉得，我们的海神爷这一下子可完蛋了。可是，你瞧瞧看！……到阴世里去游了一趟又转回来了。老头子真不简单！就凭这一点我们也舍不得你，还希望你多活几年！”

接着又问道：

“你是下决心不死呢，还是有点儿不服气？你怎么抗得过来的？你的身体哪里来的这么强的生命力？”

雅戈尼奇不肯讲真正的原因，只是笑笑说：

“看起来，我的心脏蛮强壮的，还能一直跳下去。我也觉得，这一下子我完了，孩子们，再见了，可谁知就是死不了！”

雅戈尼奇讲这番话的时候觉得很不好意思，他一面笑着，那笑容有负疚的意味，似乎他觉得有点儿惭愧，不该惹一场虚惊，将大家吓了一跳，给全体海员，给船长，给这位外科医生找了这么多的麻烦。实际上才不是心脏，那是另有别的因素！可是他不愿意讲，也许，正是因为这些孩子们他才活了下来，因为他不能在这样危险的时刻丢下这群没有经验的孩子。至于心脏，那没有什么稀奇的……该跳动的时候，跳动就是了！

帆船在继续航行着，这时端正了航向，稳稳地朝祖国海岸驶去。途中还从木排上救起几个希腊渔民。将这几个渔民救上甲板，给他们吃了东西，又换上学生们的运动服，这时他们还没有完全清醒过来，迷迷糊糊的，讲不清他们在船沉之后怎样到了那可怜的木排上，又怎样在木排上坚持着，一直到“猎户星号”将他们救起。医生对这些遇难者进行了必要的救护，不过他们没有像雅戈尼奇那样痛苦呻吟。雅戈尼奇旁边躺了一个卷发的希腊小伙子，医生准备给他打针的，雅戈尼奇听到他用希腊语喃喃地自己说话，只是在注射的时候哎哟了一声，这一声谁都能听懂。这么看，“哎哟”是全人类共同的语言，就像人类的眼泪一样。很快就要送这几个希腊人上岸了，这时大家想把刚动过手术的雅戈尼奇留在比雷埃夫斯进行治疗，可是雅戈尼奇坚决不同意。单是这么一提，就使他十分不高兴。

“你们要是觉得雅戈尼奇成了累赘，”他阴沉着脸对船长说，“就扔到海里去，不过希望扔得离祖国海岸近一些……离库拉耶夫村近一些。”

船长叫他放心:不愿意就不留下,谁也不会勉强。船长又笑着说:

“您就是忘不了您那库拉耶夫村……”

雅戈尼奇过后还保持着警惕,特别提防那个“小医生”捉弄他。万一给他吃麻醉药,将他麻醉过去,等到醒来,已经在异国土地上了……

他并不害怕比雷埃夫斯,他害怕孤独。他多次到过比雷埃夫斯,那里的人蛮不错的,尽管是不同的民族。当年雅戈尼奇第一次航行就是到比雷埃夫斯去的,那时他还是一个小鬼,多报了两岁(后来填进了身份证),加入了共青团,接着就响应共青团的号召,进了海军,当时参加海军的有成千上万个像他这样从草原上来的健壮小伙子。世界上真有不少凑巧的事情:刚刚踏上甲板,马上就要出航,去执行共产国际交来的重要任务。这次任务就是要尽快地赶到比雷埃夫斯,避开当地政府,连夜将一些保加利亚革命者带到船上:他们在起义失败后面临被镇压的危险,无论如何要将他们救出来。他当时冒着危险,到处奔跑联络,连夜将他们秘密带上了船。如今怎能允许就在这个比雷埃夫斯将自己弄下船去?! 不过事情已过去。大家总算尊重他的心意。

他对比雷埃夫斯这地方一点也不反感,但是他觉得哪里都没有库拉耶夫村亲切。因为每个人都应当有自己的岸,自己的归宿之地,这地方使他一生梦魂难忘,即使在几千海里之外,不论在哪一个方位,都能看得见这个地方。难怪海员们发现一个秘密:船在驶回祖国海岸的时候,要快得多,船自己会飞!

雅戈尼奇躺在底舱里，在医生的照料下病情渐渐好转，他老老实实地服从“小医生”的治疗，虽然他对这一切十分不耐烦。他很想弄清楚他们现在航行的方位，上面是什么天气，几级风。他还想知道，“猎户星号”经过这一场风暴，经过这样一个可怕的凄厉的夜晚，现在究竟成了什么样子，是老样子呢，还是面目全非？他还问：现在向他们的“猎户星号”鸣笛致敬的是哪一国的船？说实在话，怎能不向可爱的“猎户星号”致敬：如今大海上难得见到帆船，船长们在任何一个方位老远就能认出这艘实习的帆船。不论是丹麦船、法国船、挪威船，只要见到“猎户星号”，一定要拉响汽笛，表示敬意——这是航海者自古以来的传统。不晓得别人喜欢不喜欢，雅戈尼奇可是十分喜欢这一传统。

有一天，船长进来看望他。“您好，古里耶维奇，精神好吗？”他坐到床边，问病人感觉怎样，又夸奖起医生，说他进行这样的手术很有些胆量(看样子，他们都和“小医生”很要好)。

“真不简单，做得很漂亮。”船长拼命在夸奖，“虽然这是他第一次进行这样复杂的手术。”

“我看得出来，他是第一次。看样子，以前只是在学校里解剖过青蛙，这一下子可好啦，搞到一个人试验啦，于是劲头儿就来了。”

“您这话不对！……他蛮能干的。”

“您夸奖的这位能干人简直找不清究竟是哪一条肠子，扯来扯去都不对头。”

“不是这样，我讲的是规矩话：他确实有两下子。颠簸得那样厉害，搞得人仰马翻的时候，他能沉住气，立刻正确地作出诊断，而且几乎没有用麻醉……”

“而且用的是不顶用的刀子……”

“古里耶维奇，他们的刀子都顶用。小伙子拿到毕业证书，而且是成绩优秀的毕业证书，可不是混来的。”

“就算他成绩优秀，可总是找不准肠子。”雅戈尼奇还是不放松，“幸亏没有出问题，要不然才糟呢……”

讲完这几句话，他就沉思起来。

他这一生见到过各种各样的船长和医生。老头子认为他们现在这位船长扬琴柯是一个非常好的船长：尊敬别人，尊重别人的经验和成绩，虽然年纪还轻，在船队里已经享有很高的威望，他的聪明才智、他的稳重已经引起大家的注意。扬琴柯船长也是雅戈尼奇过去教过的学生，当年也做过“猎户星号”上的实习生，也像别人一样在横桁上爬来爬去的，手拿六分仪在老师面前站得笔直，一面听讲，一面用心测量太阳的角度。有多少年轻人在“猎户星号”实习过，有多少年轻人在它的篷帆下锻炼成长起来！一批实习生去了，一批又来……，你过去的学生，你过去辛辛苦苦培养他们，教导他们，他们受过你的夸奖，也受过你的批评，如今他们独立地航行在世界各个水域，有的做领航，有的做大副，有的做船长，只有你雅戈尼奇还站在“猎户星号”的甲板上，这一辈子就像结结实实地长在了上面。在这里就像是生了根。天天在这里用专门织成的、用亚麻籽油浸煮过的厚实麻布缝补篷帆。不，是缝补帆布，再经过你的手亲自加工才能成为篷帆！学航海的人一批一批地来到这里，雅戈尼奇把自己那套并不奥妙的手艺传授给他们——怎样打结子，怎样系缆绳，怎样在钢索上做“套子”，就是书本上说的打“眼环结”……难道“套子”和“眼环结”不是一回事儿？也许，就不一样。管你叫不叫眼环结，雅戈尼奇一定要叫套子。船上的一切他都按照库拉耶夫村的地方名称来叫……好在大家都没有将他忘记。凡是到“猎户星号”接受过雅戈尼奇严格训练的人，不论是哪一个，不论去部里办事或在异国港口遇到同窗好友，都要问一声：“教我们打结子的雅戈尼奇老师好吗？”

“刚才局里发来电报问候您。”船长说，“问您的病情怎样……”

老头子得意地微微一笑。怎么，以为我喂了鲨鱼？可是，你们瞧，还活着呢，身上还热乎乎的。他才不会离开你们……还没有到注销他的名字的时候。他微微眯缝着肿胀的眼睛，望着船长。一个人青春少年，风华正茂，那样子是叫人看了高兴的。他是一个好海员，不论从哪个角度看，都是个好海员。他爱上了他的“猎户星号”，这一点他从不隐瞒。他的新婚的妻子有一次带点儿妒意地问他：“你爱你那‘猎户星号’，到哪一天才爱够？”他笑着说：“嗯，恐怕永远不会爱够……”回答得真好。扬琴柯觉得船长这一称号还不太习惯。他认为做船长是光荣的，但他对光荣另有一番理解。并不是每个人都能在这样的年龄成为船长的，可能正是因为这一点，他在工作中特别勤勤恳恳，兢兢业业。他那响亮的命令“升机！……”变成行动的时候，他心里总是十分激动。转眼间篷帆升起，像翅膀一样在天空张开……在这庄严的时刻，大家都很兴奋，他这个做船长的更是加倍地兴奋，因为不是别人，正是他指挥着这只永远年轻的、轻捷的船迎着万顷碧波，迎着风暴前进。他站在指挥台上，总是沉着、镇定、精神抖擞，任何人看到他都会说：这个船长很可靠，跟着他作环球航行都不会出问题。

在公开场合，船长每遇到雅戈尼奇，一定要向这位航海老前辈表示敬意……不久前船长结婚的时候，还将雅戈尼奇请去做男方的主婚人。这会儿来探问他的病情，扬琴柯随随便便的，同雅戈尼奇天南海北地闲谈，商量有关这艘船的事情，因为“猎户星号”毕竟被这场风暴弄得伤痕累累，看样子得交给修理厂去修理了。

“我那修理间怎么样？”雅戈尼奇问起他在船上的修理间，“我不在，是谁在管？”

“还不就是实习生们……”

啊，是他们在管！修理间里，雅戈尼奇将一切东西摆得有条有理的，备用的帆布放在架子上，折叠得好好的，就像商店里一卷一卷的布匹，每一卷帆布上都贴了清清楚楚的标签；每一件小东西，哪怕是一根针，雅戈尼奇都能在黑暗中摸得到。他知道每个帆眼在什么地方，知道什么地方放着缝帆布用的顶针，这东西在船上叫作护手……海上的事必须要有条理，修理间必须由内行的人来主持，可不能随随便便……他不在，他们会弄得乱七八糟，等他接手用一个星期都收拾不好！……

不过，这会儿雅戈尼奇更不满意他自己。鬼叫一个浪头打来，碰了一下肚子，自己就连阑尾炎都扛不住了。这一次又吃了大亏！以后可要当心！……雅戈尼奇在船长面前甚至感到很不好意思：这一次太丢脸了！他这个航海老手可是从来没出过这样的事情……是不是已经老了，不中用了？

“我还以为我永远经得起摔打哩。”雅戈尼奇似乎在为自己辩护，“当然，是有点儿笨手笨脚的了……虽然牙齿一个也没有掉，而且从来也没有疼过……”

“这不稀奇。”船长说，不知为什么他的眼睛望着一边，仿佛他也觉得不好意思起来，“不单单是您一个人，谁都会有这一天的。好啦，一切事情您别操心！等我们回到家，我们给您弄一张疗养证……”

“我要他娘的疗养证干什么？”雅戈尼奇警觉起来，“我才不去疗养院混日子……”

“这件事，古里耶维奇，我们听听医生的意见再作决定吧。”他的眼睛又望着一旁。

他究竟是怎么一回事儿？往常他总是坦然地望着雅戈尼奇的眼睛，可是今天……

“决不。”雅戈尼奇说，“干脆别打这个主意。既然经得住一刀，那你就放心吧。”

船长好像放心了，显出高兴的样子，站起来告辞。快要走到门口时，他说：

“航行一切正常。顺风。挂满帆。”

他最后祝雅戈尼奇早日恢复健康，说完就走了。雅戈尼奇在他走后心里一直七上八下的，觉得十分纳闷，猜不透是怎么回事儿。为什么他讲起疗养证呢？难道要请他走吗？认为他的力气已经出尽了吗？是的，岁月不饶人，他这不平静的一生经历了多少风暴！如今老了……要是年轻几岁，再大的风暴都不在话下，可是这一次他却几乎报销掉。也许有一天他真的会完蛋。往库拉耶夫村打一个电报，用帆布将他一裹，拴两块废铁作坠，顺着木板将他滑出舷外，葬入波涛之中……这一次他是挺过来了，没有向死神屈服，因为如果在这种情况下死去，和在战斗中退却是一样的。可是他真弄不清，今后又怎样呢？难道成为一个徒有虚名的海神爷？或者还要更坏些，活活的成为一个累赘？不应该这样，他们不应当嫌他老迈。他饱经风浪，谁都知道他的健壮的体格是怎样毁掉的！不是因为在岸上狂饮和胡闹，是在多年同风浪搏斗中耗尽了自己的体力，而且与阑尾炎也不相干！他从来也没有摆过自己的功劳，可是现在，如果逼人太甚，那就要挂起所有的勋章给你们看看。他一生参加过多少次危险的航行，可是你们竟敢将他提前赶走！

到了夜里，他整夜都在想着自己在战争时期参加北极航行的情形。他们的船队行驶在北极水域，运的是从美国租借来的物资。那可真是极其艰险的航行！尽管有护航舰护送，尽管船队伪装成浮动的冰山，法西斯飞机还是识破了这可疑的“冰山”，于是雅戈尼奇面临了死亡，而且似乎是无法逃脱的死亡的威胁。情况如此严重，全体船员本来有权离开自己的船，好让自己的护航舰将每座“冰山”连同满载的军用物资立即击毁。但是前线正等待着这批物资，所以船员们没有行使自己最后的权利，没有离开自己的岗位。直到敌人的炸弹从低空盘旋的敌机上纷纷下落，他们也没有离开。有一颗炸弹落进了装发烟罐的隔舱，船只立即罩起了浓烟，甲板上起了火，有一些大桶开始爆炸，桶里装的是十分沉重的液体，不知是水银，还是别的东西……剧毒的液体流满了甲板，雅戈尼奇知道这对于全体船员、对于他本人都是十分危险的，他又想到船舱里装满了易爆的危险物资，随时可能将船炸得粉碎。他对这一点十分清楚，可是并没有张皇失措。大家都很镇定，难道只有他是胆小鬼？他向高射机枪奔去，换下一个受伤的同志，对法西斯匪徒猛烈射击，将他们打得狼狈而逃。随后，将船上的火扑灭，又抓起水龙带，在甲板上深及脚踝的毒液中来回奔跑，好不容易才将毒液冲到海里……这种可怕的水银，可能还有别的毒物，使大家都中了毒。不少人后来死在内地医院里，雅戈尼奇虽然中毒的分量也足以致死，当时也是耳聋眼瞎，但是他在伊加尔卡野战医院住了几天，将中的毒呕吐出来，又活转过来，重新走上艰巨的岗位。他从不顾惜自己，哪里需要，就到哪里去，刀山火海也要去！——就凭这一点，也不应当赶他下船！……

直到停战之后他才知道，就在他运送租借物资的时候，在一天之内，在顷刻之间，他失去了最心爱的一切：妻子和两个孩子同时死去。一艘满载着海员家属、开往高加索的轮船，中了敌人的炸弹。后来，过了很多年之后，一位相识的船长才对他讲了当时的经过。那次轰炸是在白天，法西斯野兽一个炸弹就炸沉了满载粮食的货船，然后就轰炸运送伤员和家属的轮船，这只船上明明挂着红十字会醒目的标志，野兽们照样轰炸。对他叙述这件往事的这位船长当时正在旁边的船上，亲眼看到这些无力自卫的人惨遭杀害的情形，虽然他很想救援他们，可是无能为力，因为他的船当时也正遭到袭击。雅戈尼奇的妻子和两个孩子就是在那一天死去的。可以想象，小孩子活活地被淹死，是多么可怕，多么凄惨！甚至周围连一只喜欢救人的海豚也见不到：据说海豚有一种天性，喜欢援救溺水的人……妻子至今活在他的眼前，他能听得见她的声音。至于孩子们，在雅戈尼奇的印象中已经很模糊了。有时眼前闪过孩子们的脸，小脸上流露着呼天抢地的凄惨神情；

他仿佛真的看到他们手牵着手，一同坠入深渊。有时夜里他在睡意蒙眬中突然朝他们奔去，想去抓住他们，将他们救起。但是不知为何，他的手抓住的、抱住的只是水，只是永远形状无定的水，别的什么也不见。

五

雅戈尼奇出人不意地起了身，来到甲板上。此时已是黄昏，但这个黄昏月色皎洁，碧空如洗，像白天一样明亮。月亮的光带在海面上闪着银光，后甲板上有人弹起了吉他。小伙子们看到雅戈尼奇，欢腾起来：

“同志们，你们看，是谁登场了?！……”

“我们的海神爷万岁！万岁！……”

微风习习，篷帆发出轻轻的、吟咏一般的哨声。

雅戈尼奇谁也没有理睬，坐到旁边一盘缆绳上，小伙子们也很懂分寸，不来纠缠他，和他没完没了地开玩笑。雅戈尼奇每看到大海这样明净，这样清澈，心里总觉得很高兴。不似那黑沉沉的夜里，大海本身比黑夜还黑，每一根神经都有面临无底深渊的感觉……如今这万丈深渊并不使人觉得可怕。老头子坐在那里，心情十分宁静，他的秃顶闪着银光。他仰起头，那挑剔的目光扫视了一番纵横交错的缆绳，又扫视上面的星空。

副政治指导员——这位船长的好友和棋盘上的劲敌，从旁边经过，一看到雅戈尼奇，十分惊愕地停了下来。

“是您？古里耶维奇，恭喜您恢复健康！怪不得人们都说：病人服了仙丹，立即能上马作战！……昨天才开刀，今天就起床了！……古里耶维奇，恭喜您！这么看，咱们还能一块儿在海上干几年呢，您说对不对？”

“还能干几年。”

“只要航速不大，风浪不是太猛，那是能行的，对吗？”副指导员自己笑了笑，又严肃地说，“古里耶维奇，现在船速越来越快了，地球越来越小了……如今地球是变得太小了，就像当年的埃拉多斯一样。”

“埃拉多斯是怎么一回事儿？”

“古时的一个国家，在今天希腊人住的地方，像我们今天的一个州那样大的一块地方。那个国家的人虽然生活在小小的国土上，却要探讨广大的世界！他们觉得自己的国家与未发现的陆地和海洋相比，不过是一块弹丸之地。他们认为，尚未发现的许多大陆都是广阔无边的，上面住着的是一些奇形怪状的动物，有女骑士、半人半马、半人半兽——全都是坐井观天式的想象……现在我们的地球与宇宙相比，与整个太空相比，也许不过是像埃拉多斯那样的一块弹丸之地。”副指导员的眼睛这时向上望去，望着桅樯的上方。“真想知道，除我们之外，其他星球上还有没有别的生物，哪怕是有一点像人类的生物……也许没有。也许，古里耶维奇，就只有我们，宇宙间只有我们这些人类。这就是说，我们人类必须和睦相处，不要破坏，而是多多爱护世界上的一切，一草一木都要永远爱护……”

“这些话是十分可贵的。”雅戈尼奇表示赞同。

最后，副指导员又一次鼓励他，说还希望他和大家一块儿在大海上航行几年……

“最好给我去掉几岁来算账，”雅戈尼奇忍不住说，“要不然，我在你们这些年轻人中间就成了老古董了……”

“我们正是需要这样：又要老经验，又要年轻人的劲头儿。”

他又安慰了两句，说声再见，就走了。

又剩下雅戈尼奇一个人了。他坐在那里，倾听着，也许是在倾听头顶上篷帆忽急忽缓的响声，也许是倾听自己的呼吸，也许是听到了下面传来的讲话声。下面在找人，有人失踪了……

医生发狂似的奔到甲板上，一副眼镜闪出气愤的亮光：

“跑到哪里去了？为什么大家不把他弄回来？”

吉他不响了。一个实习生十分礼貌地用镇静的声调回答说：

“我去帮你抓回来，不过，请问，你找的是哪一个？”

“雅戈尼奇！”

实习生们发出了友好的笑声。

“没有跑远，……瞧，就坐在缆绳上……就像被流放的舍甫琴柯，正在愁眉苦脸地想心事呢！……”

医生朝这位逃亡者奔来：

“难道您不觉得难为情？就这么随随便便走出医务室！还没有拆线就跑出来！我要去报告船长！”

雅戈尼奇一言不发，毫无反应，像一尊石像一样地坐在那里。

医生又讲起伤口没有拆线，万一挣开，谁负责任？

他用命令的口气说：

“请您回去！马上回去！”

“别叫！”雅戈尼奇低声说，“您对我喊叫还不够资格！”

“伤口够不够资格？……”

“你一讲伤口，把我吓出了一身冷汗，真不得了！”

甲板上响起一片笑声。

“伤口万一挣开呢？”

“要是挣开，那就是你缝得不好……要想不叫它挣开，那你就该缝结实些。”

这场争论是以船长的干预告终的：他走上甲板，劝他们不要再争执下去。几个人架着雅戈尼奇的臂膀，将他送到下面，让他睡下。

直到进港之前，再也没有看到雅戈尼奇到甲板上来，好像他在下面给用铁丝锁住了。

他的每顿饭菜都是由小伙子们从厨房给他送来。他原来食量很大，在修理间干一通活儿，一大碗肉汤一口气就能喝下去，再吃一份饭菜有时还不太饱，还要再加一点儿。可是现在拿他当小孩子，给他这么一点儿像鸟饵一样的食物，那怎么行呢？有一次他要别人给他端来一碗肉汤和一些红辣椒，医生看到发起火来：

“哪里来的辣椒？活见鬼！病人饮食是严格限制的！……”

不允许吃辣椒，只好弄一些果酱来填填肚子。他要吃杏子酱和黑梨酱。雅戈尼奇不知为什么认定，杏子，尤其是皱巴巴的黑梨，和辣椒一样，能够使人长力气，使人长寿。

他是希望长寿的。

他常常生医生的气，无论如何不承认他是自己的救命恩人。他觉得，如果真是医生，那就应该有通天的本事。可是有时他自己都按住腮帮子叫喊："哎哟哟！"——牙疼呢！连自己的牙疼都治不好，还算什么医生？在这方面雅戈尼奇有着绝对的优越性，这一辈子从来没害过牙疼。门齿和臼齿都没有掉，一个假牙也没有。眼睛也没有老花，不戴眼镜也能穿针引线……

有一天夜里他很长时间没有入睡，他在黑暗中睁大了眼睛躺着。这时窗开着，过道里有两个人聊天的声音传了进来。他听出了医生的声音，另外还有一个人的声音，好像是一位航海教师。这些教师是轮流出海带学生实习的。一点不错，是那位爱讲话的教师，脖子像牛脖子，手臂毛茸茸的，像个举重运动员。他对船上不论什么人都想教训教训，不论什么事儿他都想插一手。有一次雅戈尼奇正两手不停地忙着修补篷帆，他却像根树桩一样站在那里，雅戈尼奇让他走开，干脆是将他赶出了修理间，免得他遮住亮光。总的说，教师们都很有学问，很有见识，可是这个人，雅戈尼奇至今也弄不清他究竟给学生们教什么课程。因为他既不懂如何使帆，又不懂航海。据说他好像是一位哲学家——"猎户星号"才用不着这样的人才！……白天睡足了觉，到晚上就来磨舌头。瞧吧，又唠叨起来了，要唠叨一夜的，高谈阔论又开始了。

雅戈尼奇在床上欠起身子，将耳朵贴在窗上，仔细一听，他不禁一怔：原来他们谈的正是他雅戈尼奇。

"雅戈尼奇这个人可真能抗得住，"这是医生的平静的声音，"我第一次遇到这样的人：简直像铁打的。"

"也许不过是感觉迟钝，感觉不到疼？"这是"哲学家"的声音。

“简直是放屁!”雅戈尼奇在心里这样回答他。

“我认为不是这样。有些人性子硬,需要忍一忍的时候,就能咬紧牙关。”

“没有什么了不起的。有时我看到他在修理间里忙忙碌碌的,我不由得在想:真是和篷帆一样地落后,过时的人物。这种人逞英雄的时代已经过去了,永远不会再轮到他逞英雄了。”

“这样的结论是不是下得太早了?历史上有过不少先例:看起来是已经被淘汰的东西,忽然又行时了。也许我们还能看到现代大海轮、最新式超级油轮上用篷帆……”

“连油轮本身也要消灭的。”

“那用什么呢?”

“我不知道用什么,但我知道不会再用什么。”

“你这话叫人不解……这话里面打了很多复杂的结。”

“以后也用不着打结了。用不着在船上打这样麻烦的结……”

“打结这套本事是值得重视的,如今会打结的人已经不多了……”

“实际上这是极其原始的东西……”

“你又是什么呢?吹牛皮大王!”雅戈尼奇真想喊出来。“你这一生可曾用你的手打一个实实在在的结?”他简直气坏了,不由得心里咕哝着,“你就会用你那长舌头打空结。”

“我觉得,您的看法不对头。”医生斩钉截铁地说,“您认为过时了……首先,这未必过时。我们就假设帆船过时了,那也应当照样尊重这样的老师傅,这样忠心耿耿地干活的人。你去瞧瞧,雅戈尼奇对他的工作那股热火劲儿,简直像对待自己的老伴儿,他对他那一套不时行的手艺掌握得多么熟练！他觉得其中有无穷的乐趣。您要是把他的针拿掉，把他的帆布拿掉，他会和您拼命的。"

"从开刀情况看，他身体怎样？肯定不行了吧？"

"完全不然。他的内脏像年轻人的内脏一样。"

"这不可能。"

"这是我亲眼看到的……一点不错，像年轻人的内脏。"

"奇怪。您是不是将救起来的那一个希腊人当成是他了？"

"根本不是的。"

"好的，就算'像年轻人一样'。可是他总是过去时代的人物。换句话说——是直立猿人，时代落伍者。"

"我不是这样看。我认为，他为我们撑的是生活的帆。他是用帆写诗的诗人……用帆参加建设的最出色的建筑师，不用歌词唱歌，而是用帆唱歌的歌手。"

雅戈尼奇完全没有料到会从医生嘴里听到这样评价自己的话。这个爱找碴儿的"小医生"原来是一个有头脑的人。那个爱吹牛皮的家伙那样讲，他偏偏这样讲……反正时间会证明谁是正确的。

等到两个交谈者终于走开，雅戈尼奇轻松地舒了一口气：这么看，他一时不会死的，他的内脏并没有腐烂。"像年轻人一样"——这话听着真带劲儿！真是意外的开心事！真想弄清楚，"直立猿人"究竟是什么意思。要去问问实习生。

很快就要到达港口了。大家都有人来迎接，雅戈尼奇却无人来迎接，只能看到港湾入口处小岛上那座年轻时代就熟悉的石头灯塔扬起高高的白色塔尖,朝他眏眏眼睛。

雅戈尼奇在这座港口有一个做过机工的朋友,但是他不一定会出来迎接远航归来的船只,因为他常常生病。他们还是在战争时期航行中相识的。这位老机工是北极城市穆尔曼斯克人,是雅戈尼奇鼓励他搬到南方来的:“尼古拉,你在北方挨冻、吞冷气要到什么时候?”老机工说搬就搬,他多年在海上,孑然一身,没有太多的累赘,很快就来了。他在离港口不远的一个住宅区,在阿尔克济街住了下来。这地方挺舒适,家家阳台被葡萄藤遮得严严的,铁门油漆得锃亮,到处是果园、花圃,各家铁门上都有装饰物:有的是铁锚,有的是用白铁做成的海鸥,还有的是用不锈钢做的帆……这条街上住的大多数是北极地带的人、劳苦功高的极地工作人员,他们历尽辛苦之后,很想尽情享受南方慷慨的阳光;他们悠闲自在地生活着,希望在葡萄藤掩映之下,晒暖他们那饱经风霜的心灵和受尽风寒的筋骨,晚间就玩玩骨牌;如今再不是终年天寒地冻、风雪呼啸,他们便养养那些娇柔、喜欢温暖、也许他们以前从没有见过的花草。每逢节日他们聚在一起,爱谈谈过去那些艰险的航行:他们的船被冰山夹住,有时船被夹成碎片,但是并没有将他们夹碎。有一次那位做机工的朋友鼓动雅戈尼奇说:你也到这里来吧,到我们阿尔克济街落户,找块地方,我们一块儿盖一座小院子,逍遥自在。雅戈尼奇暂时还不迷恋这样的小院子,他有自己的打算。他已经乘“猎户星号”完成了二十四次远航,难道就不能完成第二十五次?

离港口越来越近了。爱妻、慈母和儿女们都在那里等待着船员们归来……实习生们还有恋人在等候。亲人们手捧鲜花,久久地伫立着；他们望眼欲穿，不知何时天际才能出现那高高的可爱的白帆！如果“猎户星号”远航归来是在阳光灿烂的晴天，迎风飘扬的白帆闪着耀眼的亮光，这时的情景尤其动人，可以为摄影者提供抢不完的镜头！不过这一次经过这样一场风暴，航速受到影响，因此归来时已是黑夜将尽，微明的天边已经露出晨曦，清新的黎明的微风在轻轻吹拂着。

但是，即使在这样晚的时刻，亲友们还是在港口等待着迎接他们。就连雅戈尼奇，他那做过机工的朋友也前来迎接他了——老朋友等待他的归来，没有将他忘记。

六

雅戈尼奇坐在葡萄架下,同老友在玩“赶羊”。他们一声不响,玩得十分用心,十分顶真。

“古里耶维奇,你要是输了,”玩罢第三十局,老朋友说,“你就得搬到阿尔克济街来。你早就应该来了。”

雅戈尼奇没有作声。他心里正在回忆着往事,不想说出来。此地原来有一位他熟识的妇女(不过,不是叫莫达阿姨,而是叫克拉娃阿姨,或者干脆叫女海员克拉娃),现在他见不到她了,她的酗酒的女儿和女婿将她折腾死了。她原来的丈夫曾经是护卫艇上的军士,在战争中牺牲的。克拉娃因为长期在船上工作,渐渐引起了雅戈尼奇的注意,随着时间的增长,她在他的心里占据的地盘越来越大。他曾经有两次同她一起参加远航:第一次是去地中海,第二次绕非洲航行。克拉娃在厨房里工作。她很舍得给雅戈尼奇吃黑梨酱。他每次干完了活儿,走出修理间,不用看表,时间总是分秒不差。往往他一走出来,实习生就笑起来:“雅戈尼奇就像天文台的标准钟，我们可以根据他来对表。"他一出来就直接奔厨房。有时候他同她讲讲话，有时不讲话，因为克拉娃总是忙着做自己的事情，这时雅戈尼奇就坐到厨房门口的小凳上，看着她做事。有时他这样坐很长时间。当然啦，要东扯西拉地讲些闲话、笑话。虽然他们之间不过如此，可是有时别人爱开开玩笑，胡诌八扯地乱起哄。使他们彼此接近的，是纯粹的同志感情，是互相关心、相依为命的友情，这种晚年的友情往往使孤独的人相处得异常亲密，有时也许比青年时代的友情更为牢固。

如今女海员克拉娃已去世。又一颗善良的心离开了人间。老景越来越近了……

他们的船已经交修船厂去修理。这艘船在修船码头从里到外被拆得七零八碎的时候，雅戈尼奇也一再地被弄到体格检查小组去进行检查，弄得他不得安宁。有的医生这样讲，有的那样讲，反正这一切都是船长讲过的倒霉的疗养证引起的麻烦。说不定会有人不了解事情真相，认为是他自己想弄一张疗养证，而且差不多是想骗一张疗养证。为了发疗养证，所以才叫他来检查：看看这个老头子能不能参加劳动。好吧，那就给他好好检查检查，检查了肝脏，又检查脾脏，作了大量的记录；有几个健壮得像牝马一样的姑娘，就像拿他开心似的，一会儿叫雅戈尼奇闭起眼睛，一会儿叫他睁开眼睛，叫他呼吸，坐下，站起来……又用小槌儿在腿上敲敲。在"神经科"检查的时候，他更是不耐烦，心里好不恼火，他觉得简直是在作弄人。

还有几个姑娘轮流瞧他的牙齿，咂咂嘴，又十分细心地瞧瞧，就像茨冈人买马的时候那样瞧马的牙齿。她们十分惊讶地你看看我，我看看你，那样子是简直不相信他的牙齿一个也没有掉，一个假牙齿也看不到。

“身体素质好。”一位医生说，又坐下继续作记录。

用了那么多的纸作记录，经过了那么多麻烦手续，都是为了什么？为了另一张纸，为了一张他从来没有要求过，他也决不需要的可以享受优待的纸。他心里说：我没有央求你们发给我这种证明，你们的证明就发给别人吧，喜欢给谁就给谁，我可不是来乞求疗养证的……可是，他们却没有想到有人会讨厌这样的宝贝。于是，疗养证就盯住了他，不管他要不要，再也摆脱不掉了。

这些烦琐的手续将他折腾得实在难受，终于使这个最能忍耐的人失去了耐性。

“你们究竟想怎样对付我？”

一本正经的检查小组的医生们确实也弄不清该怎样对付他，他们认为老头子发火只是一时的不耐烦。

可是这时他们的船却十分耐心地接受检修，雅戈尼奇当然时常去看看。只听得一片轰鸣声，连耳朵都要震聋。有的在铆接、敲打，有的在凿钢板，有的在焊接，电焊机在“嗞嗞”地响着；各种部件全都拆得七零八碎，有很多干活的人面孔陌生，有些小伙子他好像从来没有见过，他们都忙着干活儿，谁也不理睬，叫人觉得，站在这里会妨碍他们工作，简直成了多余的人。

好吧，那就不去了。

可以到库拉耶夫村去看看，他很想去，但是却一再拖着没有去，他想等一等，等到弄清楚下一次何时出航再离开。可是船长也许真不知道，也许是装佯，反正不讲准确的日期。他这样躲躲闪闪,使雅戈尼奇顶不高兴。总之目前还不能离开。要是能弄清有关出航的事,那就可以到库拉耶夫村去走走,如大家说的,去作“礼节性的拜访”。(当然,雅戈尼奇老头子只是觉得这样想更有味道,其实他要到库拉耶夫村去并不仅仅是出于礼貌……)

这样一来,他就在阿尔克济街“抛锚”了。老友劝他不要每天跑去看“猎户星号”,人家在修理的时候,不要老是跑来跑去的讨人嫌。

“你那‘猎户星号’跑不掉的!他们到哪里去找像你这样带劲的马?你现在是工伤假期,正应该休息休息,欣赏欣赏自然风光。‘猎户星号’什么时候需要你,会发信号的,他们知道你目前的方位。”

雅戈尼奇觉得这话有道理。确实,人家正忙着修理,到那里去晃来晃去有什么意思?修船工人在修船方面比自己内行,人家会修得妥妥当当的……于是他只好留在这阿尔克济疗养院,天天无事可干,坐在葡萄架下乘凉。有时玩牌,有时读报,晚上随意看几个电视节目。看起来这日子过得不坏,但是雅戈尼奇不知为什么觉得这天堂般的休养生活有不足之处。他的老友也不是那种天天离不开医生和劳保单位的退休工人,他在退休之后,还自动向港务局领导提出要做一点事情。港务局于是派他做技术顾问。尽管这不是一项经常性的工作,但一个人总算有事干,不至于觉得自己成了被扔出舷外的废物,不再觉得自己是被弃置的闲人。

有一天雅戈尼奇用小刀在桌上切面包,小刀突然折断了。

“能捏断刀子,就能活一百岁。”老朋友快活地说。

雅戈尼奇皱着眉头，将折断的小刀放下。他觉得忐忑不安，有点儿懊恼。这是一种不好的兆头——他自己这样推断。雅戈尼奇感到一种莫名的烦躁，立即戴起帽子，也不向老友打一声招呼，便奔“猎户星号”去了。

这一次船上比较清静，不那么嘈杂，既没有敲击声，又没有咝咝声。雅戈尼奇朝自己的修理间走去。很想看一看里面现在是什么样子。要知道，这是他的窝，他的家：牧羊人有他的羊圈，他有他的修理间。

修理间的门不知何故正开着，雅戈尼奇刚一进门，迎面看到一张老大的面孔。是什么人在这里住？哪里来的？这家伙咧着大嘴嘿嘿地在笑，笑得那样亲昵，而且发表起议论来了：

“你瞧，雅戈尼奇，天下没有永远不散的筵席：你退休了，我来接替。有的轮到拿铁杖，有的轮到拿拐杖！……”

好像在什么地方见过这个人……大概，是在码头上，在售票处。他身上不知是一股什么味道，叫人闻到很不舒服。这个人一来，修理间的气味马上变了。以前这里是一股特别的、只有这地方才有的气味——松脂、缆绳、蜂蜡、油浸帆布发出的浓烈气味，那是雅戈尼奇顶喜欢闻的。也许，还夹杂一点儿桂树的气味，那是一直堆在角落里的一些干桂树枝散发出来的……这些气味同海上咸味的风搅拌在一起，生成了一种特殊味道的空气，多少年来雅戈尼奇呼吸着这种空气，觉得特别沁润肺腑，特别神清气爽。

现在整个修理间竟散发着市场上或者车站上那种又酸又臭的气味——是不是这副肮脏的面孔，这张对雅戈尼奇龇着大牙的嘴巴带来的气味？偏偏找来这样的材料！也许别的船都讨嫌他，也许他天天要喝得烂醉如泥，说不定还偷过东西，现在他们却把他弄到“猎户星号”上面来了！雅戈尼奇这么想着，心里觉得生气、失望，觉得受了极大的侮辱、极大的伤害。最使雅戈尼奇不高兴的是，这一切将他瞒得严严实实的，尽管这个讨厌的家伙告诉他说，已经派了人去找他，好像这会儿正在阿尔克济街找他呢。不过，看样子，这家伙一定是在扯谎，那一双小眼睛在滴溜溜乱转，毫不掩饰自己的得意！当然要得意啦！从今天起他就要霸占这里的一切，从今天起这个醉醺醺的胖家伙就要管辖和统治你这神圣的疆土！雅戈尼奇难过地用眼睛扫了一遍修理间。这个篷帆的新主人已经将有些东西按自己的心意变动了一下，他已经将帆布卷放到壁坑里——虽然不如原来好，但这样可以表示换了样子！这个不速之客，这个无赖引起了雅戈尼奇的气愤和蔑视。谁要他来的？怎么让他到这里？他来，对“猎户星号”修理间就是玷辱！

也许，雅戈尼奇有点过分了；但是，他怎么会察觉这一点呢？因为他当时正一肚子火，失去了理智，一心想马上给这个冒牌货、这个前来侵犯别人的家伙一点厉害看看，尽量向他表示自己的轻蔑和厌恶，只是一时想不出用什么办法。他忽然心生一计：

“把加尔达曼给我！”

不速之客茫然不知所措：

“什么加尔达曼？”

果然，他根本不知道“加尔达曼”是什么东西！

“你连‘加尔达曼’都没有听说过？你真是一个绣花枕头！外表好看，里面不怎么样！”

这一下子雅戈尼奇更有理由蔑视他了！雅戈尼奇朝他探过身子,发出一声得意而又轻蔑的冷笑,问他:

“你准备拿什么来缝帆？你的顶针在哪里?”

“当然有顶针,”这位接替人多少猜到了他的一点意思,“顶针就在那只箱子里……”

“还给我!”

“不过,这是公家的,船上的东西……”

“公家的东西我一样都不拿走!”雅戈尼奇叫道,“这是我父亲留给我的！船上的人都知道的,如果你不信,去问问船长……”

他一步跨到箱子跟前,一眼就看到了自己的宝贝,拿起来,放进上衣口袋。

“那我用什么来缝？……”

“那你就用牙咬！我才不管……”

雅戈尼奇这一天告别了修理间。他将自己所用的几件零星衣物收拾好,包成一包,船上几个小伙子帮他送到阿尔克济街。只把自己一只水手专用的小提箱暂时留在船上,放在做大副的乡亲的房间里。他这是有意地留一手:留下这样一件东西,还可以作为借口再回来看看,也许过几天他们会改变主意,又要他来干的。

雅戈尼奇想从这位大副口中弄个究竟,事情怎么会弄到这一步的,很想从这位乡亲嘴里听到一点安慰的信息,然而这个小伙子同情而又坦率的回答把他的最后一点希望赶得无影无踪:

“古里耶维奇,您是永远靠岸了。我们倒是为您高兴,可是……您在检查小组是怎么搞的?”

“全是他们搞的，不是我搞的。”

“您得罪了检查小组的人……他们才不让您再跑一趟哩……工伤，心力衰竭，神经衰弱，这么一写，全完了！”

“这……这……这是最后结论？”

“我干什么要在您面前说假话？您是不是想刨根问底？那您要撑得住！”

“讲吧，我决不会晕倒。”

“事情已经最后决定了。古里耶维奇，您这一辈子干工作已经到头了……”

雅戈尼奇没有晕倒，没有死去，但是眼前发黑：怎么，已经到头了？这么说，不能再干了？那是你们……是你们不叫我干！

雅戈尼奇心里难过极了。

“船长在哪里？副指导员呢？他们两个都在哪里？跑到哪里去了？他们躲着不见我？！”

他的声音严厉而又可怖。大副吓得毕恭毕敬地站着，连忙解释说：

“他们两个给叫到航运局去了，部里来了检查组，可是正碰上这里乱糟糟的。早就该试航了，可是修船厂不叫出航。实在说，还有很多地方没有修好，没办法出航。而且接受新实习生的手续也还没有完全办好。情况就是这样……”

雅戈尼奇还是呆呆地站在那里。

“这家伙哪里来的？是接替我的？”

“是临时的，我们正在物色。我们知道他不妥当，可是像你雅戈尼奇这样的人难找……”

大副接电话去了。通常在修理期间，船上的电话线都要接到岸上去，便于和城里、和修船厂联系。雅戈尼奇没有离开，在等着大副回来。大副接过电话回来，样子更加不安，更加忧悒，看样子，他受到了严厉的申斥。

“船长已经到修船厂去了……您是不是到那里去找他？”

雅戈尼奇只好走了。

他在修船厂的钢铁林中到处寻找，用气呼呼的眼睛扫视着每一个角落，终于在一个车间里一眼就看到了船长和副指导员两个人。他们正要离开一片轰鸣的车间，彼此正热烈地谈着一件什么事情。他们发现了雅戈尼奇，站住了，也不讲话了，不由得站得笔直的。只见雅戈尼奇眼睛盯住船长，对直地朝他走去，船长的脸顿时红了，一直红到耳朵根。

“你们找人接替我了？”雅戈尼奇问道，“你们找了一个比我能干的？”

“不是因为比您能干……我们知道，有些老师傅是没有人可以代替的……古里耶维奇，这是医生鉴定。”船长两手一摊，表示无可奈何。

“他说的是实话，我们不希望这样，可是……”副指导员补充说，“问题不完全由得我们。所以您不要过分责怪我们……您要知道：我们不是神仙。”

雅戈尼奇并不怨恨这两个一向很好的小伙子，不打算向上告状，但是此刻很想对他们讲讲，很想放低声音推心置腹地对他们讲一讲：好孩子，我了解你们的心意，但你们也应该了解我的心情。你们知道我的儿子哪里去了，你们也知道，我把你们当成我的儿子……就剩下你们了，就剩下“猎户星号”上这些孩子们了！这就是我的全部所有。我的整个生命就是“猎户星号”！可是你们……唉，你们……还说又要老经验，又要年轻人的劲头儿呢！

七

大家为雅戈尼奇举行了十分隆重的欢送会。留在“猎户星号”上的人都深深懂得他们失去的是什么人。他也理解自己失去了什么。

也许，他如果尽力去争取，事情还能够挽回。在航运局，以至在部里，到处有他过去的学生，他们手里有权，说话算数，可以去找找他们。但是他不想去麻烦人，惹人厌烦。因为，虽然他们有权，他们并不赞许向他步步进逼的无情的暮年，又怎能推翻为他作的那一堆可恨的记录？他过去的学生们还不能不注意那些健康而有学问的姑娘们用拉丁文作的大量记录，尽管她们作记录的时候不一定真正在关心雅戈尼奇，而是一心想着尚未到手的未婚夫。她们拼命地写呀、写呀，尽管她们写过了永远不会再看，不过朝病历档案中一塞了事。官僚主义何等普遍……显然，他们首先是关心自己，怕的是万一他雅戈尼奇在航行中出了事情，他们要负责任，于是给自己留下推卸责任的余地……也许，他们找他雅戈尼奇的毛病不是完全没有根据？因为事实上不是这里酸，就是那里疼，或者是麻木——年岁真是不饶人。他越来越觉得自己身体差了。说来说去，即使能找到人维护他，避免官僚主义祸害，可是又有谁能够保护他，帮他抵挡无情暮年的进逼，帮他抵挡暮年彻骨秋风的吹袭？

还可以希望得到随船医生的支持，他的诊断和他们的诊断完全不同，但是他们靠岸的那一天，从奥维季奥波里拍来一封电报：他的母亲病危。他扔下一切，请了假，回家去了。到现在他还没有回来，在家里脱不了身……

就这样，开起了欢送会。

大家都集合到甲板上，宣读了退休决定，发给老师傅一笔数目可观的奖金。航运局的代表宣读了给雅戈尼奇的嘉奖决定，然后是航海人员代表讲话，——讲话的代表便是他早就熟悉的那位牛脖子、眼睛像水母、有着一副毛茸茸的粗手臂的“哲学家”。今天他穿的竟是背心，在这样庄严的场合真是太不像样子了。他大谈如何战胜风暴，大谈信风和季候风，谈海员生活多么有诗意，他谈得十分起劲儿，又是赞叹，又是吼叫——既然是一个吹牛大王，谁也没有办法不叫他吹牛，雅戈尼奇才不爱听他那些空话……副指导员讲得倒是十分感动人。他讲到多次艰险的航行，告诉年轻人，做一名帆船上的技师何等不容易，又讲到雅戈尼奇在船上的事迹和为人。他说，一个海员，能够有雅戈尼奇那样的功夫，虽然在暮年，虽然满头白发，永远是被人敬重的，不受老迈、精力衰退、疾病的影响，甚至死后人们都不会将他忘记，因为怀着同舟共济神圣感情而精益求精的航海本领和熟练技巧，就像艺术家的技巧一样，越老越精深！

不论是船长，还是船上的小伙子们，都怀着明显的伤感心情，聚精会神地在听副指导员茹拉夫斯基的讲话。可能他们之中不止一个人在想，有朝一日也要为他举行欢送会的，今日虽然满面红光，总有一天也要满头白发，步履蹒跚。

实习生代表也讲了话。这是一个黑黑的、长得像鞑靼人一样的小伙子，是参加最近一次航行的实习生。他的话不长，他对雅戈尼奇的教育和指导表示了感谢，又用一句诙谐的话作为结尾：

“亲爱的海神爷，您现在退休，请您别把顺风一起给带走！”

所有的讲话，雅戈尼奇都毫无表情地听着。那饱经风霜的粗糙、僵硬的脸，一点表示不出激荡在心中的风暴，表示不出心中的痛苦和不安。他站在这些服装整齐、英俊的年轻人中间，他穿着他那皱巴巴的、天气虽热但每个纽扣都扣得严严的水手服，站在烫得笔挺的呢衣丛中，表情漠然，仿佛觉得这送别仪式同他最没有关系。作为一个海员，不好将心灵的创伤展示出来，让别人看看，不管这些创伤日日夜夜撕绞着他，而且将一直撕绞到生命的尽头。美好的年华已经一去不返。从今以后你的甲板就是大草原，就是这散发着艾蒿气味、尘土飞扬的原野……你就接受命运的赐予吧，你就安心地、坦然地饮下这杯苦酒吧，因为这怪不得任何人，因为现在你遇到的事，他们每个人或早或迟都会遇到：任何人都不能保证永远年轻。

欢送仪式最后是授予奖状，再一次表示嘉奖，又当众宣布决定：接纳掌帆技师雅戈尼奇为船队的终身荣誉船员。这项决定是船长亲自宣读的，他读得热情洋溢、十分真挚、十分激动，那语调亲切之中仿佛还带一点儿不安，似乎良心还在一再地追问：这些天该为雅戈尼奇做的事情，是否都做到了？随后谈到要送给老师傅一件宝贵的礼物，——大家原准备会后送的，因为当时没有挑选好，拿不准雅戈尼奇最喜欢什么，——当时一提起送礼物，有的人凑热闹说：最好送给古里耶维奇一只冰箱，或者一台彩色电视机，要不然就送一台洗衣机。在场的人都笑了。不过，船长却十分认真。他很有礼貌地问雅戈尼奇：

"安得伦·古里耶维奇，我们要送给您一件礼物，很想知道您希望要什么。"

老头子沉默了一会儿，然后闷声闷气地说：

"给我一根针吧。"

他要的是缝帆的针。

他要的东西简直微不足道，甚至可笑，但是谁也没有笑。

船长特别严肃地用命令的口吻派定大副陪雅戈尼奇到修理间去，让他随意挑拣缝帆针，想要什么样的就挑什么样的，全部带走也可以。

雅戈尼奇看样子并不想去。他犹豫了一下，抓起船长的手臂，将他拉到一旁，用推心置腹的语调说：

"我可以把我的签字交给你。"

"什么签字？"

"如果我在船上出事情，不论您，不论医生，不论体检小组都不负法律责任。我不要求更多，只要求再出航一次。最后一次！我签好的字在这里。"他从帽子里掏出一张油污的纸片。

船长为难起来。

“亲爱的古里耶维奇，这签字谁也不需要！”他响亮、干脆地回答说，“您休息去吧。请您别多想了……您已经作出了应有的贡献。您做的事情，够十个人做的。在‘猎户星号’上，能作出像您这样大贡献的，过去没有，可能今后也不会有……”

一切送别项目虽然都进行得十分隆重，不过也很紧凑。许多事情在等着人去做，不得不抓紧时间。热心的大副将一大捧针，不是普遍的针，而是用最坚硬的特种钢材制成的三棱形针，当着大家的面交到雅戈尼奇手里。他当着大家的面交给他，就是说，这些针就算正式报销了。雅戈尼奇那个水手提箱，是他的忠实伴侣，多年来陪着他几乎经历了所有的航程，如今也被提来放到老师傅的脚边。这只箱子到处是铜铆钉、铁皮，上面锁的是一把中国式的、只有雅戈尼奇一个人会开的灵巧的锁。如今这只似乎装满了秘密的提箱，好像从地下钻了出来，等待着主人去提……看样子主人只有弯下腰去提它了。雅戈尼奇正要弯腰，几个实习生抢着过来帮他提，他们说，老师傅刚开过刀，不能提重东西……

但是雅戈尼奇决然地将小伙子们推开：

“谢谢，我自己能提……不太重。”

他一只手提起箱子，另一只手接过卷成一卷的奖状。这张奖状他几乎忘记了，是船长又一次和他紧紧握手，含着感动的眼泪交给他的。

在全体船员恋恋不舍的目光护送下，老师傅慢步顺着舷梯朝岸上走去。

他缓缓地走着，像平时一样，像平时那样步履蹒跚。他这是最后离开自己的船。

船长扶着栏杆，望着雅戈尼奇的背影，他的心一阵阵收缩，又是难过，又有点儿不安和难分难舍。这个矮墩墩的、多少有点驼背的老头子，同这条船的关系是那样深，好像是专门为船而生存、永远生根在船上，这条船是那样需要他，如今眼望着他离开这条船。过去大家只要看到他，就觉得有了信心，觉得恬适和宁静，如同回到自己家里一样。过去每看到老头子在甲板上，在缆绳之间跑来跑去，大家的心情就是这样的。只要看到有他在，就相信一切会平安无事，他仿佛真是"猎户星号"的护船神。他们平安无事地闯过了无数次风暴，也许正是因为他们有这样一个对全船忠心耿耿、爱船爱得着了魔、能战胜一切艰险的人！今天，他们同他分别了！他顺着舷梯走下去，走向暗淡的暮年，进入不曾有过的孤独境地。望着这个提老式提箱、穿水手服、伛偻的身影，令人有一种难过、不放心、几乎是一种怜悯的感觉。但是从这个人身上，从雅戈尼奇离船时那缓缓的步履之中，还能感觉到有另外一种东西——这个饱经风霜的人有钢铁般的毅力，有真正高尚的人格，离船之后，不论遇到什么，他决不会胆怯的。是的，任何人不能保证永远年轻！海员的一生就是这样——从青年时期就同风浪搏斗，一直搏斗到满头白发，最后，做完了应做的一切，忠心耿耿地站完了自己最后一班岗，等精力衰竭了，便静静地、毫无怨言地走下船去，永远上岸。

大家目送雅戈尼奇走上码头的水泥地，走上坚硬的钢板，他将提箱放在脚下；"猎户星号"上的人都以为他就要转过身去，他却掏出他特别偏爱的一包"鲟鱼牌"香烟，不慌不忙地抽起烟来。他朝码头的货栈那边望着。从那边走来一个人。腿微微有些跛：

是他的老友,退休的机工,这位老友总是在他一生不平常的时刻出现,这会儿又匆匆赶来了。他和雅戈尼奇一样,矮墩墩的,前额十分饱满。他来到跟前,两个人简短地交谈了几句。

“猎户星号”全体船员都聚拢在栏杆边,一直望着雅戈尼奇,望着他那矮矮的、伫立在码头上的身影。终于老头子将烟蒂扔进水里,随后又朝漂在水里的一片橘子皮唾了一口痰。现在他觉得可以随便些,不像在船上那样了:在船上向海里吐痰他认为是大不敬的。

老友将雅戈尼奇推开,抓起提箱;雅戈尼奇手里只剩下奖状了,那是海校里几个不高明的画家费尽心血创作的艺术品:如果老师傅有一天将它展开,就会看到许许多多动人的图样和花饰,其中除了许多盛开的鲜花之外,还有威镇海洋的大胡子海神的一条铁叉赫然在目……

他没有回头看,就这样走了。好像雅戈尼奇同“猎户星号”从来不相干,好像他并没有为它献出一生最美好的岁月——实际上,他的一生真是忙碌的一生、辛苦的一生:缝制篷帆,缝好了,还要用铁皮裹边——单是这一项就是十分辛苦的活儿。一卷帆布就有一百公斤重,老师傅每次要用帆布,都要拖出来,在甲板上摊开,晒一晒,亲手擦拭干净,然后一段一段地检查,用手指仔细摸一摸,看看有没有毛病,老鼠有没有咬坏,帆布出厂时是不是有瑕疵。直到看准了帆布是十分结实的,是靠得住的,才动手剪裁,拿起三棱针来缝。雅戈尼奇的本事并不多,譬如说,他就没有学过航海学,但是他精通了他这一行,他是他这一行的行家。篷帆不仅需要缝,每一张帆还都要装备,边上要缝上钢索,还要装上各种必要的零件，这样才能经得起最猛烈的风暴，这方面需要的就不是一般的本事，而是很高的技巧，绝技！如果说，现在船上有些年轻人也会剪裁、缝制和装备篷帆，那是因为雅戈尼奇长期同他们在一起，将他们教会的。

在“猎户星号”船上，大家对雅戈尼奇是异常尊重的。在工伤之前，船上的集体活动大家就不要他参加，可是每次他都要自愿地出来。他这是出于一种责任感，心里觉得不出来就过意不去：他常常穿着水手服站在狂风暴雨中，两手冻得发僵，手指不能弯曲，可是他还是站在那里，仔细而挑剔地看着实习生们如何系缆绳。如果发现有的小伙子打结、系缆的手法不正确，他便走过去，将小伙子推开，亲自做给小伙子看。他做得非常敏捷、非常熟练，做完了最后还要说一声：“孩子，要这样做才行……”

然后又走开，伛偻着身子走到一边，用他那有经验的眼角，透过下垂的眉毛，看着另一个新手干活儿。

送行的人还没有散去：级别高的、一般的、没有任何级别的，都站在甲板上，目不转睛地望着老师傅。这时老师傅已经和老友来到一戈比可以喝一杯的红色的自动售水器旁边。两个人都在袋里摸索了半天。最后还是雅戈尼奇摸到了零钱，先给老朋友买了一杯，然后自己买了一杯，端起这自动倒出的河水喝了起来。玻璃杯在手里闪出水晶般的光彩，那曲折的光线，将雅戈尼奇那张僵硬的脸化成许多闪动的小块。“猎户星号”上的人们在向他招手，向他致以临别的敬礼，船长也忘记了自己已经是一船之长，差不多用小孩子一样的劲头儿高声喊道：

“‘猎户星号’永远忘不了您！”

七

只是这时候，雅戈尼奇的脸突然扭动了几下——不知是笑，还是因为痛楚，因为极力忍住失声痛哭而憋得脸上不住地抽搐。在甲板上是分辨不出，也无法弄清的，因为痛苦的抽搐和人的笑容有一点儿相似，二者的外表像亲姐妹，只是本性完全不同……

雅戈尼奇用恋恋不舍的目光向自己的船和船上激动的人群告别。别了！使他激动的不是盛大的仪式、动人的辞藻，也不是气派的队列……大家一拥而出，站在甲板上，一直不肯散去。这是你的“猎户星号”，你的家，也许这是最后一眼了。小伙子们好像成了孤儿，这会儿船只也还没有装扮好，光秃秃的，样子很不好看，甚至有点儿寒碜。它不挂帆的时候，总是要显得小一些，可是这会儿简直好像被压缩了似的，显得非常小，夹在几艘万吨远洋巨轮中间，那样子似乎十分难受。这样一艘不起眼的小船停在码头上，真叫人难以相信，这就是那艘骄傲的“猎户星号”，就是那只海上的雄鹰，当它威风凛凛地飞驶在辽阔的海上，它的篷帆鼓满了风，啸叫着，歌唱着，从船头到船尾，周身笼罩着团团银光闪闪的水雾，那时，远远看去，是何等气派！……这会儿这艘小小的船儿一点也不好看，没挂帆，也没有桅杆，像个孤儿一样光着身子歇在那里，并且还有点儿垂头丧气的样子，可是对于雅戈尼奇来说，它这种样子尤其可贵。只有在修理的时候才能看得最真切，看得到它的每一根骨架，而在航行的时候，它像一只活蹦欢跳的海豚，即使风平浪静，也只能看到它的外形……

雅戈尼奇胸中憋得慌，就像缺乏空气一样。朋友，最后再看一眼吧，看看你那“猎户星号”，因为你要到另一块地方去了，那里没有风，没有浪，没有篷帆在头上呼哨……

大家还在目送他，都没有离开甲板。船长靠在舷上，甚至举起了双筒望远镜，想把雅戈尼奇看仔细些，看看他在岸上，在售水架边又是什么样子。其余的人都拥在栏杆旁，怎么都不肯安静，都在招着手，向雅戈尼奇表示临别的敬意。雅戈尼奇心里真不是滋味。想招招手作为对他们的回答，又怕自己招手招得太笨拙，在一生严酷的海上生活中，不知为什么偏偏没有学会十分漂亮地做这种告别时的招手动作。他应当学会的，因为海员的一生，实际上正是由迎接和送别组成的。

他在凝神倾听着，想听听“猎户星号”上的人在喊什么。也许，喊他回去？副指导员做手势了……真的他们最后改变了主意？不是的，他们是向雅戈尼奇表示临别祝愿，祝他在陆地上新的征途中一路平安。

和“猎户星号”真的分别了！

老朋友不知是第几次提醒他说，该走了，而且重新提起了雅戈尼奇的箱子，这时，他们才缓步离开了售水架，想快一点绕到晒得滚热的货栈后面。雅戈尼奇到了货栈后面，又若有所思地停下来，揩了揩汗水淋漓的额头。完了。无法挽回了……现在可以到库拉耶夫村去了。那么现在就考虑考虑，怎样去好些——走陆路呢，还是水路（也可以水路加陆路）。走水路——不行，这会儿这位旅客见了大海就有气。

几天之后，港口城市的人们看到：闷闷不乐的雅戈尼奇提着自己的小箱子，缓步朝汽车站方向走去。

八

英娜回到家不久，有一天半夜里她被妈妈叫醒了：

“打谷场上出事了！有人受伤啦，孩子……喊你去呢，快起来吧！”

妈妈正站在床前，两手捧着英娜从卫生学校穿回来的护士裙。

姑娘连忙穿衣起身。这时房门开着，她听到从田野里赶来的一个司机正在隔壁房里对妈妈讲事情的经过：“有的车子朝仓库里面开，有的从仓库里面朝外开，扬起的灰尘叫人什么也看不清，只好闭起眼睛瞎闯。在打谷场门口两辆车子一下子来了个头碰头，撞得很猛，把车灯都撞得粉碎。”

英娜仿佛看到了这可怕的场面，仿佛看到了被撞得歪歪扭扭的汽车和被撞伤的人体……她克制住惊惧的心情，向司机问道：

“有生命危险吗？”

“好像还不至于这样。有一个人受伤，看样子还不至于有危险。不过我也说不准。你还是自己去看看吧。”

“需要带什么东西吧?”英娜慌张地问妈妈。

“那里有药箱,”司机说,“绷带、碘酒都有,就是等医生了……你收拾好了吗?”

姑娘将长头发朝背后一甩,说:

“走吧。”

他们立即驰向漆黑的田野,钻进了浓浓的尘雾。

实际上,这不是她分内的事。今天抢救伤员应当是医疗点原来的医生、农庄主席的妻子瓦尔瓦拉·菲力鲍芙娜的事,因为她还没有退休,只是准备要退休,还没有正式宣布要英娜接替她的工作,没有办交接手续。可是库拉耶夫村的人从来不讲究这一套。来了就要干,说干就干,才不管你有多少啰里啰唆的手续呢。因为瓦尔瓦拉·菲力鲍芙娜觉得可以放心了,最近这几天便躺下养起病来。她患心脏病已有很多年了,前年还发生过心肌梗塞。在这种情况下,英娜能不去吗?有没有办交接手续,现在顾不得许多了:既然学了医,半夜里来喊,那就得马上走,今天必须习惯这样的生活。所以她不再怠慢,起身就走,她可没有形式主义、官僚主义那一套作风!

英娜和瓦尔瓦拉·菲力鲍芙娜一向很亲热,她们早就知道,将来她们之中一个要交班,另一个要接班的,但是却没有想到事情来得像现在这样快……最近一段时期,瓦尔瓦拉常常病得不能起床,大概正是因为这样,契列得尼琴柯才向卫生学校提出了要求,要求无论如何将英娜派回来……话说回来,英娜去上卫生学校,本来就是考虑到瓦尔瓦拉和契列得尼琴柯的心境的,因为看样子他们希望早一点有人来接替。

离打谷场有相当长的一段路程。现在只有一个打谷场了，过去有好几个，每个生产队有一个，分散在草原上，现在大家决定：就合并成一个吧，好好修一修，铺上水泥，将机械集中起来使用……他们坐在车上，喜欢讲话的司机就这个题目发表起议论，评论了合并的好处，又评论合并的坏处。英娜很有兴味地听着，虽然她觉得这一切都无关紧要，一个也好，十个也好，有什么了不起的？

时间已经很晚了，草原还没有安静下来，许多康拜因还在跑来跑去地收割。扬起的尘土所映出的光团在田野上不停地晃动着。不知从哪里跳出一只兔子，被车灯一照，显得雪白雪白的。兔子蹦蹦跳跳跨过了大路，这时英娜心里不禁一震；打谷场上有人出事，现在兔子过大路，恐怕不是好兆头！偏偏在这时候出现兔子……打谷场渐渐近了，场上灯火通明，小麦堆处人影来回晃动，有一些机器轰轰隆隆地响着，这些机器英娜以前没有看到过，很像工厂里的机器——后来她才晓得，那是在今年收割季节第一次使用的联合脱粒机。

撞伤的人躺在打谷场边一个帆布架上。是一个年纪很小、极其平常的新兵，看样子是一个乌兹别克人，或者土库曼人，也许是别的地方人。每年夏天农忙时候，军队都要派出一批人来帮助运谷物，他就是这次派来的。他躺在那里，低声呻吟着……英娜快步走到他身边蹲下来，伸手摸他的脉搏，将他从头看到脚，匆匆地、但也十分仔细地给他检查：看来伤势并不严重，脸划破几处，就像打架被人抓破的，身上还有几处青紫块；总的说，还算幸运。

小伙子虽然还处于半休克状态，但危险不会有的。另外几个被撞的人伤得比他还轻些，只擦破了一点儿皮……这会儿他们都围在旁边，守着自己的同伴，他们所担心的主要是他的伤势。他们都是东边几个共和国的人，可能和这个小伙子是一个地方的。他们露出焦急的神情，有时很不安地匆匆交谈几句，看样子，谈的是他们的同伴，也许谈的是她英娜，也许是在说，不派一个可靠的、有经验的医生来，倒派来一个小丫头，简直像个中学生。

"把他抬起来，仔细点儿！"英娜对伤员的伙伴们下命令说，"跟我来！"

还像去年一样，在收割季节打谷场上设立了一个野外医疗点，就设在一座客车棚里，旁边还有几座客车棚，司机和开脱粒机的人都在里面住。医疗点是根据瓦尔瓦拉·菲力鲍芙娜的要求，由契列得尼琴柯亲自搞起来的。现在就是将受伤的人抬到这临时医疗点里。

姑娘进了车棚，白罩衫一披到身上，觉得心里踏实些了。拿过针盒子一看，针头子都是老长的，只好拣出一根，连同注射器一同煮过，给她的第一个患者进行了抗休克注射，用了大量的镇静剂，又摸了摸脉搏，然后才让这个年轻的士兵躺到医疗点的白床单上养息。让他躺到天亮，再看情况如何。如果有必要，就送医院，让他住院治疗。

总而言之，她来得算及时，进行这样的抢救是完全必要的。等患者安静地睡着了，英娜走出来，坐在车棚门口的踏板上，看着姑娘们和妇女们干活儿。她们用头巾将头和脸裹得严严的，只露出两只眼睛，在一堆堆的小麦中间奔跑着，十分熟练地将脱净的小麦不停地往升降机的小斗里送。她们现在那种样子，叫人简直认不出她们的真面目，有的怕灰土，怕麦芒扎眼睛，还带起了眼镜；裙子都撩得高高的，一个个被灯光照得像鱼子那样泛着亮光。打谷场上到处是电灯，农忙时候契列得尼琴柯是不心痛电流的，他一定要把干活的地方弄得像白天一样明亮。

主席很快也来了，是乘货车来的。他从驾驶室钻了出来。他身材高大、魁伟，有塔拉斯·布尔巴[①]那样的块头。他停住脚步，四面望望自己的“家当”。这时，打谷场负责人基利尔叔匆匆忙忙迎上前来。基利尔叔几乎干什么事都要跑步，好像从来就没有学会慢慢地走路……他们两个人交谈起来。看样子谈的是出事的汽车，因为基利尔叔是在作解释，有时还把两手一摊，表示无可奈何，想说明自己没有责任。契列得尼琴柯具有无上的权威。虽然他并不爱骂人、训人，虽然从表面上看，大家并不怕他，不过只要有他在场，大家都要规规矩矩的，干活儿都要加把劲儿，一些队长自己都承认，他是他们的沙皇和上帝。库拉耶夫村人都因为有这样的主席觉得光荣，这是可以理解的：他是战争时期的英雄，当过海军陆战队的指挥员；契列得尼琴柯在和平时期的劳动中也十分出色，还在农业机器站当普通康拜因手的时候，就得过金星奖章。区里领导都很看重他，从来不对他厉声厉色的；像这样的人如果还要训斥，那就太不讲道理了。这个农庄他是在困难的年代接手的，他领导这个农庄跨进了先进的行列；现在常常有人到库拉耶夫村来学习先进经验，契列得尼琴柯常常作为有功的人物和有影响的人物到州里，甚至到莫斯科去出席各种会议，他还多次

①俄国历史上传奇式人物。见果戈理的小说《塔拉斯·布尔巴》。

参加党的代表大会，多次连选连任区委会委员。除了他的忠实保护人和参谋瓦尔瓦拉·菲力鲍芙娜以外，其余的人，甚至领导同志都或多或少有点儿怕他。每次他出席区里或者州里的会议，大家一听说他准备发言，有的人心里高兴，有的人吓得腿肚子都要发抖。特别是总结改选大会或者是即将进行选举的党代表会议，他只要发言，震动一定很大。契列得尼琴柯只要朝讲台一走，大家心里就有数：这个人不会轻描淡写地讲一通的，他要讲就击中要害，有的人会受不了的！……

英娜从小时候就认识契列得尼琴柯，他有时到他们家里来，间或同英娜的爸爸一块儿喝喝酒，但多半不是喝酒。他们两个都是康拜因手（直到现在契列得尼琴柯还念念不忘他那段做康拜因手的生活），只要两个开机子的人碰到一起，他们的话总是讲不完的。譬如说，谈谈区农机站给他们加派的新任务，谈谈新弄到的康拜因，说新机子怎样好，式样新，刚出厂的，那老掉牙的“自动康拜因”就不行时了。瓦尔瓦拉说，他的契列得尼琴柯也有心脏病，夜里开完会回家，往往一夜起来吞几次戊酸薄荷脂，而且有时候发作起来也十分可怕；不过他在别人面前极力掩盖自己的病情，不表露出来，就像掩盖一件见不得人的事情似的。他总是显出精力十分旺盛的样子，快活的时候多，愁眉苦脸的时候少，有时候自己按住心口，那也是在实在支持不住的时候，而且还要转到墙角里，不让别人看到。库拉耶夫村这个出了名的人物就是这样一条硬汉子。如果只看表面，任何人都会说这个年富力强、生气勃勃、十分风趣的人，根本不可能有什么病。有病也好，没有病也好，反正契列得尼琴柯表现出来的样子，准能使你相信那一句名言:“只有有了强健的体格,才能有强健的精神。”他从来不贪睡,天麻麻亮就起身,他那饱满的、历尽风霜的面孔总是带着草原上清新的气息,你要看到他,一定会觉得:这样的汉子是永远不会躺倒的!

他自己也喜欢讲自己身体如何如何强壮。他也爱嘲笑自己的肥胖和大块头。只要有机会,他就要讲一讲前年他参加赴波兰代表团时遇到的一件尴尬事。宴会以后,他和一个朋友(也是农庄主席,附近的伊凡诺夫农庄的)出来散步,随便走走。他们正在观赏华维里城堡(当时是在克拉科夫),这时,听到喊“先生,请。”有人同他们打招呼。墙边有一架白色的磅秤,一个很和善的老头子坐在旁边,很有礼貌地用手势招呼契列得尼琴柯:请先生称一称……看样子他很想看看这位塔拉斯·布尔巴式的人物究竟有多么重。先称了契列得尼琴柯的那位朋友鲁克济鲍洛赫,这个人不怎么样,平平常常,只有九十公斤多一点儿;现在轮到契列得尼琴柯了,等他一踏上磅秤的铁板,只听得倒霉的磅秤在他脚下“咯嚓”一声……磅秤经受不住,铁板断裂了……真够难为情的!谁知这么一来,倒和老头子搞得热火起来,送了他好多纪念品。

“猎户星号”的老师傅安得伦·雅戈尼奇是英娜·雅戈尼奇的舅舅,也是契列得尼琴柯的老朋友。每次他来度假期,契列得尼琴柯更是常常到英娜家里来。卫生学校里的姑娘们曾经感到不解,问英娜:你姓雅戈尼奇,你爸爸姓雅戈尼奇,你妈妈、舅舅都姓雅戈尼奇,这是怎么一回事儿?英娜回答说,因为我爸爸、妈妈在结婚以前本来就是同姓的。不过妈妈和爸爸不是一个族系的,也许远祖是一个,多少年前有那么一个人叫雅戈尼奇。现在半个库拉耶夫村都是姓雅戈尼奇的；有一块纪念碑，下面长长的一排都是姓雅戈尼奇的，齐齐整整，就像当年排好的队列一样……每到胜利纪念日，只有寡妻和慈母亲自来看纪念碑，才弄得清哪个雅戈尼奇是自己的。

契列得尼琴柯同老水手雅戈尼奇老早就熟识了，老水手雅戈尼奇一到这里来，英娜就猜得到，契列得尼琴柯一定要来看望他的，决不会过门不入。他们只要一见面，梨树底下就要响起契列得尼琴柯那粗嗓门儿，而且还伴随着“哈、哈、哈”的大笑声，一直要响到深夜。英娜偷偷地躲到近处，能够听到他们讲的许多事情——有的叫人听了开心，有的没有味道，有的叫人听了很不开心。看到这两位长辈人之间的友谊那样牢固，不能不使人感动，使人羡慕：他们虽然经常长期分别，但仍然那样亲密，这一点库拉耶夫村夜晚的星星可以作证。不过，英娜不论怎么听，却从来没有从他们任何一个口中听到山盟海誓，没有听到他们自己表白对朋友如何如何忠诚。即使两个老朋友酒后大发狂言，却也听不到这样一类的话。干什么需要表白呢？他们的友谊那样牢固，那样忠诚可靠，完全不需要用任何甜言蜜语来做支柱。既然没有动听的表白，那就不免常常有一些不动听的牢骚和议论，譬如说，谈谈雅戈尼奇的帆，帆没有顺风就毫无意思，就像一片废布，所以掌帆的人盼望有顺风，顺风就像仙风；可是对于契列得尼琴柯，对于库拉耶夫村来说，风是可恨的东西，特别是干热的东风，特别在庄稼需要雨的时候，干热的东风可以将一切庄稼吹成一片枯草！……

契列得尼琴柯年轻时在业余剧团演过戏，曾经是库拉耶夫村舞台上的红人，不知是否从那时起就一直保持着喜欢做戏的习惯。譬如说,他爱把自己装扮成一个怕老婆的人,经常说自己是男女不平等的受害者,是家庭专制和当今变相的母系社会的牺牲品,说他在家里大气都不敢喘,天天挨擀面杖。其实,瓦尔瓦拉·菲力鲍芙娜才不拿“擀面杖”,事实上恰恰相反:她是一个心地善良的女人,性情温和,十分体贴,一直像初恋那样爱她的契列得尼琴柯,又何况这位库拉耶夫村的宙斯一向对她的心意、她的委婉的劝告的确也是百依百从……听他说自己天天被老婆踩在脚底下,说自己是“男女不平等的牺牲品”,英娜觉得非常好笑。不知为什么他偏偏选中了扮演这样一个角色,偏偏喜欢将自己说成是这个样子。真是好玩儿!英娜一想到主席这些事就要笑。

契列得尼琴柯终于同基利尔叔谈完了,他朝医疗点走来。他步子咚咚的,肥胖的脸变得通红,表情严峻,也许是生气了。

“这个倒霉鬼在哪里?”他走到跟前,向英娜这样问,好像认为英娜已经在这里干了多年了,其实她回来以后还是第一次看到他。

坐在车棚门口的英娜慢慢地站了起来,她故意这样慢慢的,觉得这样才像个大人。

“打了针就睡着了。”

“严重不严重?”

“没有发现多么严重的情况。”

“要不要送医院?或者请个名医到这里来看看?”

“我看没有必要。”英娜说,她甚至有点儿不高兴了,“等天亮再看情况吧……也许,不住医院能行。”

“算他倒霉!因为是新来的。过去来过的人都不会出事的……一到这样的地方，就不能大意，要特别当心！”

“夜里嘛，灰尘又那么重……”

“我们滚了一辈子灰，还不是活得好好的，连一块皮也没有碰破。”

“还不是有很多人生病，也有很多人受伤？！”

“所以才需要你们这些当医生的！要不然要你们学医干什么？你在这里不会失业的！您来得正好，欢迎您，英娜·菲道洛芙娜！”这会儿他才想到要表示欢迎。喊她：英娜·菲道洛芙娜，——这自然是故意同她开玩笑的，因为她在他嘴里一直不过是：小英娜，小丫头。“坐下吧。”契列得尼琴柯将头一点说，说完自己先在车棚门口踏板上坐了下来，他这么一坐，别人就没有地方可坐了。

“我就站站吧，”英娜说，“我的腿还撑得住，没有负担过多的分量……”

“你这是取笑我的？别忙着笑我！你将来也有老的那一天！”

契列得尼琴柯穿的衣服还和去年一样：一件手工缝的上衣，式样有点特别，是用灰色的薄帆布做的，看样子穿这种帆布料并不闷热；裤子也是帆布的；脚上穿的是一双平底鞋，头上戴的是一顶灰尘扑扑的硬檐的委员帽，一直压到脑门上。

他皱着眉头，坐在那里，好像坐着很吃力，便让身子半躺着。

“你看到我们的收成没有？”契列得尼琴柯忽然抬起头来，朝打谷场里面指着说。里面特别明亮，好像有探照灯照着。“这就是经过干热风一吹，给我们留下的全部收获。我们今年收到的是瘪粒的小麦！”

英娜前几天在回库拉耶夫村的途中，不论在车上，在船上，到处都听到这样一个很不愉快的字眼儿——“瘪粒”。在码头上,在粮仓附近等顺路汽车的时候,也听到人们在谈干热风和“瘪粒”。回到家里,妈妈也讲这些事;她跑到康拜因机旁去看爸爸,爸爸不向她问寒问暖,不问她毕业分配的事,一见面就说:“过去也见过干热风,可就是没见过这样凶的干热风!……本来眼看着是一个丰收年景,可是转眼间全完了!这样的收成叫人看着真伤心!”爸爸将新脱粒的小麦放在手掌里让她看,小麦粒红红的,好像还热乎乎的,但却是小小的,瘪瘪的,一点不饱满,同丰收年的麦粒完全不一样。

“本来长势非常喜人,可是干热风这么几天一吹,全给吹完了!”契列得尼琴柯十分痛心地说。“播种很及时,过冬过得也很好,雨雪适量,还用飞机施过肥……满以为有一个好收成,打谷场上粮食要堆得像山一样!我说的一点不假,本来长势实在好。五月里下了一场好雨,小麦吐了穗,麦穗又长又粗,齐整整的,好看极了!就等着灌浆了。个个庄员心里像开了花。心想,起早摸黑,辛辛苦苦,总算换来一个好收成……不错,我们知道干热风是我们的敌人,也知道这个敌人十分阴险:当麦穗在母亲怀里有奶吃的时候,”英娜不由得害羞地望望自己的胸前。“可恨的干热风往往按兵不动,等到刚刚停止灌浆,它才一下子猛扑过来,……今年就是这样:等我们觉得丰收已经在望,并且做了报表,向上面报了数字,说我们每顷可收四十担;谁知这时候,干热风来了,这一来全完了!……这种专门和我们作对的干热风已经教训过我们多次了,做报表早就应该慎重一些,但是这一次确实不同,本来看样子是一点问题也没有的。田野上一眼望不到边的小麦,长势又旺盛,又好看,麦穗和麦穗挨得紧紧的,好像再也不怕有什么意外之灾了。可是,别急,别把话讲早了……干热风一下子吹来,一下子向我们扑过来,简直就像烘箱里出来的热气,或者是喷气飞机轮机里出来的气流!……真是少见的事。实在可怕!过去见过多次干热风,可是没见过这样凶的……白天吹,晚上还吹。那样茂盛的护田林,你可看到的?一夜之间就变黄了,干热风朝林带一吹,就像用火焰喷射器扫了一遍!不过麦穗倒是比护田林扛得时间长些。因为浆已灌满,土壤里也有足够的水分,本来是能够抗得住的。可是谁能想到这条火龙来势那样凶猛?燎烤得太厉害了,根上虽然有水分,可是来不及顺着麦秆升到干得要死的麦穗上去。真是没办法的事!你说,这不是灾难?一场悲剧?我们本来要创纪录,结果全都落了空。落得这样的收成!"契列得尼琴柯沉重地叹了一口气,指着打谷场上的麦堆说。在他看来,那些麦堆太可怜了。

"总也不是颗粒无收吧?"

"我也不是说颗粒无收。每顷还能收二十担,有的地块还能多一点。从前,每顷只收七八担,那时能有这样的收成就算不得了啦……但那是以前,可是现在这样的收成就不算收成,英娜,这叫灾难,这是打了败仗。"他的声音充满了气愤,"决不能听凭它这样!"

英娜为了缓和激烈的气氛,连忙换一个话题:

"瓦尔瓦拉·菲力鲍芙娜身体怎么样?"

"我怕她身体不行了。这个医疗点她没办法干下去了。所以你就接手干下去吧!"

“我还没有办报到手续呢。”

“我们来给你办。你干你的，至于手续，那好办，我打个电话给区里就行了。”

“那可不行。”姑娘连忙说，并且向主席说明，她是要亲自到区里去一趟的，像这样的事情，别人代办不大好……

“你先把这个人治好了，然后再看情况……等没人看病的时候，我放你去一趟。”

他沉默了一会儿，似乎他还是在想着那可怕的干热风，想着这场空前的灾难。“他说的不假，这是草原上的一场‘悲剧’！”——英娜叹了一口气，心里这样想。

“还应当治一治大自然的毛病。”契列得尼琴柯沉默了一会儿之后，接着说，“近几年不知为什么大自然变化无常……这股风不知是从哪里吹来的：是从喀喇昆仑山，还是从阿富汗？整个南方已经受害多次了。库班、顿河左岸、我们这一带，受害是特别严重的。应当想办法。可是有什么办法呢？干热风一来，火一样的气流就像一片汪洋，躲也躲不掉……你就是三头六臂，也没有办法不叫它刮，没有办法把它拦住……如果是一个射击孔，可以用自己的身体将它堵住，英娜，这可是干热风，要保护的是草原，用胸膛是挡不住的！”

九

第二天早晨，英娜的第一个患者被带走了。太阳刚刚露面，第一道阳光刚刚平平地射到小麦堆上，部队的领导人便亲自带着几个头戴褪色军帽的小伙子来到打谷场上，三言两语，便把她的"乌兹别克人"（英娜心里这样称他的）抬上了汽车。"回家吧，加甫尔，你在姑娘的房间里享福享够啦！"他临别时对英娜笑了一笑，笑得有气无力的，好像是要表示一下歉意。同志们是将他运回军营去的。部队在支援收割期间，军营一向像茨冈人那样时常搬动，有时在这里，有时在那里；反正他们搬动起来很方便，车轮一动，家就搬好了。今年夏季，他们带了他们的电台，在库拉耶夫村后面的盐碱地上安了营房，这里离牧场很近，可以吃到新鲜的牛奶。部队的小伙子们都很乐意到此地来帮助收割，因为据说只有此地的牛奶又多又好。至于到此地来吃多少灰土，农活儿是不是太重——他们都没有放在心上……

英娜送走患者之后，一个人留在空荡荡的医疗点里。她将车棚里收拾一番，将瓦尔瓦拉精心绘制的一张宣传画挂到显眼的地方。这张宣传画是专门为年轻母亲们绘制的，画上将如何做母亲的事画得清清楚楚：怎样包裹婴儿，怎样照料，什么时间让婴儿睡觉，什么时间给婴儿喂奶最好……到了休息的时候，有些妇女离开麦堆，来看英娜，她们又快活，身体又结实，脸被太阳晒得滚烫的。她们问英娜，有没有药膏可以防止嘴唇干裂。军队的小伙子和库拉耶夫村本地的小伙子们从粮仓开空车回来的时候，有几次在车上调皮地喊：

“喂，医生！你可有什么办法治治我的心病？”

可是她不知为什么总觉得另外一个小伙子也会外出归来的，他会飞驰而来，跳下汽车，直奔麦堆，——这个小伙子就是维克多·魏列敏柯。就是他牢牢地占据在姑娘的心中，关于他的事，英娜在学校里只同最亲密的女伴谈过。他已经回来了。但是除了他的爸爸妈妈以外，库拉耶夫村的人谁也没有见过维克多。他的爸爸妈妈都是老教师，都已经退休，不过他的爸爸巴纳斯·叶美尔扬诺维奇还过不惯无所事事的退休生活，自愿地找了件事情：给库拉耶夫村文化宫装置陈列室。新的文化宫是契列得尼琴柯另一件值得夸口的东西；这座漂亮的建筑物高高地耸立在库拉耶夫村中央，区中心所在的小城都没有这样漂亮的建筑物。这会儿，不用说，文化宫十分冷清，无人去光顾，因为大家都参加了收割。昨天英娜无意中在街上遇见巴纳斯·叶美尔扬诺维奇：又瘦又小，那样子叫人看着可怜……他真的老了……一个人老了竟是这个样子！曾几何时，他带领他们到春天的原野上去上植物学课，兴致勃勃地给他们讲解库拉耶夫村外原野上各种各样的植物（英娜就是在这里第一次听他讲到“斯基福郁金香”的),可是现在他……好像只剩下一个能晃动的影子……瘦小,干瘪,走起路来摇摇晃晃,老态龙钟,风一吹就会倒。显然,这是家门不幸对他打击太重,使他成了这个样子:因为他的唯一的儿子成了罪犯……不知道维克多是怎样走到这一步的。他在学校里的时候,没有什么不好的表现,只不过调皮捣蛋,花样比别人更多些,可是对于这么大的男孩来说,这又有什么稀奇的呢?上完八年级,他决定进航海学校。他考取了,进了海校,但是到秋天他就回家来了:他被除名了……

“是被除名,还是干干脆脆被撵出来了?”契列得尼琴柯当时在俱乐部里碰到他,这样问道。

“他们把这叫作除名,”维克多苦笑着说,“我同他们性格合不来……”

“不是性格问题,是你不肯规规矩矩。”主席断定说,“大家都规规矩矩地走正路,你偏偏喜欢走取巧的路。为什么?因为你光想出风头,弄到一个海员的称号,戴上海军帽神气一番,干干海军有多么气派!……我听说,他们海军有海军的说法:想学航海本领,必须和大海交朋友,不能和烧酒交朋友……大丈夫是在风暴中诞生的!”

对于维克多来说,“航海”这个词儿成了最不愉快的东西,他再也不提航海。因为航海学校不要他,将他撵出来,毫不客气地将他抛进了库拉耶夫村灰尘的海洋。英娜认为,维克多就是在这时候精神全面崩溃的。她希望能治好他的创伤,首先是用自己的爱情医治他的创伤。那时她已经在爱他了。不仅因为他是一个漂亮的小伙子，很多姑娘都喜欢他，而且他身上还有一点吸引人的地方：他充满青春的活力，有一种天不怕地不怕的劲头儿，他一旦迷恋起什么，就不顾一切……他在家里没有待很久，很快就到运河上去了，有人看到他在运河上开铲土机，后来又回到家乡，到渔业队干活儿……就是在这里出了事情被判刑去劳动的……现在已经满期，回来了。他不常在库拉耶夫村，经常在区中心所在的小城，这是英娜听巴纳斯·叶美尔扬诺维奇讲的。老人家直到现在，一想到儿子犯罪，就感到绝望，感到十分难受……他说，有一天夜里，儿子十分痛心地向妈妈认错，说：妈妈，我走错了路……

“他是这么讲的？”英娜连忙问道。

“是这么讲的，孩子……他说的，走错了路。眼里还流泪的……”

这说明了什么？如果他能自己批判自己，也许，这说明了这个人还没有堕落到不可救药的地步。看样子，他还有孝心，在妈妈面前，在痛苦绝望的爸爸面前，良心觉醒了。他的爸爸妈妈为了让眼前清静，以极便宜的价格卖掉了他的那辆“爪哇牌”车，他也没有埋怨。

“为什么他不肯待在库拉耶夫村？”英娜心里觉得纳闷，便这样问巴纳斯·叶美尔扬诺维奇。

“他说，我不能待在库拉耶夫村，觉得不好见人。我出去转一阵子，等头发长起来再说[①]……”

英娜听得出这很像维克多的口气。

汽车一辆接一辆地从谷仓开回来，但是没有一辆带着维克多归来。朝海边望望，也是一个人影也没有，不见心上人从波光闪

①罪犯在服刑期间都要剃光头。

烁的海浪中出来。据说,他在区里修柏油路,开辗路机,想在那里干一阵子,等头发长起来再说。英娜对契列得尼琴柯说,她一定要亲自到区中心去一趟,是不是主要想看他的?

英娜对新的状况暂时还不完全习惯。她守在这会儿无人光顾的医疗点里。这种情况也许是可以离开的,但她没有得到契列得尼琴柯的允许就擅自离开,不知是否恰当。

早饭时间到了,有人叫英娜去吃早饭。她和几个外地的司机坐在一起。这几个司机是昨天夜里从捷尔诺波尔州赶来的,他们带的几只破旧的手提箱和网袋就堆在英娜的医疗点旁边。每年夏季西部几个州都有人前来支援,来帮助库拉耶夫村人收割这一眼望不到边的小麦。支援的人年年来得很踊跃,但是像今年这样的收成,那是用不着的。所以这些捷尔诺波尔人虽然来了,但实在没有把握,不知道主人怎样接待他们:是留下他们,还是请他们回家。不用说,饭是要招待他们吃的……

英娜希望在吃早饭的时候能看到她的家里人组成的“雅戈尼奇家庭机组”,——是有这样一个机组,而且不止一年了,这个机组的照片也不止一次在区报和州报上刊登过。这便是雅戈尼奇夫妻两人组成的机组。丈夫在操纵和修理康拜因方面样样拿手,一年到头在田野里干,到农忙时候就将他的妻子——英娜的妈妈弄来做助手。只是从去年开始,妈妈才没有力气摇康拜因的摇把,农庄根据她的身体状况,派她做了幼儿园的保育员。但是,她虽然离开了康拜因,雅戈尼奇家庭机组并没有垮掉,别特洛接了妈妈的班。他当时还在上学,许多人老早就说这孩子将来是一把干活的好手……爸爸也常常爱在别人面前夸奖自己的儿子和女儿。

不过,今天英娜没有看到爸爸和弟弟来吃早饭,原来这会儿康拜因手吃的饭菜都是有人直接给送到地头上,因为农忙季节每一分钟都是极其宝贵的,既要抢收又要抢种,耽误一天,就能影响一年的收成。

午后,瓦尔瓦拉·菲力鲍芙娜来到打谷场上。她病后脸色十分苍白,但她一看到英娜,好像兴奋起来。

"怎么样,孩子,你自己能行啦?"她问道,声音中带着慈母一样的爱抚语调,"我觉得多少好一点,心想,我去干一会儿,和英娜换换班,也许小丫头还想到区里去……"

她朝英娜会心地望了一眼:那意思是说,我知道,你的一颗心飞到哪里去了。女人一向是了不起的心理学家,和粗心大意的男子汉完全不同,这已经是众所周知的事实。

这一天英娜果然来到了区里。

她先到共青团区委会,办了报到手续,然后到自己的上属机关区卫生局去,才知道幸亏来这一趟,原来区卫生局正打算把她分配到另一个村子,分到草原上边远的赫列鲍达洛夫村去,那里也有一个医疗点。原来派去的一个卫生员不知为什么和当地群众处得很不好,群众一直向各个上级机关没完没了地写控告信,说这个卫生员态度粗暴,不会治病,常常给错了药。"如果不给换掉,我们就要把她轰走!"这个赫列鲍达洛夫村可真够棘手:他们倒挑起医生来了……因此区里想派一个新的毕业生到赫列鲍达洛夫村这个火山口上去,希望她能和群众处得好,止住大量的群众来信。至于库拉耶夫村,他们想暂时还让瓦尔瓦拉·菲力鲍芙娜干下去，让她再支撑一段时间，她反正是那个样子：有时候看样子她简直不行了，可是，过了几天好像又好一点儿，你瞧，又干起来了……总而言之，他们想对这名毕业生另作安排。可是这一次她却十分固执：本来是派我到库拉耶夫村的，那就要算数！

“除了库拉耶夫村，我哪里也不去！……”

区卫生局里的人只好让步，收回自己的意见。英娜取得了胜利，尽管胜利不大，但总是胜利。她满意地离开了卫生局。

她又到书店里转了一会儿，买了最近翻译出版的两卷法国诗集。英娜在卫生学校时曾经听说出版了这两卷诗集，但是到处买不到，谁知在这里一下子就买到了。这样在值班时间就有书读了。

但是，她不论到哪里，心里一直在念着：维克多，维克多……应当看到他的，库拉耶夫村有一个姑娘曾经看到他在这里的，看到他在区里光荣牌前面的广场上开着铁滚筒碾压烟气腾腾的滚热的柏油，好像他还对这个姑娘说：

“大概，你看着我把花呀、草呀压烂，有意见吗？你以为我不心痛？我心里也难过，心痛，但是没有办法：为了建设，就只好开起这么重的不长眼睛的铁滚子，把姑娘们的毋忘侬花儿给压烂。你转告我们库拉耶夫村的乡亲们，我不能骑着白马回家，但是要开着黑滚子返乡……”

这会儿区里到处都铺了柏油，光荣牌前面刚刚碾平的柏油地面上泛着鱼子样的点点亮光。英娜耐心地在各条街上走着，终于在一条小街上看到了她要找的目标：辗路机好像一只断尾巴的大河马似的停在街心，可是座位上没有人。这条小街很幽静，各家院子里绿茵茵的;在区检察院的房子前面,筑路工们正坐在一株洋槐树下乘凉。全都穿着橙黄色的背心,坐在那里,像是一堆篝火;他们正在吃东西,以啤酒当下饭的菜。英娜立刻在人堆中认出了维克多,他们的目光就像专等这一刻似的,一下子就碰到一起了。他呆呆的,好像根本不相信自己的眼睛。他伸长了他那仙鹤一样的长脖子,愣住了,甚至有点儿惊慌失措的样子……过了一会儿,他像只猫一样轻快地一跃,站了起来,不知为什么将橙黄色的背心脱下来,朝旁边一摔,便朝姑娘跑来。

"是你来了?"

"我来了。"

她想哭:他完全和过去不一样了……又是他,又不是他!他脸上有一种陌生的、僵冷的表情。过去她从来没看到他这个样子。他精瘦精瘦的,头发剪得短短的,甚至有点儿六神无主的样子。他又长高了一些,个子老高老高的了,头发剪得短短的,漂亮的长发不见了,那副样子就像……说像什么都可以,反正不像过去的他。头发剪得乱七八糟的,一处高,一处低,好像故意开玩笑似的……脑袋没有了蓬松的头发,就显得奇形怪状的,出奇地长,两只耳朵向外扎撒着,非常别扭。他站在英娜面前,一句话也讲不出来。后来终于清醒过来,朝同伴们喊了一声:"我离开一下子!"——然后,再也掩藏不住自己的高兴,抓起英娜的臂肘,抓得她都有些疼了,说了一声:

"走吧!"

于是她好像又看到了过去的一切:大海,沙滩,一人多高的耀眼欲花的海浪,仿佛顺着黑色的柏油路朝他们迎面扑来。他们不知道，到哪里能找到一个僻静的角落，他们可以单独在一起，让谁也看不到。

他们来到靠近码头的一个小公园里，终于在一棵晒萎了的老柳树底下找到一条长椅。他们坐了下来，两人都不知道该讲点什么，从哪里开头。他的眼睛潮湿了，笑容不见了。他将干裂的嘴唇咬得紧紧的，目不转睛地、几乎是严峻地望着英娜，极力想看清她的内心，很想知道他们分别后她……是不是想着他，她的心有没有变。

“你怎样找到我的？”

“我有指南针。”

“原来是这样！你都有指南针了？”

“每个姑娘都有指南针，就在这里！”她将手按在心口上。

“我本来以为：这一下子看不到英娜了。她一定会觉得同我来往很不光彩……”

“你不够了解我。”

“可能是这样。”

他耷拉下脑袋，没有再说下去，用破烂的鞋尖慢慢地在沙上划，好像是在随便划划，但是沙上终于出现了像号码一样的字迹。

“你画的是什么？”

“想记下今天这个日子。”

“为什么？”

“为了永远不要忘记。”

他这才问起她的情况，问起库拉耶夫村近来的情形。

“库拉耶夫村这个村名还没有换一换？”他忽然笑着问。

“为什么要换村名?”

“看样子,大家已经觉得无所谓了。库拉①,库拉耶②,库拉耶夫村……据说,有的人就不喜欢听这个村名。而且说实在的,不也太不随时了吗?能不能取一个好听一些的村名呢?”

“换个什么村名呢?你说说看。”

“譬如说,叫幸福村,或者丰收村。要不然就叫光明村,……现在常常取这样一些名字。”

“如果需要换村名的话,我要叫它庄稼村。不过,已经有一个庄稼村了……”

“那个庄稼村,我听说,正准备拆散呢……”

“不可能!”

“非常可能!要是有人作一个决议:这庄稼村‘没有前途’,那就得拆散,合并,庄员就得搬家,一座座房子都要拆迁……所以你不用犯愁,总有一天这庄稼村要变成一个记忆中的村名。”

他们又沉默起来,目送着一艘小客轮离开了码头,水面上留下轮船急转弯时划出的一道彩虹样的痕迹。

“昨天我看到巴纳斯·叶美尔扬诺维奇的。”英娜说,她这是提醒维克多不要忘记爸爸,“老人家精神已经很差了……”

“爸爸眼力不行了。他自己说,看什么东西都模模糊糊的……”

“你应该早一点回到爸爸妈妈身边。”

“要等我的头发长起来。”他用手摸了摸他那短短的头发说。

“要理发,就应该理得好一点儿……”

①地方话:灰土。——原注

②地方话:猪毛菜。——原注

“这是我特意要这么理的。特意要难看些,扎眼些……叫人一看就知道:这个人受苦了……”

“像个伟大的殉教者?”

“是的。好了,象征自由的长发很快就要长起来了……我还要在这里待一阵子,等头发长起来再回去,要不然库拉耶夫村的人认不得我的……大家会认不得我的,你说是不是?”

“谁想认,就能认得。”

“你是这样看?”

“是的。”

她想问问他这几年的情形,可是维克多要么就是不作声,要么就是想办法把话岔开,巧妙地避开这个话题。有时讲到这方面的情形,就作一个鬼脸,带着苦笑自己嘲弄自己两句。说在那里面没有遇到多少有意思的事。反正已经过去了,过去的事情就不谈了。总而言之,那段生活很不开心。

“有时候我还以为法官没有事情好干呢,可是,谁知道……”

“还有事情干,还有可以剃的头。”他苦笑着说,“我们那里面有一个人说:世界上那么多留头发的,如果没有剃光头的,那就太单调了……”

这种罪犯们的俏皮话使她十分反感。她很想从他嘴里听到另外一番话:这场悲剧使他感到多么痛心,多么悔恨,在服刑期间觉得多么羞愧,多么希望快一点洗去灵魂上的污秽,带着崭新的面貌回家……也许,他有过这样的想法,而且这会儿他心里正在这样想,要不然他的脸上怎么会有这种心事重重的表情,会有一种似乎在作自我探索的目光?他的嘴角出现了痛苦的纹丝,两手磨出了老茧。

“在那里很不好过吧?”

“这种事,英娜,没有什么好过的。不用说,里面管得非常严。那里面是不发勋章的,不过你的维克多还是经常受夸奖的。”他自嘲中带一点儿辛酸的味道,“从来没有关过禁闭室,干活儿一向很卖力。总而言之,争取快一点回到普通人中间。”

“你现在回来了,恭喜你……我想,你永远不会再走那条路了……”

“天哪,那地方可不能再去了。虽然我在那里表现得好像不算顶坏。单是那么多合理化建议就够得一个劳动英雄。”他又半真半假地说,还干笑了一下。

“什么样的合理化建议?”

“各种各样的。反正你不感兴趣。”

“同你有关系的事,我都感兴趣。你讲给我听听……”

“好的,你听着。木工间根据我维克多·维列敏柯的建议安上了通风口。把车间里多余的设备搬了出去……”他讲这番话的时候,带着一种既不自然又不愉快的笑容,从声音中听得出那笑容是强作的,其实内心是痛楚的。这种情形也是维克多过去没有过的。“如果不怕提起来心里难过的话……”

“算啦,别讲了。”英娜不忍心叫他再讲下去,一把抓住他那到处是茧的大手,紧紧地握在自己的小手里。

他们沉默了很久。这种沉默,这种无言的握手,包含着更为真挚、更为深沉的感情。他们这样最好。他那破烂的皮鞋同她那漂亮的凉鞋靠在一块儿,显得特别不相称;姑娘那秀美的腿被太阳晒得泛出麦粒般的金黄色，洋溢着饱满的青春活力，同他那穿着粗帆布裤的长腿摆在一起，尤其显得滑稽——这一切她全没有放在心上。

“听说你在编歌儿？”过了一会儿，维克多问道，他的眼睛盯着地上的沙土，英娜觉得他好像就要笑出来。

“怎么，你不赞成？”

“为什么？编歌儿又不是坏事情……前几天地方广播网还在广播《爱的归宿》……”

“怎么样？”

“不坏。很动人。”维克多转身对着她，突然眏了眏眼睛，那样子是她过去从来没有见过的，她觉得有点低级趣味。

英娜立刻放掉他的手。过去他从来没有这样过。

“你干什么朝我眏眼睛？”她沉下脸说。

“请原谅。这是下意识的，这叫神经性痉挛……”

“以后别这样。”

“遵命，首长同志。”

她又攥住他的手，一股热流直接流到心里。望望眼前的几只麻雀，他们觉得麻雀都十分讨人喜欢：你看它们几乎跳到了他们脚下，在沙土里打着滚儿，一点不怕人，那样子多么好玩儿。

可是英娜还是很想知道她的维克多今后有什么样的设想，在新的情况下有什么样的打算，如何才能保证今后不再走那条路……

“我的光头小厮，你究竟什么时候才回家？你是不是想长期待在这里？”

“长期——那倒不一定。领导上未必喜欢我。另外农机站有些朋友叫我去他们那里。”

“什么时候回库拉耶夫村?”

这句话好像碰到了他的未愈合的伤疤。他脸色变了。

“英娜,我是筑路工。我的辗路机重得很,等我的辗路机滚到你们那里,等它压倒库拉耶夫村的青草,恐怕还要不少时间……”

这会儿他的声音中流露出一种深深的悲伤意味。

“回去吧。”姑娘忍不住说,她的声音很低、很殷切。

他抱住她的肩头,将她的脸扭转过来对着自己,对直地望着她的眼睛,只见她眼里充满了深情的忧伤的泪水。

“我一定回去。”他果断地说。

也许,他还应当说:我要回去,就是为了你。为了使你没完没了地痛苦。天天厚着脸皮纠缠你。好了又散,散了又好,无缘无故地怀疑,吃醋……让别人讥笑你,糟蹋你、妒忌你……这就是爱情,为了这,我要回去!

十

黄昏时候，英娜在粮仓旁边搭上一辆顺路汽车。开车的是两个运送小麦的戴军帽的小伙子。他们将车刹住，让她上车。她上了车，他们也不来纠缠她。两个小伙子蛮有礼貌的。大概他们一眼就看出了姑娘此时的心情：由于激动，她的两颊烧得通红，眼睛流露出火一样的激情，她的一颗心还留在刚才离开的地方。

今天这次见面，确实使英娜很激动，她心里正在回味着这次见面。她将维克多一直送到那只“黑色的大河马”——那辆停在新铺的柏油路面上等待着主人的碾路机旁。“你瞧，我真有一股缠劲儿！”——她挽住维克多的手臂，笑着对他说。她看出，她这股“缠劲儿”使他十分喜欢。他似乎产生了信心，显得有了精神，在筑路队全体工人注视之下，挽着英娜的手臂，像仙鹤那样高高地挺起脖子，神气活现地朝前走着。他在筑路队的同伴们面前露出又得意又了不起的神气：你们瞧，这么漂亮的姑娘，挽着你们的维克多的手臂，多么不简单！……他像一个出色的骑手那样轻快地一跃，跨上了铁鞍，开动了那上百吨的笨重的庞然大物，碾压同伴们已经铺好的冒着热气的柏油路面。他在座位上转过头来，笑着向英娜告别，那笑容已经不是勉强的、痛苦的，而是开心的、顽皮的，就像以前在学校里那时的样子：

"替我问候库拉耶夫村的乡亲们！"

只是这一次见面，小伙子的精神就好像获得了新生，振作起来！

汽车在库拉耶夫原野上奔驰了很久。许多车辆来来往往，荡起阵阵的灰尘，前车荡起的灰尘没有落下，后车又开来了。原野上一片繁忙景象，到处都在争分夺秒；这边康拜因还在跑来跑去地收割，那边已收割的地段上新翻起的土地像黑色的海浪一样不住地往前推进。人工浇灌车也不肯休息，不停地在蔬菜地和绿油油的玉米地里喷撒着甘霖，阳光映照在水雾上，呈现出美丽的七色彩虹。但是人们注意的中心还是打谷场：打谷场上一堆堆的小麦泛着金光，车辆开来又开走，人们各自干着自己的事情。各种农活儿一如往年那样，好像都在不慌不忙、节奏均匀地进行着，但是事实上这些农业劳动者在抢时间，加劲地在干，争取在雨季来临之前将事情干完，争取不损失一粒粮食，因为每个人都知道：一块土地每年只能长一季庄稼！

不仅是大路上扬起浓浓的灰尘，打谷场上，康拜因奔跑的地方，都滚动着团团的灰尘，海洋似的大气层笼罩着收割时期特有的茫茫尘雾。整个天空暗淡无光，灰蒙蒙的，不到收割全部结束，别想看到清澈的天空。收割时期就是这样的：从开镰割下第一把小麦开始，灰尘便升上天空，原野上升起片片白帆似的尘烟，从此空中日日夜夜再也断不了尘烟;此时虽然无风,但没有经验的人会认为这是南方的沙暴又来了。

英娜,你就是要在这样的灰尘中生活下去!这就是你的美丽的孟加拉,这美丽的孟加拉裹在库拉耶夫村的灰尘做成的闷热的大衣里。据说,自己的乡土每一处都是可爱的。如果一个人生活在这多灾多难的大地上,不是孤单单的一个人,他有朋友,受到人们的尊重,而且也有人爱他,那他不论到什么地方都不觉得可怕。干起最重最苦的活儿都能产生乐趣。所以,为了使幸福更为充实,不妨有一个类似的"家庭机组",劳动和爱情就可以将两个人永远联结到一起,终生不渝……这是你生长的地方。英娜热爱这原野,她觉得,不仅在百花盛开的时候,不仅在春天斯基福郁金香吐艳、燕子飞舞戏耍、云雀在天空婉转歌唱的时候,这原野是可爱的;而且在这样的时刻,在繁忙的收割季节,在灰尘弥漫中,这原野也是可爱的。你永远热爱的原野,也永远期待着你,年年如此,春天来时,为你捧出朵朵的鲜花,夏天来临,向你献出金黄色的小麦……

……这两个戴军帽的小伙子还是沉默不语。仅仅弄清楚了一点:他们是土库曼人。看样子,上级对他们管得很严,他们遵守严格的纪律,——见了不相识的姑娘,不许纠缠,不准放肆。可是,也许这两个小伙子严谨、拘束得太过分了。不过他们这种东方人身上常见的拘谨并没有使姑娘不高兴或者觉得不自在,相反,她十分喜欢他们这种似乎是天生的谦恭和讲礼貌的精神。薇拉·康斯坦丁诺芙娜说过,在印度也有很多这样的人——他们心地善良、对人谦恭有礼。这两个土库曼士兵中有一个很像她昨天的那个患者：皮肤晒得像非洲人一样黑，眉毛也是黑的，整个面孔有角有棱的，好像用特种木料雕刻成的。但他毕竟不是昨天她抢救的那一个……他显出若有所思的样子，从他的目光中看出他好像有什么心事：也许，正想着家乡一位心爱的黑眼睛姑娘？当库拉耶夫村田野已经在望的时候，灰蒙蒙尘烟中闪出点点白光，那是大海的永久伴侣——海鸥在飞翔。这时两个小伙子高兴了，甚至在车上跳了起来：

“海鸥！海鸥！”

他们目不转睛地望着那些浮游在尘雾中的白色小片：是不是认为那是姑娘寄来的情书？

英娜回到家，看到的是很不平常的场面：院子里，老梨树下，围了一大堆人。安得伦·古里耶维奇来了！和往常一样，事先不通知，不打电报，说来就来了。他穿着水手衫，秃头顶，瘦骨嶙峋的，坐在上首。大家说说笑笑，热闹异常。姑娘们都裹着进口的花头巾，显得分外漂亮。一群孩子朝英娜跑来，掏出一些稀奇的贝壳，向英娜夸耀他们新得到的这些礼物……妈妈又用托盘端来了佳肴，其实桌上的菜早就摆满了。妈妈今天显得分外高兴，对女儿笑着，那意思是在说：孩子，今天是我们家大喜的日子，一家人团聚在一起了！妈妈也系了一条带斑点的头巾，也照姑娘们的样式系在头上，果然也显得年轻多了。

安得伦·古里耶维奇本来在想着心思，甚至心里有点凄然，但是一看到外甥女，立刻高兴地站了起来：

“两年不见，出落成这么漂亮的大姑娘了……简直是我们的仙女！这么漂亮的大姑娘只有加尔各答大街上才能看得到……”

姑娘羞涩地用眼睛望着他，深棕色的眼睛里闪烁着晶莹的泪花。

英娜上前拥抱舅舅，当舅舅将毛扎扎的脸颊贴到外甥女脸上的时候，英娜一时间感动得心都停止了跳动。舅舅将怀里的外甥女放开。对着她的耳朵悄悄说：

“我给你带来了一件礼物……等一会儿给你。”

他又重新坐下。不过，他没有动手去吃东西。

英娜宁静地领受着舅舅那饱经患难的、忧郁的目光。老人家目不转睛地望着心爱的外甥女，仿佛看到了自己的和另外一个人的青春时代，仿佛过去见过这样一双棕色的、泪花晶莹的眼睛……

英娜的爸爸也坐在桌旁，他是为了迎接客人特意从田野里赶来的，大概他将康拜因交给儿子去开了，实际上儿子这会儿开机子的本领已经不比老子差了。这孩子早就希望自己来开开康拜因，显显自己的本领……妈妈高兴极了，不停地在客人中间转来转去，自己不肯坐下，一会儿向这个敬酒，一会儿给那个送菜，忙个不停。饭桌上又挤又闷热——差一点儿全族的人都来了：同主人那张风尘仆仆的脸挨在一起的，是几张古铜色的脸，那是几个堂兄弟，有的是同一个祖父，有的是同一个曾祖父，他们也多半是开机子、修机子的，甚至有几个沾亲属边儿的姑娘和年轻媳妇也从畜牧场赶来了，虽然她们是远房的，但总是雅戈尼奇一族的。爸爸像往常一样，一杯下肚，对英娜特别亲热，将她拉到自己跟前，甚至搂着她的肩膀，搂了一会儿又放开，又转身同旁边一个畜牧场机工讲话：

“我现在完全放心了,总算对我那孩子完全放心了！他很能干,确实很能干！每次检查机子,他都寸步不离,跟着我一点一点地检查,一个螺丝一个螺丝地检查,又一个环结一个环结地检查……”

英娜发现,舅舅听到“环结”这个词儿时突然颤动了一下,就像本来昏昏睡去,突然惊醒了似的,他定了定神,又陷入了沉思。

“要是肯勤快点儿,事先将机子调理好,干起来蛮顺当的。”爸爸又说下去,“季莫菲,你要抽点时间到我们这里来看看:你看我们割得齐整不齐整,就能看出我们的功夫了。你看到哪里割得顶漂亮,你就问问是谁割的,一定会有人告诉你:这是雅戈尼奇家庭机组！父子机组！……”

“这很要紧,”畜牧场那位机工附和说,“你怎样对待庄稼,别人也就怎样对待你。”

“只是今年天公不作美,专门同我们捣蛋!”英娜的爸爸愤恨地说。农村的人往往一谈就要谈干热风、歉收,谈产量没有上去……

“你们不要老是谈不完收成!”英娜妈妈端菜上来,听到他们谈话,对他们喝道,“听说新开的荒地收成倒不坏,反正别愁没有粮食吃。”

“库拉耶夫村这片土地也还过得去,用不着叫穷!”——涅莉雅婶婶对英娜妈妈表示支持。她高高的鼻梁,一向喜欢斗嘴,今天也坐在上首,同贵客坐在一块儿。“就算我们收的小麦不多,但是给姑娘做结婚面包还是不成问题的!”她一面说,一面意味深长地望着英娜。

“你们该让客人讲一讲。”英娜妈妈提醒大家说,“让他讲讲外国的情形。咱们和他见面的时候不多:来一趟待上两天,又走了,又去掌他的帆,喝海上的咸风去了。也许,海风把他的心吹成咸的了……安得伦,该你讲讲了!”

这个请求,完全出乎客人的意外,看样子,他没准备讲什么话。酒杯摆在他面前,好像动也没动,酒杯还是满满的。英娜担心地想:“舅舅是不是病了呢?”老人家愁眉不展,像是有很重的心事。他的心事看样子和饭桌上的事完全不相干。他一根接一根地抽烟,饱满的额头皱得紧紧的,其实那额头不要这么皱,单是年龄刻出的皱纹就已经够深的了……英娜眼睛望着他,心里不由得产生了很深的感触。要是一个人正心事重重,正想着别人不了解、也猜不透的许多事情,又怎么能谈外国的事情呢?这还是那个安得伦舅舅。过去英娜很小的时候,他每次到库拉耶夫村来,都是兴高采烈,一身是劲儿,给英娜讲许许多多笑话。英娜到处跟着他,做他的“尾巴”,或者爬到他的肩上,缠着他讲笑话,还学大人那样子唱起逗人笑的歌儿取笑舅舅:

你呀,你是织布缝帆的情郎,
有一个多情的公主要给你做新娘!!!

那时候,“郎”和“娘”她还唱不清楚……

岁月无情,一个人的一生转眼之间就要过去!一个人享受了明媚的春光,戴过了夏天的花环,就要迎接秋天的冷雾和冬天彻骨的寒风。英娜这位舅舅比妈妈大十岁,英娜的妈妈是几个姐妹中仅存的一个,也是兄弟姐妹中最小的一个,她如今的外貌与年龄是相称的,今天更是显得年轻,可是舅舅……安得伦·雅戈尼奇的两只手无意地放在桌子上,手上是一块块凸起的老茧,那是多年的航行、艰苦的劳动的记录，大概古代奴隶船上那些用铁链锁着的划船人的手就是这个样子。

“我们来唱唱歌吧！”不甘寂寞的涅莉雅婶婶又讲话了，“连歌都不唱，就这么干坐着，那有什么味道？”

“您有什么事高兴得要唱歌？”有一个挤奶的姑娘笑道，“安得伦·古里耶维奇又没有给您带一件大皮袄……”

“我要大皮袄有屁用！我才不要大皮袄呢，我那房子就是‘大皮袄’！古里耶维奇，您说是不是？”涅莉雅婶婶突然搂住老水手的脖子。“大皮袄不行时了。顶好还是带一件短皮袄，您说是不是，舅舅？不过不要您给我带，将来我的儿子会给我带的，我儿子今年夏天就要进专业学校了。我劝他进商业学校，可是他一定要进航海学校。古里耶维奇，他全是受了您的影响。”

“航海学校的大门不容易进。”瓦西林娜婶婶沉着脸说。她是英娜一个去世的堂叔的寡妻，皮肤晒得黑黑的，“有人进去过，不知因为什么很快就被撵出来了……”

很明显这指的是维克多·魏列敏柯，这真是太不看场合了：英娜觉得自己脸都红了。

“我家孩子要是进去，就不会给撵出来。”涅莉雅骄傲地说，“他在学校、生产队里干活儿都是走在最前面的，去年全区犁地竞赛他得了冠军，这你们都是知道的……这是在陆地上犁泥土，要是到大海上犁海水还要更省力些……古里耶维奇，您说是不是？”她又嘻嘻哈哈地搂着老水手的脖子，这一次搂得比刚才还紧，“亲爱的舅舅，您在航海学校里一定有熟人，您就帮帮忙吧！……”

老水手没有讲话。应当提醒她，应当对这个爱说爱笑的妇女讲讲，让她告诉她的儿子，不要以为航海这碗饭是容易吃的。在航海学校里，和在“猎户星号”上一样，没有妈妈给唱摇篮曲，倒是有一口铁面无情的大钟，挂在航海学校的院心里，每天按时发出响声，不给年轻人留下一点游手好闲的时间！这口钟会将小伙子催赶得像兔子一样不停地快跑，它那无情的、洪亮的声音天天在年轻人耳朵里响，要你珍惜每一分钟的学习时间。还没有来得及喘一口气，钟响了；快走吧，到教室里上课去，又是繁难的图表、又是幻灯片、航路图和各种各样复杂的仪器……整个学习期间，每天的生活是每秒钟都安排好了的；从清早直到深夜都在活动，直到最后“回舱”，说干脆些，就是回普通的宿舍，这地方不知为什么将这些最普通的房间叫作底舱……

“是不是当真很难进去？”涅莉雅接着说，“那就让他进渔业队，好不好？听说航海学校现在专门收黑人，对黑人特别优待……这些黑人把我们的姑娘都勾引到非洲去了。听说，城里到处在生黑孩子！有人说，有一对夫妻，男的是淡黄头发，女的是金发，生出来的孩子却是黑头发、黑皮肤……”

“简直是胡诌八扯，不值一驳！”英娜忍不住说，“就算是非洲黑人，那又怎么样？……普希金就是非洲黑人血统，还不是照样伟大？”

“也许这是胡扯，有些人编造的。”涅莉雅立刻表示同意这种看法，随即又转身去问老水手：“古里耶维奇，您替我儿子操操心行不行？怎么样？您倒是说句话啊！是不是别叫他去，别叫他去白费劲？……”

“您叫他到我这里来，我同他聊一聊。”老水手这才开口说。

十

大门外响起刹车的声音，契列得尼琴柯来了。这些司机们、机工们，像听到口令似的，一齐站了起来。主人菲道尔·雅戈尼奇站在当中，面对着院子大门，看样子，他准备替大家承担责任。这会儿他满脸是汗，恐怕驾驶康拜因也不过如此，衬衣领子也觉得紧得难过，虽然领子是开着的。

“都跑到这里大干起来了！”主席故意用吓人的语调说，“你们这些鬼东西，搞的什么名堂？收割那么紧张，你们倒举行起宴会来了！”

“我们……我们……”主人慌得不知讲什么才好，一面不好意思地笑着，“您看，是哪一个来了……”

“我看到了，看到了。”契列得尼琴柯气呼呼地盯着老水手。“是你，老家伙，你来破坏我们的收割？你不能挑别的时候来度假期？……拿你有什么办法？！”说着说着，自己也笑了，向前跨了几步，朝客人扑去：“欢迎，欢迎！”他们紧紧拥抱在一起，拼命吻着。

几个司机和机工，不需要任何人下命令，就知道自己下一步该怎样行动：不告别，也不讲客套话，一个一个地溜出院子，稍停就传来摩托车的嗒嗒声，一会儿就跑远了。又过了一会儿，妇女也走了，除了家里人以外，只剩下涅莉雅和邻居一个年轻的媳妇。她们两个跑到凉台上，同英娜妈妈咕咕唧唧了一会儿，后来也不声不响地走了。

黄昏来临，梨树底下暗了下来，妈妈开了凉台上的灯，灯光一直射到梨树下面，这样两个人讲话时可以彼此看得见面孔，——两个老友、两个年轻时代的伙伴，只要一见面，话是谈不完的。

一会儿桌边就剩下雅戈尼奇和契列得尼琴柯两个人了。机灵的英娜端一把椅子躲到老梨树后面。她离得不远，可以听到这两个把兄弟（英娜在心里这样称呼他们）讲话。

“你那里情况怎样？你这匹老马，还要跑下去吧？”契列得尼琴柯对老友说，声音显得分外亲切。

“看样子，跑也跑不成，跳也跳不成了。”老水手点起一支香烟，抽了起来，头低了下去。

“你这个老水手，是不是因为风不对，还是因为别的事情不开心？是不是因为寻花问柳，受到降级处分？要不然就是在马赛同别的水手争法国姑娘，争得打了架？”他不等老友对他的取笑进行反击，接着正式问道：“要在我们这里住很久吗？”

“要住很久。”雅戈尼奇闷声闷气地说，“也许，要住到最后一口气……”

“你怎么？”契列得尼琴柯甚至惊得往后一闪，“你说什么？我还以为你是来度假期呢……难道是撤职了？”

“同撤职差不多，说法不同就是了。老人家，这是休养证，再见吧……”他垂头丧气地望着桌边儿。“库拉，老弟，库拉……”

最后几个字他说得十分悲伤、十分痛心，流露出绝望的心情，英娜听了觉得十分害怕。

局外人谁也弄不清“库拉”究竟是什么意思。雅戈尼奇竟然对老友援用了这句古代牧羊人用的开场白，这在今天好像成了一种密码，只有特定的听话人才能听懂。古时有一个牧羊人的祖先，姓列别季，是库拉耶夫村一带的老牧人，这句开场白似乎就是他首创的。每当秋天风雨之夜，他身穿短皮袄，手执牧羊鞭，从草原回来，如果有人问起他的生活和身体健康，他回答时开头总是说:“库拉,老弟,库拉……”至于“库拉”究竟是什么意思,往往有不同的解释,有各种不同的说法:有的认为这指的是草原上刮起了凶恶、猛烈的大风,有的认为这说的是:腿都跑断了,又不能睡觉,他这不幸的一生眼看要到头了,完了……英娜以前也听到人讲到过这个令人不解的“库拉”,有时是开玩笑的,有时带一点儿淡淡的忧伤,至于用今天这样的语调……还是第一次听到。对他们这个“库拉”没有必要作过多的解释,因为这个古老的、有点神秘味道的牧羊人语汇含意十分丰富,别的语汇不能表达的意思,全给包括了进去,而且一旦听到这个语汇,就像听到了只有彼此能懂的暗号和准确无误的同行隐语,双方立刻就通了声气。

契尼得尼琴柯果然一下子就充分理解了雅戈尼奇这种不愉快的暗语,深深领会到它所包含的痛苦、辛酸意味。

“我们一时还不至于‘库拉’,”契列得尼琴柯沉默了一会儿,说,“安得伦,我们只要能撑得住,就要撑下去。前面还有不少路要走呢。”

“车轱辘已经开裂了。”

“车轱辘越是裂得咯吱咯吱响,就越能走得远……”

他们又沉默了。英娜坐在那里,一点也不敢动,好像生怕惊扰了两个老头子激动的思绪。妈妈显然觉察到梨树底下情形有点儿不对头,便走过去,坐到两个人跟前。大哥自己的事情还一点没有对她讲过,不知是没有来得及讲,还是有意地不讲,免得一进门就惹得一家人不开心。所以不论妹妹,不论别人都高高兴兴的,以为他这一次也是来度假期的,可谁又知道,他竟是……撤了职,成了闲人。

“别难过，”契列得尼琴柯强打起精神对老友说，“这正是考验一个人精神的时候！库拉耶夫村欢迎你，保证将你安排好……总有事情叫你干。”

“我在你们这里能派什么用场？”雅戈尼奇踩灭了香烟，叹一口气说，“要我打结子？恐怕你们用不着吧？……”

“可惜帆船也没有了，”契列得尼琴柯也叹了一口气说，“库拉耶夫村的船队也解散了。以前是有过的：经常运一点瓜果、皮毛之类的土产到外地去出卖……你可记得，什瓦奇卡老爹同老伴儿一块运西瓜到土耳其去卖，遇到了风暴……过了两个月才步行回到家，船也没有了，西瓜也没有了，就领回了老伴儿……可是现在连西瓜都是用集装箱的办法从瓜园里直接运走……”又转身对雅戈尼奇说，“要你驾驶康拜因，也不合适。倒是可以拿镰刀割割路边的庄稼，不过这活儿一年只有一回——只有在开镰收割的时候才用一下镰刀。要说开人工降雨车，实在也用不着，它自己会转头……”

“说来说去，我只能作吓唬雀儿的稻草人了。”

契列得尼琴柯也垂头丧气地坐着。雅戈尼奇感到伤脑筋的问题，也使他伤起了脑筋……

“安得伦，我以前就对你说过，要你不要上‘猎户星号’的……”

“萨瓦，这怪不得‘猎户星号’。”雅戈尼奇用严肃的口气打断了老友的话，契列得尼琴柯从他的口气可以听出来，他不允许这样讲，如果再这样讲，他就要发火了。

“能不能给野外住宿地看看门呢？”他小心翼翼地说，“你别发火。老哥，我们有话好说，看看门，这也是人干的事，不是什么稻草人。”

“我大哥看样子还是想到海上做事。”英娜的妈妈忍不住终于插嘴了。

“是这样吗？这好办！我们也有海嘛！”契列得尼琴柯马上劲头儿来了，“我们的库拉耶夫村渔业队还有几张网，可以到海上捕鱼，虽然这会儿我们运河里和池塘的鱼也许比黑海里的鱼还多些……黑海里多的是海蜇，到处漂来漂去，像帽子一样。”

“也许，他正是因为见不到海蜇，才觉得烦闷哩！”英娜的妈妈以女性特有的敏感揣度哥哥的心。

“我们会叫他不烦闷的。而且他也不是那种喜欢烦闷的人。安得伦，我太了解你的性情了。一句话归总，他们不应该叫你孤单单地离开船。在晚年孤孤单单更是叫人受不了！本来还应该过一个时期，不必这么着急，你还可以风光几年……”

“是那些医生叫我下来的。”

“这么说，那就糟透了！”契列得尼琴柯愁眉苦脸地说，“对于医生的诊断，那是没有多少道理好讲的。这么看来，好像还真有点儿库拉哩……”停了一会儿，又说下去：“怎么办呢？给你支步枪站岗去，行不行？贼虽然不多，但还是需要站岗，维持一下秩序也是必要的。你倒是需要干干这种工作：白天找块阴凉地方睡一睡，把你在‘猎户星号’该睡的觉都补回来，到夜里朝天上望望，数数天上有多少星星！……”

两个人都仰起头，透过老梨树的枝叶，对着星空望了一会儿。

“让我想想再说。”过了一会儿，雅戈尼奇说，“也许，已经走到这一步了……也许，只有来数库拉耶夫村的星星了，星星是数不完的……”

十　一

就这样，老水手就在这里抛锚了。

后来讲到安排他在哪里睡觉，英娜说要让出她那清洁、幽雅的闺房，但是舅舅坚决不肯去。别的房间他也不肯去，虽然房间空着，驾驶康拜因的父子俩都在田野里过夜，而且除了他们的两张床空着以外，还有一张弹簧沙发床。他也不想睡沙发床——他爱抽烟，夜里常常起来抽烟。他要了一张活动床，自己放到老梨树底下，说这样舒服些。妹妹本来想问他："夏天怎么都行，到秋天怎么办？"可是怕引起哥哥伤感，这话没有出口。

雅戈尼奇带回的不愉快消息，使妹妹十分难过。哥哥一向到她这里来是作客的，这一点她已经习惯了。他来看望一下，住上一两天，休息休息，又走了。她以为事情会永远是这样的，可是谁知忽然起了变化……当然，她喜欢他来，亲骨肉嘛，家里的人也都很和睦，对他也都很亲热，不会冷淡，但是他住在这里自己的心境又是如何呢？本来的老房子，在他离开后已经拆掉，这会儿已经盖起了新房。不错,院子还是父亲留下的,老梨树也是父亲栽的,至少哥哥还有半株梨树的所有权。但是他能不能因此就心安理得呢？他这个人生来又那么好强！他说不定还认为如今自己成了累赘,会给别人增加麻烦,认为自己这一来就要打乱这一家人多年过惯了的和谐的生活。

舅舅在梨树底下支好了床,便马上躺下,看样子,路上太累了,好像很快地便在活动床上睡着了。不过当英娜收拾饭桌,最后一趟来到梨树底下的时候,舅舅喊她:

"英娜!"

"您……您……要什么?"她不晓得怎样称呼才更有礼貌。"安得伦舅舅"——这种喊法太孩子气了,如果照旧喊安得伦舅舅,似乎觉得还有点粗野的味道,因为卫生学校里有的姑娘在对某一个小伙子表示轻蔑的时候,总是爱说一句口头禅:"笨蛋,蠢货,舅舅带大的东西"……虽然英娜从来没用这句话骂过人,她从来也没有觉得"舅舅"这个词儿含有骂人的意味,但是,总想找一个更能表示敬重的字眼儿。因此她依照在学校里称呼老师的办法,喊起他的名字和父称。

"您要什么？安得伦·古里耶维奇!"

"我想问你一样东西。"

"问吧。"她有点儿害怕了:他要问什么事啊?

舅舅顿住了,好像他自己都拿不定主意,问呢,还是不问？后来终于下了决心:

"直立猿人……是一样什么东西?"

她差点儿没有大笑起来。真没有想到问的是这么可笑的一个词儿——“直立猿人!”

“如果我说得不错的话,原始人类或者半人类就叫‘直立猿人’……不过,您问这个问题干什么?”

“没什么。”

“总有点什么吧?没有无缘无故发问的。总有点儿原因吧?”

“没什么,没什么。真的没有什么原因,想到了,就随便问问。”他随即摆摆手,意思是说:你走吧……

她走出几步,突然又转了回来,说:

“您别发愁。”

“你这是从哪里讲起?”

“没什么……您把精神放松,好好睡一睡,睡好了能增进身体健康。”

“身体健康有什么意思?”

“怎么没有意思?生活嘛!也为了社会嘛!”

“难道像我这种老家伙对社会还有什么用处?”

“我真想不到您会讲出这样的话。”她一点不掩饰地生起气来,“您怎么能这样讲?如果一个人有志气,肯工作的话,任何年龄都是一样……这个道理难道还需要我给您讲吗?您是我们年轻人的榜样。你代表着‘猎户星号’!……可是您还问有什么用处?!……以后千万别这样想。睡吧!”

她转身就走了。

谁都知道,有的话有害,有的话有益,有的说得不是时候,可是这几句话对于雅戈尼奇恰恰说得正是时候!“代表着‘猎户星号’……”他十分明确、十分真切地感觉到,他确实代表着一点儿什么,他在这里不是完全多余的,至少在这个外甥女眼里他还不是废物,说不定真的在什么方面能够对她有所帮助呢?能够这样就不错了。哪怕只是对人的精神起一点有益的作用,不至于枉然生存在大地上,那也就够了……

他有了这样一个小小的发现,心里感到十分高兴。他甚至笑了起来:好一个外甥女!……小丫头,开导起老头子来了!小小的英娜还真有点儿不简单哩!

第二天早晨,拿出一块头巾送给她,同妈妈的一样,是日本货,颜色非常鲜艳,许多鲜红的花朵配着棕黄色的底色,比妈妈的更花哨些。舅舅的礼物正中外甥女的心意!英娜高兴起来,像羊羔似的蹦跳着,舅舅的礼物她觉得是一个很好的兆头,因为她立刻想到昨天维克多身上穿的背心也是棕黄色。

"谢谢您,我带起头巾会想到舅舅的。"

她照着镜子将头巾裹在头上,又扯下来披到肩上,将肩膀转来转去,不住地端详……雅戈尼奇高兴地望着她:真像加尔各答的茨冈姑娘。显出一种黑黑的乡土气息的美——为什么是这样呢?是不是遗传?眼睛是明丽的,她不常常笑,但笑起来,笑容也是明丽的,没有一丝阴影。她的黑不是骄阳晒成的,是天生的,带一点杏黄色,黑中带金黄色的面颊和脖子,配着那红润的两腮,显得非常匀称协调;举止从容、大方,无意中表现出一种少女的尊严和骄矜,简直像一位公主!特别是她的眼神,老水手昨天就发现:深沉,敏锐,充满了对别人的同情。

"安得伦舅舅,谢谢您!"英娜又一次向舅舅道谢,接着把这块心爱的头巾交给妈妈说:"妈妈,您给我保存好……到冬天我用……"

这会儿不裹头巾也行，她正急着要去上班……转身快步朝门口跑去，松脂似的卷发随随便便地披散着，像波浪一样披在姑娘的双肩上，被明媚的阳光一照，泛出耀眼的金光。

“瞧，我们的女医生！”妹妹笑着对雅戈尼奇说。这会儿只剩下兄妹两个，他们正在凉台上吃早饭。“真是包医百病，一副好心肠！瞧，跑走了，慌得什么似的，好像怕有人把她的医疗点抢跑了。年轻人嘛，对谁都要操心，就是不为自己操心……毕业回来以后，还没来得及料理料理自己的事情，主席的老伴儿就把担子卸给她了……”

“听说，瓦尔瓦拉常常犯病？”哥哥问。

“要是一旦丢下工作，那就更不行了。所以她就怕离开工作。虽然勉强支持着，但工作总是一直没有放下……大家都知道：人活在世上全靠干活儿支撑着，要是不干活儿，人就要垮掉。就拿我自己来说，”她笑了笑，“家务事越忙，身子越结实。”

一切瞒不过雅戈尼奇的眼睛：昨天妹妹招待客人，似乎一时之间变年轻了，可是忙了一天，今天脸色很苍白，显得没有精神了。还自己夸口说家务事越忙身子越结实呢……今天看起来就很明显：岁月在她脸上也留下了痕迹。眼角上有几条很深的皱纹，眼睛也不像过去那样有神……只有眉毛还是黑的，头发里已经出现了一根根的银丝。正如歌子里所唱的：当初青春貌美，无奈青春不回……虽然可以告慰的是，她的美貌不是消失得无影无踪，而是移到了女儿身上……

“小妹，你有这样两个好孩子是幸福的。”

“这倒是真的。对于当母亲的来说，没有比这更大的幸福了。”

“该给英娜找个合适的对象了。也许,自己已经找到了吧?”

“有点儿差不多。你昨天没有看出来,瓦西林娜讲到那个教师的儿子,她脸都红了?那就是英娜的爱人。已经很久了,在上中学的时候就谈了。就像大家说的,是初恋……唉,我对他们这恋爱实在有些怕!她可是十分恋他!她爱他,爱这个浪荡鬼简直是爱疯了……你可认识这个维克多?”

“是不是魏列敏柯家里的?”

“除了他家的,还能是谁家的?我们这地方只有这么一个浪荡子!别人家的孩子坐坐拖拉机,可是他偏要去坐被告席……他妈妈哭得可伤心呢,到现在都不肯出大门,觉得见不得人……他虽然释放回来了,可是不在库拉耶夫村露面,不用说,是怕和乡亲们见面,就躲在区里不知什么地方,准是和三朋四友天天在茶馆里鬼混。一句话,这是个不成材的东西,可是我们这个丫头,我看得出来,想他简直想得要死了……”

“这种事我们替她做决定,怕不一定合适,”哥哥说,“有这样一句话:自己心里有本账,别人终是隔墙望……”

“话是这么说。不过,怎么能要这么一个没有出息的人做我的女婿……作我家的贵宾……他和她实在不相配!她毕业成绩优秀,各门课都是五分,她的才能很全面……除了医学以外,她还会写诗,自己还会编歌呢!……”

“编歌?英娜会编歌?”

“是的,一点不假!我们的电台已经广播两次了:作词——英娜·雅戈尼奇,作曲……对了,大概作曲也是她!有人说:原来那么多歌子都没有人唱了,又编新歌子,哪一个唱?……因为现在都喜欢听现成的，听唱片上的。现在的人都不懂，用自己的喉咙唱支新歌多么有滋味……有人说，库拉耶夫村可用不着一个编歌的……照我看，不论哪个姑娘想编歌，编就是了，这又碍谁的事？有时候心里有些话，只有用歌才能唱出来……咱妈妈在世的时候会唱那么多的歌，有平时唱的，也有过年过节唱的……哎呀，我怎么和你扯这么老半天，我那些小东西还在那里等着我呢。"她想起了她的幼儿园。"我那个同事又要朝我噘嘴了。"

"事情够麻烦的吧？"雅戈尼奇问。

"够麻烦的，非常忙，不过比在康拜因上干活还是轻松些。在康拜因上干活那可真是累人！年轻时干这种活儿，才不含糊，甚至还挺带劲儿的，一听到别人讲'这就是雅戈尼奇的老婆，和丈夫一块儿开康拜因呢。'心里就美滋滋的……后来，觉得不行了。妇女一上了年纪，力气就接不上……虽然我自己没有讲，契列得尼琴柯自己看出来了，他说：甘娜，你开康拜因是有两下子的，不过，因为你能教育出一个好儿子，教育成那么一个能干的小伙子，说明你在教育孩子方面很有办法，我现在就想把你调到幼儿园去……你就去教育教育这些小东西吧。这么一来，我就在幼儿园干起来了……好啦，我得赶紧走了。大哥，我不能陪你了，你就一个人待在家里吧……"

"好的。"雅戈尼奇闷声闷气地回答说。

可是等妹妹一出了院子，他就站起来准备出去：整理整理衣服，对着镜子自己端详了一番，还用手捋了捋胡子。

雅戈尼奇跨出院子，在库拉耶夫村里随便走走。在这样的农忙时节，村里简直看不到人影，只是偶尔地不一定从哪家院子里蹦出个小家伙。过去大街上小孩子像一群一群的麻雀似的在灰土里翻滚,如今真是难得遇到个胖娃娃,但是只要遇到,老水手就决不会放过:

“你是谁家的?”

“雅可夫家的。”

“姓什么的雅可夫?”

“姓……雅戈尼奇。”

老水手要在心里估量很久:这个可爱的娃娃究竟是哪一个姓雅戈尼奇家里的呢?不论怎么说,反正不会是你家的。不过总觉得遗憾:袋里没带玩具,没有任何东西送给孩子玩;孩子总是孩子嘛……至于成年人,可不是每个人都能引起雅戈尼奇好感的。有时候,你发现周围有些人非常不值钱,有的居心叵测,有的装腔作势,有时在外面碰到一些家伙十分令人厌恶,卑鄙无耻到令人难以容忍的程度,简直就不是人,是可怜的爬虫。只有孩子们都是善良的,同他们在一起总是觉得非常愉快,雅戈尼奇不论到哪里,不论在本国,不论到外国,见了孩子,总觉得十分亲热……瞧,一个小家伙爬到樱桃树上去了,正拿滴溜溜的小眼睛透过树叶偷偷地瞅着你呢,还有一个正骑着小自行车在街上跑哩…望着这样的小家伙,心里不由得要问:他将来会成为什么样的人?等他长大了,库拉耶夫村将成为什么样子?他们可知道是谁把库拉耶夫村建设起来的?库拉耶夫村如今已经大不相同,盖起了许多新房子,而且都铺了石板瓦,只有个别的房子铺的是麦秸……过去牧羊人用土坯盖的泥板房,早就见不到了。大概今天的年轻人根本不知道土坯是什么样子,不知道怎样用土坯盖房子;那纺车的嗡嗡叫声，春米时震得房子都摇晃的咚咚响声，他们都没听到过……过去在库拉耶夫村，有些人连房子都没有，只好用泥巴糊个小棚子，或者挖个地窖，就这么住一辈子……现在谁也不相信用石头、用海藻搭成的棚子里能住人，可是安得伦的童年就是在这样的“府邸”里度过的……真该留下一间不透光的泥板房作陈列馆，让人常常去看看，可以和今天的情形作一番对比。如今盖起了有六百个座位的文化宫，百货大楼的橱窗布置得也不比城市差，而且库拉耶夫村将来也会成为城市，成为一个滨海的库拉耶夫市。这是有可能的……

雅戈尼奇来到村子中央，首先走到纪念碑前。他每次到库拉耶夫村来，都要到这里来看看。他慢慢地默念着用金字镌在碑上的阵亡烈士名单，烈士姓氏是按字母顺序排列的：姓季柯巴甫连柯的，姓里雅鲍依的，姓契尔诺依的，姓契列得尼琴科的，姓夏金柯的以及雅戈尼奇的，姓雅戈尼奇的一直排列到地面。碑前还点着一盏瓦斯灯，蓝色的火舌不住地在晃动。周围栽着许多花，有各色各样的玫瑰花，不过也落上了一层灰土；在花丛中，在玫瑰花带刺的枝条中间，长起许多苦菜，地上还冒出不少滨藜和伞状菌。村苏维埃就在街对面，闲得发闷的年轻女秘书在窗口就能看得见这些杂草乱藤，如果热心的话，走出来三把两把就能扯光了……

随后雅戈尼奇走到村头，来到老坟地上。他绕过几座下沉的、几乎要淹没在荒草中的无名坟墓，来到父母的坟前。父母的坟是用灌木围着的，是他上一次来时亲手栽的。雅戈尼奇站在父母坟前默念了一会儿。在这里能看到大海了，大海那样蔚蓝，那样诱人，那样翻腾不息，这一切在这里都能看得清清楚楚。那就是大海，大海辽阔无垠，波光闪闪……照得他两眼欲花，胸中引起一阵阵痛楚。真可叹，如今雅戈尼奇只能站在荒草丛中眺望他心爱的大海，站在这艾蒿丛生的陆地上恋恋难舍地望望那片蔚蓝的、永远诱人的世界……真想再跑一趟呵！哪怕只跑一趟也好……却是跑不成了。看来，你能去的是另一个方向，那就是跑向库拉耶夫村外这片艾蒿丛生的坟地。就给你雅戈尼奇在这里，在这片艾蒿和野薄荷丛里挖一个坑，给你作永远安息的地方，也许会有个好心肠的人在上面栽一株白杨……要是在“猎户星号”上，雅戈尼奇好像永远不会死的！这会儿“猎户星号”正载着新的实习生在作新的航行呢，也许正行驶在爱琴海上，那是所有的大海之中最蓝的海……在那里，一些早熟的孩子驾着船舶，乘着平稳的风，在波光闪烁、浪涛翻滚的大海上行驶着，有的在静静地思索着这没有欢乐的青年时代，只有阵阵清风在抚慰着他，头顶上的篷帆轻声为他歌唱。也许你那“猎户星号”正在穿过这一带水域，在这一带，海豚常常游来迎接船只，不知为什么海豚总喜欢十分好奇地跟随着船只，将船只送出很远，舍不得离开。人们都知道，海豚对人怀有一种很奇怪的依恋之情：也许，我们还不了解的这种海中动物所以喜欢和人类亲近，是为了寻求更为善良的生物，希望和人类结成最亲密的朋友，使自己不断进化。海豚常常和“猎户星号”并排前进，在水中嬉游，向年轻海员显示它们的灵活和勇猛，那是它们最得意的游戏。它们矫捷有力，周身发亮，常常弯成车轮的样子跳出水面，划一个弧形又落入水中，像小孩子那样尽情地戏耍，甚至好像还会笑，透过银色的水沫，向船员们投送它们那特有的笑容。有时雅戈尼奇会忽然出现一种奇怪的念头：

是不是他那被炸落水淹死的孩子,改头换面,变成了这些活泼顽皮的小海豚?……

当雅戈尼奇往回走,经过库拉耶夫村面包房的时候,门口突然出现了涅莉雅。

“您好,大哥!出来逛逛吗?”

刚出炉的面包那种热烘烘、香喷喷的气味朝门外冲来。涅莉雅这位熟练的面包师,穿着干净的白罩衣,在门口亲热地打着招呼。她在炉旁烤得满脸通红,流着汗,显出困倦的样子。

“才出炉的大面包,吃一个好不好?”

“吃不下,谢谢了。”

“那就吃个面包圈吧?”

“面包圈也不吃,谢谢。”

“大哥,您可别客气……”

她立刻又谈起了儿子。说自己一夜没有睡,一直在翻来覆去地想:要不要叫儿子进航海学校呢……进了航海学校能不能坚持下来,会不会出丑,叫人家撵回来?

“进航海学校,不用说,不是去享福的。”雅戈尼奇严肃地说,“把航海学校看成是气派的事,是水手帽,绦带——这是一种航海学校……等暴风一来,要日日夜夜守在甲板上,还要用一双嫩手去搬弄钢缆——这就是另外一种航海学校了……真正的航海学校就是这样的……要进这样的航海学校,就不能怕两只手天天流血……”

“哎呀呀,这可是太苦了!”

“你为什么不叫他来找我?”

“怕难为情！这孩子一向很腼腆……他说：‘等我考取以后，再去找他。要不然别人还以为我是没有骨气，去拍马屁，巴结人，找门路呢！’……我还是劝他，干脆进商业学校算啦……他好像心里也活动了……”

“要是想进商业学校，那也是一样，你就让他进商业学校。等他将来做了百货商店经理，可别克扣人家斤两。”

雅戈尼奇已经准备往前走了，可是这位热心肠的婶婶又把他喊住了：

“你等一会儿……”

她飞快地跑进烤房，两只手捧着一个松脆的大面包跑了出来：

“您瞧，好香的面包，热乎乎的，还在冒热气呢！”

真的，雅戈尼奇很久没有看到这么大、这么松脆的面包了，不由得笑了：瞧，涅莉雅还真有两下子！……烤得这样漂亮的面包，这也要有本事，这也是艺术……

“古里耶维奇，这是给您吃的，您就给我面子，收下吧！”

“真是漂亮极了！这样漂亮的面包，应当盖一块红布，送到结婚筵席上，可是你拿来给我……我不要，”雅戈尼奇摇摇手说，虽然引起了他的食欲，“家里面包多得很……”

“我知道，那是他们的，您自己也该有一份儿，这就算是您自己的。”

雅戈尼奇听了很不高兴：

“我们还没有分过家……还没有人说我吃闲饭。大概以后也不会这样说……”底下又嘟哝了两句，声音很低，似乎是自言自语,转身就走了。

雅戈尼奇经过文化宫的门前,这会儿大门正开着。他决定进去看看,便跨进门去。宽敞明亮的前堂里一个人也没有。静悄悄的,听不到任何人的走动声。墙上悬挂着几幅很大的手绘的图画,画的都是现代生活的场面,那是契列得尼琴柯请城里艺术工场给绘制的,花的代价不小,他认为办这样的事不应当心疼钱。最大的一幅画的是养禽场,远景是一只只白鸡或者白鹅,近景是一个穿白色罩衣的满面春风的养禽姑娘……和这幅画并排挂着一幅油画,上面是一个池塘,塘边是一株青翠欲滴的翠柳……最上方是一个坐在拖拉机上的小伙子,也在微笑,样子非常英俊……作画的人一点不心疼颜色,拼命地将颜色往上面堆,堆得厚厚的,谁要看到这样的油画,会担心这么厚的颜色堆不牢,要流下来的……前堂中较远的一个角落用玻璃密封着,里面有翠绿的枝叶,好像还有水在闪着亮光——是不是养鱼的玻璃箱呢?雅戈尼奇走过去一看,觉得失望:一点水也没有。有几株像苔藓一样的尖叶棕榈,下面,在人造的灌木丛和小石子丛中,呀……真有意思!雅戈尼奇看到的是他过去在历次远航中为库拉耶夫村孩子们搜集到的许许多多鸟类标本。他简直不敢相信自己的眼睛,怎么也没有想到会在这里一下子遇到这么多的“老朋友”……他把脸紧紧贴到玻璃上,呆住了,他又感慨,又惊讶——是要好好看看……他站在那里,额头紧紧抵在厚厚的钢化玻璃上,目不转睛地望着那些陈列品。如果这会儿有人走进文化宫,就会看到一个非常难得的场面,在此处许多图画当中,也许这一画面——有雅戈尼奇在内的这一画面,是最使人感到惊奇、最使人伤感的一个画面:玻璃外面是一个老水手;里面，巨大的玻璃窗里，是老水手几乎跑遍世界各地亲手搜集来的许许多多鸟类标本。这些鸟有大的，有小的，有罕见的以及十分稀奇的鸟类，有海里的鸟，会唱歌的鸟，有这一带海滨能见到的，有一些根本不知道叫什么名儿的，有仙鹤、流苏鹬、金丝雀、白脖燕子、外地的鸬鹚、花翅膀的热带鹦鹉……这些鸟儿都安静地瞪着它们那晶亮的小眼珠，警觉地望着玻璃外面他们的“造物主”。这些干透的鸟儿虽然密封在玻璃窗里，但已经蒙上了一层灰尘。它们再也飞不动，再也跑不掉了……当初生机勃勃，如今已经成为陈列品，从此永远留在这密不透风的玻璃橱里……

雅戈尼奇猛然转身离开了橱窗，心里觉得不是滋味。

但是，他还是很想进大厅去看看。大厅的门没有上锁，他推开门，昂然跨进门去。宽敞的大厅里显得有些幽暗，而且颇为凉爽。不像个大厅，倒像一艘出航的远洋轮船。到处是大红幅标语，戏台上不知什么时候演过戏，戏台正面的布景一直还没有撤掉：景片上画着一座小小的白房子，窗外有几株正开花的锦葵，篱笆上挂着瓦罐，旁边是一个姑娘，穿着绣花的衣服，戴着花环，肩上有一条扁担……那样子真像活的一样，很像英娜。是不是别人照她画的？大厅里的座位非常讲究，简直像皇帝的宝座，黑漆椅背明光锃亮的，坐垫都是用软绵绵的天蓝色长毛绒做的。叫人一看到就想坐。雅戈尼奇真的坐了下来，长长地舒了一口气。正好歇一会儿。尽管爱缠人的“孤独鬼”也许正躲在远处角落里瞅着你，龇着牙笑你：坐吧，坐吧。雅戈尼奇，再坐下去，就抓到你了……管它呢，就享受一会儿吧！单单一个人享受这六百个天蓝色长绒的座位，不也是一种愉快？

十　二

文化宫的左侧楼上,传来了脚步声——有人在上面走动。左侧那宽宽的楼梯好像在招引他:请上吧!雅戈尼奇登上白云石的台阶,首先跃入眼帘的是一幅铜牌:《库拉耶夫村历史、地志博物馆》。

他走了进去。在远处角落里,有一个瘦弱的老头子,正在一堆纺车和石臼旁边摆弄一些陈旧的东西。雅戈尼奇好不容易认出这就是巴纳斯·维列敏柯。他的变化多大啊!并没有阳光,可是他戴着墨镜,头上戴着一顶卡普隆帽……他听到脚步声,立刻放下手里的一副线框——那可真是一副十分原始的线框,上面还缠着土纱。他急忙抬起头,几乎是恐惧地问:

"谁?"

雅戈尼奇走到他跟前站住,没有作声——想试试他的眼睛究竟能不能看到人……

"你是谁?"巴纳斯·叶美尔扬诺维奇慌张地问,"是不是维克多?"

雅戈尼奇不禁为之一怵，觉得有点儿可怕。这个同龄人和自己对面相视，竟然完全不能相认。

“我是雅戈尼奇。我是安得伦。”

“安得伦？海上老妖？真对不起……”老教师的脸色立刻变得开朗了，兴奋起来，“我听说，你回库拉耶夫村来了。请进来，进来。”巴纳斯·叶美尔扬诺维奇连忙招呼客人，随即又难过地说：“安得伦，我的眼睛瞎了，完全看不见东西了。”

“应当到敖德萨，找眼科医院治一治……”

“去过的。开头多少好了一点儿，这会儿又不行了……我眼前只能看到一团白光。什么东西都模模糊糊的，譬如这会儿我看着你，就像隔着一层很混的水。只看到你一个模糊的轮廓。就像是你整个儿站在水里……”

雅戈尼奇又难过了起来，心里想：“对于他来说，我成了水藻了……”

“安得伦，我还一直记得你的过去……对于有的人来说，过去的一切都已经死亡，对于我们来说，过去的一点一滴都留在心上。我最近弄到一个线框，是偶然在柯尔夏克老爹那里发现的，可算是一件古董，是一件很有意义的陈列品……柯尔夏克还有一盘石磨，这老家伙竟舍不得拿出来。你说，他留着这东西有什么用？……来，我们来瞧瞧……”

巴纳斯·叶美尔扬诺维奇带雅戈尼奇开始参观陈列品。这里有古老的渔具，有各种土布、老式女帽，有过去盐粮贩子大车上用的牛轭，窗边还有一架装备完整的旧式织布机……在许多带玻璃框的台子上，有各种各样的植物：白羽毛、醉心花、香薄荷，还有一株普普通通的苦蒿……库拉耶夫的野外植物真是应有尽有，是一个十分齐全的植物世界！墙上悬挂着不少放大的照片，看样子是从证件上的照片放大的，全都模模糊糊的，不十分清晰，不知是由于放大技术太差，还是因为年代太久。库拉耶夫村向祖国输送了不少优秀的儿女，有的是在劳动中作出了出色的贡献，有的是在前线建立了伟大的功勋……单是做水手的就占了半个墙。这都是一些十分了不起的水手！驾驶鱼雷艇的菲道特·雅戈尼奇是在一次进攻中牺牲的……契尔诺本柯在海军里服务了几十年，得到海军少将军衔，不久前在海参崴去世。再往前看下去：萨瓦·契列得尼琴柯，保卫过敖德萨、高加索，后来又在刻赤登陆战中立过战功；别洛昆在保卫塞瓦斯托波尔的战斗中英勇牺牲；别特洛·沙弗兰多次参加运输租借物资的航行，现在带领渔轮到大西洋去了……雅戈尼奇也看到墙上挂有自己的照片，那是一个穿着漂亮的白色水手服的小伙子，实在很难认出那就是他自己。这张照片是从他妹妹手上保存的他的一张旧照片放大的：照片上的他是那样强壮、矫健，快活的目光中透露出威武的神气，饱满的前额和漂亮的金发衬托着缘带飘拂的水手帽，显得非常英俊⋯⋯这件“陈列品”下面的文字说明是：“‘猎户星号’教学实习船掌帆领班技师”。这文字说明是对的，只是为什么说是“领班”呢？也许，真的算是“领班”？

还有一幅照片是库拉耶夫村第一批共青团员的合照，雅戈尼奇也在上面找到了自己，也找到了契列得尼琴柯，那时他还是瘦瘦的，眼睛大大的，穿着一双半高筒皮靴，躺在最前面的草地上。他旁边是任卡·伊万尼洛夫。伊万尼洛夫在卫国战争中指挥过一个坦克营，在克尼格斯别尔克战斗中牺牲了……雅戈尼奇好不容易在这张集体照片上找到了巴纳斯·叶美尔扬诺维奇,那时他是库拉耶夫村的年轻教师;他侧身坐在最靠边的地方,好像那时他就有点受惊的样子……这确实是一件值得纪念的陈列品。这是他们的共青团支部临别的纪念照,那是有一年的十月革命节期间,这群小伙子在踏上各自的生活征途的前夕,在一起照的一张照片,这是他们的第一次合照,也是最后一次……其中有不少人已经不在人世了。剩下的人已经寥寥无几。这会儿站在照片前面,正感慨万端地回忆着往事的两个老头子,便是仅存者之中的两个。

"这个人,你能不能认出是哪一个?"巴纳斯·叶美尔扬诺维奇脸上露出神秘的表情,拉着雅戈尼奇走到另一幅照片前面。

这张不太清晰的照片上,是一个面孔圆圆的年轻姑娘,穿的是夏装……啊,萨尼娅·胡托尔娜娅!她眼睛瞪得大大的,正在微笑,甚至还有点儿调皮的样子:好像在说,两位老爹爹,你们瞧,我漂亮不漂亮?想当年,他们这些小伙子都爱她爱得发了疯,可是谁也找不到打开她的心房的钥匙。要唱歌,就同他们一块儿唱歌,还可以到海边去欣赏月亮抛出的银色光带,可是想要她对哪一个特别垂青,想要她为谁打开自己的心扉……请原谅,小伙子们!有一天夜里,萨尼娅忽然不见了,事情颇有点费人猜测,当时大家担心她是不是落水了,整个库拉耶夫村都惊动了,甚至到处去寻找。过了几天,萨尼娅在离家乡并不太远的北高加索露面了——她在航空学校找到了工作。起初好像是做食堂服务员,为学员们调制食品,后来一位军官迷上了她,她不久就同他结了婚。有人说,她所以同他结婚,主要不是由于爱情,而是为了向他学习飞行。这位要强的姑娘终于达到了自己的目的！她终于学会了飞行，熟练地掌握了飞行技巧。参加了妇女机组，参加远航，从克里米亚骄阳底下飞到冻土地带，当时那是轰动一时的创纪录飞行。胡托尔娜娅在自己声名远扬的时候，驾着飞机回到了库拉耶夫村，将飞机停在村外牧场上，领着她那满头花发的丈夫回家来看父母。她的丈夫也是战斗机飞行员，当时已经有很高的军衔。啊，萨尼娅，萨尼娅，你竟然生长了一颗不安分的心！从卫国战争的第一天起你就迎着危险而上，参加过多少次英勇的战斗，失去了丈夫，但是你暂时得以幸存，虽然不止一次回到机场时，座舱被打得弹痕累累。又一次一次地飞向天空，去执行战斗任务——也许，她在天空，在日日夜夜的飞行中度过的时间比在地面生活的时间更长。

萨尼娅·胡托尔娜娅终于尝到了反攻的欢乐，但她也就在反攻期间，在塔曼上空同敌机进行的一场激烈的空战中牺牲了。她一向全心全意地投入战斗，早已不考虑个人的一切，谁知却在牺牲前不久迸发了像闪电那样短促而炽烈的爱情，那真是火线上的爱情。她在战斗的间歇时间，在野战机场上遇到一个年轻的飞行员，立刻爱上了他。她正是同他一起参加了最后一次空战。他们一同起飞，同时被击落。有一种传奇式的说法，说他们是互相拥抱着落向地面的。空军方面的说法是，他们当时被火力包围，根本冲不出来；但是库拉耶夫村有的人至今还在说，我们的萨尼娅是有意阵亡的，因为她对火线上的情人爱得太炽烈，怕他被别的姑娘抢去，怕失去这真正的、在战火弥漫的天空建立起来的第一次爱情……

他们站在这幅照片面前，大概站得最久。这两位老人静静地站着，各人心里都在想念着这位永远年轻、英勇顽强的姑娘。

“像我们的萨尼娅，再也不受风烛残年的折磨……”

“是的，她是不会忍受风烛残年折磨的。”巴纳斯·叶美尔扬诺维奇赞同他的说法，“古时有一位诗人说过：‘最相宜，死在少年时’……也许，应当这样……虽然大家都在说，人越老越有智慧，越老越有经验……”

“两者都需要，需要年轻，也需要积累智慧、经验。”雅戈尼奇说，接着向巴纳斯·叶美尔扬诺维奇问起儿子的情形：现在在哪里？近来怎样？今后打算怎样？

“我要知道他今后打算怎样，那就好了！”巴纳斯·叶美尔扬诺维奇叹了一口气说。

“巴纳斯，你要把他弄到你跟前，好好管教管教，要他醒悟醒悟！”雅戈尼奇严肃地说，“自己不要脸皮，也该替姑娘想一想……他和英娜在谈恋爱呢。叫他不要使我们的英娜伤心，要不然我就不答应了。”

“唉，安得伦，安得伦，你真是讲到我最伤心的地方了……可是我有什么办法？他要是肯长进，我死也瞑目。”

“顶要紧的是良心，你应当唤醒他的良心！”

“他要是有良心就好了……”

巴纳斯·叶美尔扬诺维奇愁容满面、神情沮丧地站在他的陈列品中间。想当年他是那样机敏、灵活，如今他那蓬勃的生机到哪里去了？如今他皱纹满面，皮肉干瘪，只剩下了一把骨头。

“巴纳斯，我们尽力而为吧，也许还有希望……”

“只好这样；还能有别的什么办法？……”

外面，一片灿烂的阳光。

农庄管理委员会门前有几个年轻人，是外地来的，也许有本地的，他们在等什么人，显得很无聊的样子，几个小伙子全都穿着足球衫，其中有一位姑娘，斜背着一个空军军用包，眉头皱得紧紧的，看样子好像是有人惹她生气了。她坐在一张长椅上，几个小伙子坐在她对面另一张长椅上，全都随随便便的，因为无聊有点儿打不起精神。看样子，他们都把雅戈尼奇当成了委员会的看门人，因为，他一朝那边走，就听他们说：“我们来问问这个当地人……”他们用很不礼貌的、追问的语调一连声地问：主席在哪里？什么时候回来？要是一时不回来，到哪里去找他？在哪一片田野里？雅戈尼奇听了，一句话也没有讲，默默地从他们身边走了过去，想让他们明白同老年人讲话，不应当用这种语调。“聋子……说不定还是哑巴哩！”——后面传来心平气和、毫无恶意的议论。

然后他穿过坐落在村子中央、落了一层灰尘的小公园。这小小的公园也是契列得尼琴柯的成绩：塘边栽了一排垂柳，枝条一直垂到水面，银光闪闪，很像橄榄的枝叶。塘水混浊，水面上泛着一片片的油光，还有葵瓜子壳。水里游着一只孤单单的天鹅，驯顺、肥壮，像一只公鹅。孩子们在岸上唤它：“呆鹅！呆鹅！”它应声向前游去，去啄食孩子们手里的面包。

雅戈尼奇在管理委员会门前受到轻慢，还一直没有完全摆脱不快的心情，虽然看样子他们并非有意轻慢，而是随随便便，毫无他意。可是这种轻慢的语调，说话时那种盛气凌人的态度……他们在年长人面前不肯站起来，而且看样子他们认为完全没有必要;他们根本不懂,对长者表示敬重并不丢人,一点不会降低他们的身份,倒是会使人觉得他们有教养。究竟是谁将他们教育成了这个样子?看样子,库拉耶夫村一点也引不起他们的兴趣;库拉耶夫村能引起别人万千思绪,在他们眼里却是毫无意思,只能使他们觉得无聊。对于雅戈尼奇来说,库拉耶夫村这个词儿含意是极为丰富的,它代表着许许多多活生生的形象,这些形象他从小就熟悉,至今还栩栩如生地活在他的心里。战场上阵亡的,因为疾病或受伤在村里死去的,下落不明、已经被很多人忘记的,这些人经常来到雅戈尼奇眼前,栩栩如生,有声有色,时间无法将他们挥走,岁月不能将他们的影子冲淡,他们在公园里游玩,在库拉耶夫村的街道上、各家院子里笑闹或者悲伤,吵架或者相爱,他们还常常发出声音,雅戈尼奇能听得十分真切,听得出是谁的声音,而且他还同他们讲话,对他们倾诉自己多年的孤独。对于他来说,库拉耶夫村就是无尽的人流,有见过的,有未见过的——从身穿土毡的古代牧人,到今天健壮的康拜因手和他的可爱的女儿。

雅戈尼奇在街上信步走着,不觉来到幼儿园门前,迎面传来孩子们银铃般清脆的笑闹声。听着这银铃般笑声,他心里愉快的程度,绝不亚于当年在船上听到沉雷般的午钟声。他犹豫了一下,后来还是鼓起勇气,走了进去。妹妹老远看到他,点点头,表示欢迎他进去,那意思好像是说:进来吧,进来吧,海上的好汉,你也来看看我们的宝贝……这时孩子们恰好排好队形往房里走,孩子们的睡眠时间到了。于是妹妹向孩子们介绍了进来的客人:

"孩子们,这是'猎户星号'上掌帆的老水手,他全世界都跑遍了……你们看,他像不像海狼?"

面孔圆圆的男孩子和女孩子们，像接受检阅一样一对一对地从他面前走过，带着好奇心恭恭敬敬地望着他，整齐地招着小手，向老水手表示敬意。看样子，在这之前，妹妹已经当故事讲给他们听过，说有一只大海狼来了，因为孩子们一看到这个陌生人，眼睛就瞪得那么大，露出十分好奇的样子，但是没有一点恐惧的表情。这只狼简直一点不可怕……很快院子里就空无一人了，天棚底下只剩下许多玩具，五颜六色，到处都是。雅戈尼奇便去观赏玩具：有的玩具在哭，有的在叫痛……有一匹小轮子作腿的枣红马，怪威武的，可是少了一个作腿的轮子。还有一个带鸡爪的木房子，歪歪扭扭，简直要散掉了，实在可惜，因为这座玩具房子做得非常精巧，真像童话里的木房子……真该带工具到这里来好好给修理修理。一定要来给孩子们做点事情。那就修理玩具吧，——除此之外他如今还能做什么呢？无论如何，这是一件好事，一件有意思的事……

"老爷爷，您就到我们这里来吧，来给我们当个保姆头儿！"有一个年轻的保育员从外面跑来，好像猜到了他的心思，便高兴地说。看样子，妹妹的这位同事刚才是到百货商店去的：腋下夹着一包东西，满面春风，说明她买到了得意的东西。"我们现在急需老爷爷！"她已经走过去了，又转头说，"哪里有孩子，哪里就争着要老爷爷、老奶奶！你们现在成了稀罕人才了！"

"那我就来做个保姆吧。"雅戈尼奇也笑着说。

院子里剩下他一个人了，他坐在秋千板上，不由得荡了几下秋千，笑着捋了一下胡子：老爷爷，这就是你的甲板上，这就是你的"猎户星号"……不论什么样的风，都吹不翻的……人家请你到这里来，为什么不可以来？可以给孩子们讲讲故事。可是，讲什么呢？他印象最深的、最不能忘记的究竟是什么呢？

他一面荡着秋千，想着，回忆着。

可以讲讲这一点。孩子们，国内战争之后，紧接着是一场大饥荒，那不是一般的饥荒，这沿海一带简直是饿殍遍地！人们全身浮肿，吃滨藜、洋槐花、马蹄菜……当时在列宁的关怀下，由国际红十字会援助，在滨海地区设立了许多饥馑儿童救济站。救济站给我们孩子们喝甜可可，还把面包切成薄薄的小片，让孩子们到窗口去领，有些孩子伸出小手都够不到窗口，因为有些孩子非常小，就像你们现在这样大……救济站发给你这么一小片面包，还给你规定：就地领了就地吃，不准带回家，因为这是你的口粮，不能给别人……有的孩子喝完自己的一份可可，然后用小眼睛瞅瞅，趁没有人注意，赶紧将面包掖到怀里，带回家中，因为家中还有妈妈和躺在摇篮里的小妹妹……妈妈不肯吃，不忍吃孩子的一小片面包，说：你自己吃吧，你正在长身体，你需要有好身体，这是关系一辈子的事！妈妈的眼睛流着眼泪，闪着喜悦的光彩，因为她看到自己的孩子没有忘记她，没有忘记小妹妹，红十字会发给他的口粮他舍不得吃，带回家来……孩子们，这种事你们听来就是神话故事了……可是我们也许正是从那个时候开始认识人生的……

天棚底下十分宁静。五颜六色的玩具之中有一只橡皮鳄鱼，虽然龇着牙齿，可是一点也不叫人害怕。一只燕子飞了进来，原来它在天棚底下筑了一个巢，这会儿它正飞进飞出，为小燕子觅来可口的食儿。

等孩子们安静下来，雅戈尼奇轻轻地走到他们的寝室的窗前。阳光直射在玻璃窗上，反射出耀眼的光芒；一棵绿树映在玻璃窗上，轻轻摇摆着；窗上还映出轻轻跳动着的遥远的大海的一角……房间里孩子们并排睡着，铺了一色的白床单，就像底舱里的情形一样。雅戈尼奇站在窗前，望着孩子们一个个慢慢进入睡乡。瞧，一个孩子已经闭上了眼睛，那一个已经打呵欠了，再一个已经睡着了，还有一个调皮地眯起眼睛，偷偷地睃着：哪儿来的这么一个海神爷爷？干什么到这里来隔着窗子望他们？那一个个小脸上露出了幸福的笑容。又有一个孩子张开了小眼睛，不久也终于进入了梦乡。睡神带了蜂蜜，将一双双小眼皮粘得紧紧的。

他们的一张张小脸都洗得干干净净的，十分宁静，没有一丝不安的痕迹。有一张小脸上轻轻掠过一丝像涟漪一般的影子，终于凝成了一个短暂的微笑，这孩子可能梦见了使他高兴的东西，也许，就是那匹枣红色的木马？他松了一下肌肉，伸了一下身子，说明身体在长呢。真是一棵嫩弱的苗儿，无忧无虑，没有恶意，不嫌弃别人，那粘在一起的睫毛底下蕴藏着的只有善良和纯真；真想站在这里永远守护着这可爱的人类的瑰宝。老水手看到孩子们梦中的笑容，不禁想起他多次看到的海豚的笑容：同样的纯真、坦率、没有顾虑，同时在这种幻影般的、难以捉摸的微笑中，有一种谜一样的东西，那是成年人无法理解的……一点不错，是这样的，在辽阔的海上海豚就像孩子一样对雅戈尼奇微笑，一面快活地、无忧无虑地在船旁游玩嬉戏，不时地迎着太阳跳跃。

十　三

打谷场上静了下来。联合脱粒机不响了，繁忙的收割期已告结束，只有少数人在打扫场上残留的小麦。原来小麦堆得像连绵不断的丘陵，低洼处就像月球上的陨石坑，如今只剩下不大的一堆，堆得整整齐齐的。这是一些成色较差、不十分干净的小麦，是留作饲料的。契列得尼琴柯头戴他那顶委员帽，在打谷场上走来走去，拿疲乏、然而得意的眼神朝四下望着，那神情俨然像一个得胜的将军。又打完了一仗！这一仗总算打胜了，虽然不无损失；遇到这样的天灾，又有什么办法？总的说，他这个主席是应当感到满意的：尽管实际收成比报表中预计的数字要小，但还是达到了原来的计划数字，而且提前完成了收割。遗憾的是，饲料可能不怎么充足，因为养畜场的牲畜太多了。没关系……反正会对付过去的，这种情形也不是第一次了。况且种庄稼的人一向喜欢寄希望于来年，希望来年有更好的收成。他们现在已经动手为来年、为庄稼人永不满足的幸福在打基础；秋播已全部完成，播种可算及时,就看今后雨水情况了……

田野里剩下的人已经不多了。前来帮助运输小麦的士兵向庄员们告别之后,也都开走了:养禽场后面的盐碱地上,再也看不到行军电台的高杆矗立在一座座帐篷中间,也许有的姑娘要感到惆怅的,但是,谁又能留住他们呢?一夜之间全走光了,好像压根儿不曾来过似的,从此再也见不到那些谦恭的、讨人喜欢的小伙子……要想看到他们,那要等到明年夏天。

在部队开拔之前,英娜的第一位患者匆匆跑来,十分腼腆地将一张唱片送给英娜:

"这是我们那地方的一支歌子……唱的是一位姑娘……送给你正合适!"

他说完这句话,满脸通红,转身就跑走了。

英娜也要撤销她的医疗点了。她在收拾药箱,将药瓶和注射器装起箱子。这会儿再也不需要她在打谷场上抢救伤员,她要转移到村子里去了。

契列得尼琴柯和大家一样,收割期间苦熬了许多不眠之夜,如今觉得浑身疲乏无力。这会儿清闲了,他为了好玩儿,朝称小麦的磅秤上一站,想称一称自己有多重。嘿,一下子少了十二公斤!一个收割期熬下来,掉了这么多肉!立时觉得身上好像轻多了。

打扫脱粒场的妇女们一直在睃着契列得尼琴柯,她们有事情要问他。终于一个妇女放下扫帚,直起腰,问道:

"主席同志,什么时候咱们过丰收节?"

问话人声音中露出一种十分急切的意味。

主席沉思起来。他用手挠挠他那肥厚的后脑勺，又擦擦他那粗脖子。就是这个脖子，何止一次在紧张的收割完成之后，被大家挂上带芒麦穗做成的巨大花环。荣誉——真是一种诱人的东西：去年的花环至今还保存在契列得尼琴柯的办公室里，挂在最显眼的地方，为的是给自己作个纪念，也可以让外来的人看了高兴和羡慕。

"今年丰收节我们不过了，"主席终于开口说，"卡特莉雅，今年年景不怎么好，等明年再过吧，明年收成好些，可以过热闹些……"

妇女们叫了起来。等明年再过，那不急死人?！收割期劳累了一场，不过丰收节怎么行？也许有人想跳舞呢?！

"今年跳舞没有劲儿，"主席还是坚持自己的意见，"这要怪干热风，是干热风不叫我们过节。女将们，咱们还是等明年跳个够吧，把今年的也给补上！"

妇女们很不开心，但都不讲话了。她们根据以往的经验，知道同契列得尼琴柯是拗不过的，契列得尼琴柯就像一块生根的岩石，休想撼得动。

英娜这些天待在打谷场上，不由得细心观察起这位库拉耶夫村的宙斯。她这个小诗人很想了解他那刚强、坚毅的性格。她有不少新发现，她发觉自己以前对他的许多看法仅仅是表面的。契列得尼琴柯才不像人们所想的那么简单！有些人只看到他最明显的一些特点：善于经营管理，善于领导、推动，有出色的组织才能。在许多会议上，大家正是爱用这样一些评语，来评价一些领导人的。有时候，他耐心地对大家进行启发、鼓动、引导，但有时候对某些人也声色俱厉。他领导农庄是有办法的，库拉耶夫村多少次遇到困难,他每次都领导大家渡过了难关……区里的人都知道,不必为契列得尼琴柯操心,他是完全靠得住的,不管他这里有没有灾情,都用不着别人来检查督促……这些看法都没有错,对契列得尼琴柯不可能有另外的看法。但是英娜却用她那敏锐的眼睛(我们暂时不说她用诗人的眼睛,那样说她会害羞的)慢慢观察出他另一方面的特点,她认为这是他更重要的一面。除了他的刚强、坚毅和这种年龄罕见的旺盛精力之外,还有一种东西,那才是契列得尼琴柯最本质的东西:英娜在他那严厉的声调,在他那强硬、有时还很尖刻、甚至有点儿粗暴的言语背后,看出他对别人永远怀着真诚尊重的态度,英娜暗下将这种态度叫作“严中有热”。不论是金星勋章,不论是名声,都没有使契列得尼琴柯脱离群众。他总是认为,他在农庄铁匠炉抡大锤和开康拜因那段时间,是自己一生中的黄金时代。“大头目,人民自己的头领!”——这是英娜暗暗给他下的结论。

英娜在打谷场上不止一次看到,他虽然有一股雷厉风行的作风,但总是十分尊重群众,即使对那些半截小伙子,他也以平等态度相待;从来不趾高气扬,作威作福。他眼睛里看到的不仅是产量,而且从来没有忘记关心人,懂得一切都是为了人,一切都是人创造的。英娜通过细心的观察,弄明白了不少事情。这会儿她才懂得:尽管经常出现各种各样的矛盾,为什么契列得尼琴柯多年来还是一直干他的主席,稳稳当当,风雨不动,为什么大家对他这样尊重,他为什么有这样高的威信、这样大的影响和号召力……她认为,契列得尼琴柯的民主作风不是虚伪造作的,因为他来自群众,所以民主作风是他的本能,也可以说,成了他生理上的一种高级机能，也许是天生的，也许是后天的，是在前线上，在并肩战斗的亲密战友不断倒在身旁的严重时刻产生的。

英娜还看出，大家对他是完全了解的，他即使发一下脾气、讲几句不中听的话，大家也能原谅，因为他们觉得最要紧的是，契列得尼琴柯即使在批评人的时候，并没有忘记关心人，而且不管他处境如何，都不会昧着良心整人。不论是谁，一跨进他的办公室的门槛，他马上就站起来迎你：你好吗？怎么样？有什么事就讲讲吧，我们来研究研究……虽然有些事看来并不是他应该管的，如果是别人，完全可以推掉，将这些麻烦事推卸给他人，可是他却从不推托……许多杂七杂八的事都要来找他：有人要开证明，有人要用车子，有人要买稀有药品，有人要送病人到莫斯科去看病——这些事找谁？当然要找领头的，找主席。年轻人结了婚，难免吵嘴，俗话说："喜酒散场，吵嘴开场"，小两口一吵嘴，也来找契列得尼琴柯，因为区法院管不了这么宽……

昨天，英娜看到主席暂时清闲了，便问他：

"萨瓦·丹尼洛维奇，我有一个想不通的问题：您这个当主席的，权力那么大，可以说你完全能独揽大权，可是你居然没有丢掉……"

"没有丢掉本色——你是不是想这样说？"他笑了起来，"还要说：您为什么没有变成十足的官僚，没有麻木不仁？"

"就是想这样问。"

"我惭愧得很，孩子，别把我看得十全十美。有时候，白天在火头上骂了人，到夜里一夜睡不好，心里想：为什么自己这样糟？为什么就是改不了？难道忘记了自己也是干活儿的人，忘记了大家的信任？要是这样下去，那可不行，这样可不配当头儿，干脆到‘渔业队’拉大网去！……”

“萨瓦·丹尼洛维奇，您在我们库拉耶夫村这种像宙斯一样的地位，确实可能使您变成官僚……如果说，您没有变成官僚，没有麻木不仁，如果给您这样大剂量的声名和荣誉，您的心还没有失去感应能力，没有丧失对一切的冷热感，我这个学医的，真想弄清楚这是怎么回事。”

契列得尼琴柯皱起眉头，过了一会儿才开口说：

“英娜，如果说没有变的话，你可知道，主要原因是什么？主要是经常想到过去的老兄弟们，这批人有很多已经不在人世了。是他们在战斗前夜，在一次登陆战之前一致举手接受我萨瓦·契列得尼琴柯入党的……”

“这一点我懂，还有呢？……”

“嘿，你倒喜欢刨根问底。”契列得尼琴柯笑了笑，换成一种细声细气的语调说，“还有——那就是我那瓦尔瓦拉·菲力鲍芙娜的功劳了。要是我这条鲫鱼想朝官僚主义的烂泥里钻，她就不答应，马上给我几拳头尝尝，摔几下擀面杖让我清醒清醒！”

又讲起他那鬼也不相信的擀面杖来了。他到州里开会，在大庭广众之下都要讲他老婆的擀面杖……

日夜轰鸣的机械化脱粒场如今已经寂然无声。再也看不到团团的灰尘在顶空缭绕。田野里康拜因回来了，打谷场上作临时住房用的车棚已经拖走了。各种牌号的康拜因——有老的，几十年前的老家伙，也有最新式的，鼎鼎大名的“柯拉斯牌”和“尼夫牌”，都排成一排，整整齐齐的，安静地在休息。如今这些机器是那样地安静，甚至好像变小了，好像在大海般的原野上日日夜夜地奔波之后，疲乏了，消瘦了。不过，休息将是短暂的，在这儿停一两天之后，就要开去进行必要的检修，检修之后，又要出发了，要开往伏尔加彼岸，到遥远的哈萨克斯坦去支援垦荒者。

雅戈尼奇家庭机组也回来了，这会儿父子两人都在他们那台“柯拉斯”旁。英娜看到她的弟弟别特洛从康拜因底下爬出来，满身是灰土和油污，看样子，他认为这个样子顶漂亮，认为这样才有康拜因手的派头。他走到爸爸跟前，同爸爸讲话，那语调严肃认真，大有可以独当一面的神气。农忙期间全部活儿他都是和爸爸肩并肩地干。今天，天麻麻亮两个人就开始检查机器，一直没有离开。爸爸侍弄了一辈子康拜因，总是不会离开的。谁知他这名助手好像也被“柯拉斯”粘住了；他一次次钻到康拜因底下，从底下往上瞧瞧，然后又钻出来，绕着机器走走，向爸爸汇报检查情况，等候爸爸吩咐下一步如何检查……虽然他还是一个半截小伙子，如今却有了夸口的资本，因为他同爸爸一起干完了收割期全部的活儿。英娜觉得自己有时候好像有点儿嫉妒起他来了：每当爸爸在客人面前忘乎所以地为儿子大唱赞歌的时候，她就有这种感觉。爸爸最喜欢笑眯眯地向人讲第一次让儿子试开机子的情形。别特洛第一次单独开康拜因，十分卖力，干了一天，累得筋疲力尽，到傍晚的时候，从康拜因上爬下来，往麦秸堆上一躺，就要睡觉……“别睡觉，别特洛，马上就吃晚饭了！”“好的，我不睡。”一会儿，晚饭就送来了。又喊他：“起来，别特洛，起来吃晚饭。”可是别特洛已经听不见了，他在麦秸堆上蜷成一团，就是旁边响起大炮，也别想把他弄醒……爸爸笑着说：“过了一会儿，我看到他还在梦里开康拜因呢：两只手抓着麦秸，又扯又掏，大概是油门堵住了……”

这会儿小小的别特洛已经快长成小伙子了，他一心一意地干活儿，掌握了一定的技术，爸爸今年还要带他到哈萨克斯坦去：得力助手嘛，当然要带……

因为许多康拜因手很快就要出发，契列得尼琴柯吩咐安排一次盛大的宴会，算是给大家送行，将打谷场上的人和打谷场附近的人都邀来了，尽管请不到乐队，但总是对即将出发的人表示一番心意……

在坐上饭桌之前，英娜逼着弟弟洗了洗脸，她还亲自撩起水给他洗了洗两只手和脖子。

“你以后别养成这种不讲卫生的坏习惯！瞧，耳朵里都长庄稼了！快洗洗，我要你好好地洗一洗！”她对弟弟下命令说。

“洗就洗吧，”他勉勉强强接受了姐姐的意见，“不过，外表肮脏，说明内心美好；我要是将劳动的汗水洗掉，人家就看不出我内心美了。”

用水一洗，小伙子果然不同了。他站到巧妙地装在柱子上的一面镜子前面，一面擦脸，对着镜子作了一个鬼脸，又用手将长发掠到一边。自己觉得这样算过得去了，便转身问姐姐道：

“怎么样，够派头了吧？”

他笑了，不过他没有尽情地笑，他有顾虑。将来不知属于哪位姑娘的这位未来的骑士，知道自己的缺陷，他笑的时候总是不敢张嘴，生怕别人看到他的牙齿，因为他的门牙有点儿向外翘。

在饭桌上，英娜同爸爸和弟弟坐在一起。

“真是了不起的一家！”契列得尼琴柯望着他们说，“可惜，菲道尔，两个孩子太少了，还应该多生一两个……我爸爸妈妈一共生了我们兄弟姊妹十二个，我排行是老七……不错，大部分早死了，那时候没有钱治病，一遇到瘟疫就要死……不过，倒真是生了不少！今天我们谁有本事生十二个？”

“萨瓦·丹尼洛维奇，您就做个样子吧！”有一个年轻媳妇挖苦他说。

“嘿，好厉害！……我实在没有办法和你抬杠，因为我也生得不多。”契列得尼琴柯表示服输，不过又接着说：“如果不是战争，我和我老婆也许能做个样子给大家看看，可是现在，也够寒碜的……只有那么两个，而且这两个如今叫人连影子也看不到。不过，这两个儿子都没有叫我丢丑，都有志气(他的一个儿子在农学院毕业后，留校做了教师；另一个儿子军事学校毕业后也在部队里工作)，两个孩子也都结了婚，虽然没有征求我这个老头子的意见……儿媳妇都不错，小日子过得蛮甜蜜，我问：孙子呢？我认为是儿媳妇怕麻烦，就盯着问她们，问她们究竟是怎样打算的。她们笑笑，说：不着急，我们都年轻，来得及的，现在还想自在几年呢。瞧，这就是她们的主张……英娜，你听我说，等你嫁了人，”契列得尼琴柯突然转脸对英娜说，英娜顿时羞得满脸通红，“你可不要有这样的想法，你要给我们生满满的一院子！”

英娜用大碗把脸遮住，两颊在发烧，可是，契列得尼琴柯丝毫没有注意。

“我们的突击队将要去的哈萨克斯坦，还有整个中亚细亚，那些地方，每个家庭的孩子就像罂粟中的罂粟籽那样多，真叫人眼馋，我们乌克兰在这方面是比不上的……这样下去行吗？”看样子，他还当真操心这方面的事呢。

“不单是小孩子太少，老头子也太少了。”有一个做饭的妇女站在一旁，两只手放在围裙底下，一直在静静地听着，这会儿发言了，“村里难得见到一个胡子长长的老头，想找人看门儿都找不到……”

“现在，有一个流浪老汉在我们这里落脚了，不过他的胡子也不长，”机工萨拉夫卡一向很放肆，这会儿又开起玩笑来了，“大概他把长胡子租给‘猎户星号’了……”

英娜好像被电流打了一下似的。对老年人太不尊重了，太放肆了！……看样子，别的人也都觉得很不是味儿。

“一个人有多大的本事，全在于头脑，不在于胡子长不长。”契列得尼琴柯朝这个胡乱开玩笑的机工狠狠瞪了一眼说，“你说的‘猎户星号’老师傅，他实际见过的东西，你连做梦也梦不到。没有在海上行过船的人，不懂得世间有多么大的艰苦——这虽然是一句老话，但也是一句千真万确的话……小伙子，我奉劝你，多用用头脑，先别忙着嘲笑别人……譬如说，你现在还一直把自己看成是未成年的孩子，可是，人家在你这样的年纪，已经去执行共产国际交来的重大任务了……”

“谁说我嘲笑人的？”他真也弄不清自己错在哪里，“老汉——难道这是骂人的字眼？”

英娜的爸爸气愤地敲了一下桌子，说：

“在别人来说，老汉——这是一个最值得尊敬的字眼儿，可是在你来说，就带有嘲笑的意味。”

萨拉夫卡用眼睛扫了一下饭桌上其余的人，想寻求支持，可是，看样子，对他开的这个愚蠢的玩笑，大家都很反感。

“像雅戈尼奇这样的老人家，世界上能多有一些就好了……”

“他在‘猎户星号’上干了这么多年，没有带回许多金银财宝，带回的是一颗一生无愧的良心……”

萨拉夫卡还是很不服气：

“萨瓦·丹尼洛维奇，您有时候也爱拿‘猎户星号’开玩笑嘛……”

“你是个毛孩子，怎能和我比？”契列得尼琴柯一下子火了起来，“我可以拿‘猎户星号’开玩笑，可以拿‘猎户星号’的老师傅开玩笑，要怎么开就怎么开，他对我也是一样——我们有彼此开玩笑的权利！我们多年的友谊，我们共同度过的许多艰苦岁月，给了我们这种权利，我们可以彼此取笑，甚至可以狠狠地挖苦。这是年龄给的权利，友谊给的权利——懂吗？可是你呢，目前还什么都谈不上……”

契列得尼琴柯为了撇开这个话题，便同康拜因手们谈起正经事，问他们：出发的事是不是都已准备就绪，有没有人生病，有没有谁的老婆拖后腿，担心丈夫叫东边的姑娘迷上……

看来没有什么不妥当的问题，大家都已整装待发。

“这又不是头一次去！”

“去过多次了，放心吧……”

老康拜因手们是去过多次了，这一次去，对他们来说，不过是家常便饭；可是别特洛却是第一次。虽然是他自己要求去的，但是，如今临到要动身了，心里却十分不平静，这一切都瞒不过姐姐那敏锐的眼睛。他坐在姐姐旁边，身子不知为什么神经质地一再抽动，将头拼命往下缩。等到主席问他能不能撑得住，这么远的路，怕不怕，荒地无边无沿，开起康拜因，会不会迷失方向，别特洛却回答得一点也不含糊，斩钉截铁，从容镇定，倒是出乎英娜的意外：

“我们一定要干出个样子来，”他望着对面的契列得尼琴柯，毅然决然地说，“我们要开起我们的机子，从舍甫琴柯堡，一直割到拜柯山脚下！”

“像个男子汉！”契列得尼琴柯称赞说，“讲得好极了！弟兄们，咱们就要这样……请你们向垦荒的弟兄们表示我们库拉耶夫村的一番心意，祝你们胜利归来，光荣归来！……”

等散了席，契列得尼琴柯准备向汽车走去的时候，英娜鼓了鼓勇气将他喊住：

“萨瓦·丹尼洛维奇！”

“嗯，我听到啦。”他应声说，好像有点儿不大高兴，“你喊我干什么？是不是医疗点搬回村里有困难？你别操心，今天一定给你搬好。”

“我不是为了这事……对不起，我打扰您了……”

“没有关系。州里来人了，在村里等着我呢……庄稼出问题的时候，他们不来，可是对报表怪热心的……你喊我有什么事？”

“请您告诉我，听说要拆散庄稼村，这话可是真的？”不知为什么她还在为庄稼村担忧。

“啊，你倒关心起庄稼村来了……庄稼村里有你的什么人？是不是在庄稼村找到了对象？”

“不是，根本不是这么回事……”

“那你为什么操这份儿心？……你恐怕一次都没有去过……”

“从来没有去过……我听说，那个村子美极了……”

契列得尼琴柯一下子兴奋起来。他那张晒得黑黑的、发着油光的脸，刚才还是呆呆的，毫无表情，这会儿好像一下子给突然射来的光线照亮了。

“英娜，那个村子可真像歌子里唱的那样美！……我好像再没有见过那样美的地方……”

“当真要拆散？这可是……罪过！”

“遗憾的是，确实有那么一些人，喜欢玩弄字眼儿，说某些村子没有前途……这样的官老爷还有的是……英娜，你真该去庄稼村看看，五十公里，这点儿路在今天算不了什么。你去看一看，说不定又要编歌了……不过，还是到春天去，当然，要是等到夏初，小麦抽穗的时候更好。有一次，我就是在夏初去的……村子不大，可是实在美极了，到处是庄稼，好像围着美丽的绿环，我们库拉耶夫村那就无法相比了！……乍一看，好像这个村子简直无路可进：村子周围是连成片的小麦地，小麦一直抵到一座座白房子的窗口，麦穗差点儿就碰到房顶！我爬出汽车，站着一望，我呆了：简直是天堂！人间的天堂，别有风味的天堂……一点多余的东西也没有，都是人类最需要的：住房加麦穗……另外就是无比的宁静，还有蜜蜂在空中、在无比宁静的空中发出的嗡嗡叫声……这就是庄稼村：一片白墙，麦穗一直抵到窗口……静静的，一个人影也看不到。天空很明朗。庄稼不吵也不闹，一心一意地生长着，百灵鸟在天空唱歌，那声音很像远处的银铃。百灵鸟是望不到的，因为它在高处，在太阳旁边……麦穗茁壮粗大，和人一样高，碰到脸上，刺得脸上痒痒的。啊，英娜，英娜，我要是一个诗人就好了！……”

“您已经算是一个诗人了。”英娜真心实意地说。

“哎呀，英娜，我算得什么诗人？我是搞生产的，种地的，别的什么也不是。你那老水手舅舅，才真算个诗人！……等他精神头儿来了，你听他讲讲看……”

“我觉得你们两个都是诗人，真正的诗人，不是名义上的诗人，不是有什么称号的诗人。你们是生活中的诗人……”

“惭愧呀……”契列得尼琴柯温和地对她笑了一下，便朝他那辆破旧的、被泥土路和连路也没有的泥土地折腾得不成样子的“伏尔加”走去。

十　四

老师傅雅戈尼奇这会儿正在“清理缆索”——清理记忆中的线索，将过去的事和今天的事结到一起。

他穿着蓝白条纹的水手衫，坐在凉台的台阶上，不住地在抽烟，望着院心里那棵带刺的老梨树。老树十分苍劲，不论什么样的风都不能将它摧折。树上的针刺一个个都像公鸡头上的冠，难得有哪个贪嘴的小家伙肯去摸摸这些针刺的脾气。过去还是有人爬的，他自己就常常爬到树顶；可是现在连小孩子都毫无兴趣了。梨树已经老了，退化了。如今结的梨又小又涩，落到地上，都没有人去拾，因为农庄果园里的梨子要甜得多。过去，在他小时候，这棵树上的梨子可是难得的仙果，那样酥脆、香甜的梨子，只能在救主节尝到一两个，因为到时候有一个麻脸的克里米亚鞑靼人就要来收购：

“一桶梨子换一桶小麦！”

他赶的牛车在大街上“咯吱咯吱”地响着，他那粗大的叫喊声到处能听得到，那“一桶换一桶”的标价确实有点儿吸引人……孩子们跟在大人后面跑着苦苦要求大人留给他一个梨子尝尝，可是有的人还是舍不得给孩子留一个……

雅戈尼奇家的梨树多年来劳苦功高，作过很大的贡献。而且这棵树几乎是前辈人留下的唯一纪念物，所以，雅戈尼奇觉得尤其珍贵。这几天，梨树底下出现了一样新东西——新做的一条长凳，还没有油漆，却十分结实。可以一个人坐坐，也可以同老朋友一块儿坐着聊聊天。这是他亲手做的，自以为做得还不错。梨树底下是雅戈尼奇每夜睡觉的地方，这地方实在不坏。透过枝叶看得到晶亮的星星。有时候梨子落下来，砸在额头上。黎明中，晨风吹来，梨树权作绿色的篷帆在头顶上轻轻响动……

新的一天又开始了，雅戈尼奇在寻思：今天干什么呢？昨天他扛起锄头，到纪念碑旁，将花坛中的杂草除掉了……今天闲坐在家里。太阳刚刚露面，涌进来一群孩子，他们最近几天在这里尝到了乐趣，今天又从四面八方跑来了。有姓雅戈尼奇的孩子，也有杂姓的。有一个边防军官的孩子，名叫阿里，黑黑的，像个茨冈孩子，非常机灵，也跑来了。多年以来，站在库拉耶夫村外可以看到前面有一座边防军的瞭望塔，孤零零的，俯瞰着大海。瞭望塔上为首的一名军官是一个阿塞拜疆人，几年前娶了库拉耶夫村的一位姑娘，如今他们的孩子也到雅戈尼奇老爷爷这里来了……孩子们像一群麻雀似的叽叽喳喳叫着，又蹦又跳，一齐拥到台阶前；他们已经摸到了老爷爷的脾气，一点也不胆怯：

“水手爷爷，您那箱子里还有什么？”

他于是又一次把他那神秘的小箱子搬了出来，放在台阶上，掀开一道缝儿，像一个货郎似的在里面翻来又翻去，给孩子们寻找有趣的东西。但是箱子里再也找不到光彩夺目的外地贝壳，而且连一个松球也找不到了。库拉耶夫村的孩子们觉得松球也是好玩的东西。因为松球在此地是稀罕的。这种东西在别的地方实在不稀罕，亚得里亚海滨的乱石丛里松球成堆，渔民的孩子们才没有兴致玩这种东西……

这一次水手爷爷拿出自己的奖状给孩子们看，让他们看上面的海神和赫然矗立在翻滚的浪涛之上的铁叉。孩子们的小脑袋立刻攒成一堆儿，有金黄的，有淡黄的，有黑黑的，都被阳光照得泛着亮光。孩子们一个个额头抵得紧紧的，一声不响地在欣赏实习生们的大作，欣赏水手爷爷这件可贵的纪念品。过了一会儿，老爷爷收起奖状，又拿出一个小小的灰色帆布卷，里面好像裹着注射器一类的东西。

"孩子们，这才是我最心爱的宝贝呢！"

只见水手爷爷手上出现了一样尖尖的、发亮的铁东西。

"这是什么？"

"针！……帆针，就是缝帆用的针。我有一套这样的针，每根针都有号码……因为帆布是很结实的，所以缝帆得用特制的针，你们看，三棱形的，像刺刀一样！"水手爷爷只准看，不准摸，"老大老大的，就像茨冈人用的针，比你们妈妈给你们缝纽扣用的针大多了。"

一双双的小眼睛，褐色的、橙色的、灰色的、蓝色的，一齐望着水手爷爷的劳动工具，他们兴高采烈，觉得无比新奇。但是，不等他们看够，这件宝贝又不见了——爷爷收起来了。

“箱子底下还有什么？”

“你们想不想看？”水手爷爷笑着说。

“想看……”

“好的，咱们下一次再看。不能着急，孩子们，人生在世需要有点儿耐性。一下子什么事都明白了，那就成了老头子了……做老头子，那可不快活，懂吗？”

神秘的小箱子“砰”的一声关上了，孩子们遗憾地用鼻子倒吸了一口气。看来，水手爷爷是有意不叫他们一下子看完，好让他们明天再来。

“水手爷爷，您见过鲨鱼吗”

“您见过飞鱼吗？”

“见过，都见过。”

水手爷爷忽然锁起了眉头。他觉得自己就像一条飞鱼，在空中腾跃飞舞，鳞光闪闪，突然“啪”的一声，落在甲板上，落到人的脚底下……他就是这样，一下子落到陆地上来了。

“您教我们打结吧。”

这可是他顶高兴的事。他拿来一根卡普隆细绳，用他那短短的、铁硬的手指打起结来。这双粗笨而难看的手一下子竟变得那样灵活、巧妙！他的手指再也不显得粗笨，动作是那样协调、那样灵巧和敏捷，简直像魔术师的手。

“孩子们，这种结是钩子上用的双结……”

一个个用小眼睛望着，一动也不动，好像连喘气也忘了。

“孩子们，这种结叫‘渔夫结’……”

他又继续打下去，手指三转两转，又一个结打好了。

“这叫‘加尔梅克结’……”

这些都太复杂了。还是用一只手打一个吧：

“这叫‘套结’……”

要是这样一个一个地打下去，他能打出五十个不同的花样，因为行船的人就是会打许许多多的结，而且每种结都有名称……最后，他郑重地说：

“孩子们，说来说去，帆船是怎么一回事儿？就是要会使风，全靠手上的功夫……这一点，你们要记住。”

孩子们的眼里闪出兴奋的光彩：原来世界上竟有那么多的奥妙！

如果英娜在场，她那深褐色的眼睛里也会闪出喜悦而惊奇的光芒：她觉得，爱上打结这种不行时的手艺的这个人本身，就是生活精心编结的一个结。而且这个结结得是那样妙，那样结实。

英娜认为自己既然是学医的，就有责任给舅舅医治疾病，照顾他的身体，还要尽一切力量医治他的精神创伤。她经常用婉转的方式试探他，想摸清他的“症候”，弄清他究竟为什么一直心事重重的；可是舅舅总是说：没有什么，没有不顺心的事。

“那您为什么总是睡不好觉？”

“有时候，这是难免的。”

为了使他睡好觉，英娜给他开了拔地麻丸。这是一种像黄豆粒那样大的药丸，七戈比一小瓶，是用棉花作瓶塞的。过了几天，她问舅舅效果如何，舅舅说效果很好。可是她很快就在沙发床后面角落里发现了药瓶，药丸一粒也没有少，还是用棉花封得好好的；不过舅舅确实睡得好些了，这一点妈妈也看出来了。

“你最好想办法给他买一点人参。”妈妈出主意说：“要不要到州里去买？过去有个奥列什柯夫来的女巫在集市上卖过这种东西……”

“治他的病，需要的是别人的关心。”女儿郑重地说，“医治孤独病，没有别的药方。”

从外表来看，舅舅再也不操心工作的事了。他一度想到渔业队工作，去了两趟，摸了一下情况，回来后表示很不满意：

“那不是我干的活儿。大白天就闲得没有事情干，一个个懒洋洋的，走路碰到小瓦片都要摔跤。”

渔业队不合适，只好另作打算。

“又没有人撵你走，干什么这样急着去找工作？”妹妹说，“父子两个人都走了，你就在家里照应照应吧……休息休息，养养神。千万别去渔业队；他们很不规矩，听说检察院正在调查他们的事呢……”

幼儿园对他的吸引力越来越大。他这一天又到幼儿园来了，一进来便坐在天棚底下，将一束细长、均匀、浸了水的麦秸摆在旁边。孩子们站在这位“孩子头儿”周围，看着他做玩具。只见那虬筋盘结的粗手指灵活地拿起金黄色的麦秸，轻轻一弯，弯成一个拐形，接着编结起来，孩子们不禁好奇地问：

“编什么？”

水手爷爷不肯回答，心里说：等做成了，你们就知道了。

在他手上，慢慢地出现了……一只小船！也许还不算是船，但是有点儿像了。慢慢地又出现了船身，铺好了甲板。再拿一根麦秸做主桅杆……

“这叫桅杆……”

他说过这句话，便放下手里的玩具，休息一会儿，朝大海望去，望着那万顷碧波。他静静地望着，好像什么也没有想，但如果让他的思路发出声音，那就是这样：你们看，孩子们，就在那蓝色的大海上，有两个孩子淹死了，他们就像你们这样大，也许比你们还小些……他们还没有来得及见世面，就看到了黑色的炸弹……这些炸弹，带着刺耳的啸声从天空落向开往高加索的轮船甲板……他们的眼睛充满了恐怖，小嘴张着，拼命喊叫，一面喊叫、哭泣，一面沉入深渊，沉入阳光照不透的地方……也许他们曾经抓着妈妈的手，向妈妈求救，……也许，直到深夜他们还留在轮船的碎片上等待救援，在茫茫的大海上显得那样无依无靠……他们的小脸儿是什么样子——如今他极力在回忆，可总是想象不出来：小脸儿在他那模糊、湿润的眼睛前面一晃就消失了，好像被海水冲走了……孩子们，就是那边，那蓝色的大海，是你们这位“孩子头儿”一心向往的地方……就是死在那里也心甘情愿。

一会儿，他定了定神，又开始编船。麦秸编的船越来越有样子了，竖起了几根细细的桅杆，又挂起了几张麦秸编的帆，麦秸帆金光闪烁，倒是真有点儿像照在篷帆上的阳光。

孩子们不需要提示，便猜到了：

“‘猎户星号’！‘猎户星号’！”

边境哨所来的黑眼睛阿里也一连声地证实说，这只船真像“猎户星号”，因为有一次他和爸爸站在瞭望塔上，在望远镜里看到过“猎户星号”。

在下一场表演中，小船进一步完备了。交错的缆索中间出现了一些饱满、紧密的麦穗。

“这都是实习生，”水手爷爷解释说，“开船的，乘务人员。”

这些麦穗做的乘务人员都十分听话，都知道自己该做什么，站在什么位置上……这只船漂亮极了！所有其他玩具在它面前都黯然失色。它成了一件最出色的玩具。那么这艘小巧玲珑的“猎户星号”放在哪里才好呢？制作人同孩子们一块儿商量起这个问题。最后决定吊在靠近棚顶的地方，让这只船在上面能够望到大海。并且，吊在上面孩子们不会弄坏，只有燕子能飞得那样高，可是燕子是很小心谨慎的。小船一吊到上面，显得更好看了，从街上就能看到这只小船飘荡在波浪似的金色阳光中，金光闪闪，就像一枚军徽，嵌在库拉耶夫村新一代队伍擎着的一面无形的战斗旗帜上……

有一天傍晚，雅戈尼奇正在梨树底下支他那张心爱的折叠床，契列得尼琴柯忽然走了进来。看样子他心情很坏，愁眉苦脸，走路那样子像驮着千斤重担。是不是病了，心脏病又犯了呢？他沉重地坐到长凳上，沉默了一会儿，忧郁地说：

“你可记得，我们的剧团，有时候演完了戏，一块儿去海边玩的情形？小伙子们，姑娘们——都那么健康，那么年轻。月光明亮，天空宁静，万籁无声……虽然我们都穿得极少，有的还赤着脚，但是，我们年轻，友情温暖着我们，心里像火一样一阵阵在燃烧……我们常常对着月亮唱起歌儿：‘柳枝儿轻轻摆动……’，或者：‘在白桦树下……’”

雅戈尼奇看出，这一次他们要换换角色演了：现在该是他来担任开导者的角色，劝一劝老朋友别难过，莫悲伤。

“萨瓦，可是有什么不愉快的事？”

“是的，不幸的事。接到一个电话，说克鲁济鲍洛赫（伊凡诺夫村的主席，就是同他一块儿在华维里城堡称体重的那位朋友）患了血管梗塞。情况很严重，恐怕难好转……他是我的战友，为人忠实可靠。我们在敖德萨多次一块儿去河口湾进行夜间侦察……多次互相救援。如果没有他，也许我契列得尼琴柯坟头上早就柳树成荫了……唉，多好的人，看样子不行了……”他讲不下去了。

“萨瓦，这一天谁也逃脱不了。”

“是的，可是我们有时候却忘记了这一点。有些人随随便便地对待自己的一生，好像目前不过是在打草稿，以后还有时间改写和誊清。在打谷场上有人问我：主席同志，你为什么没有变，干了这么多年主席，为什么至今没有丧失一个人的本色，没有变成行尸走肉……我说，如果我忘记过去，不用说，早就变了……我想变，可是常常有一个声音提醒我：萨瓦，别忘了过去那么多好同志和你共同战斗过……有的在你的怀里死去，有的中弹牺牲，血溅在你的脚下，有的也许是用自己的胸膛，挡住了飞向你的爆破枪弹……所以，应当说，你的生命是他们给的！子弹是不会挑拣的；往哪里飞，打什么人，它都管不着；你本来也可能完蛋的，你和同你一起侦察、一起冲锋的人有什么不同？正是由于他们的牺牲，你才活了下来。这一切，你不应忘记，要记住，不仅是在节日集会上怀念烈士，而且一生时时刻刻都不应忘记。如果命运允许你生活下去，那你就生活下去，但不要忘记，一个人的生命应当用来做有益的事。要让生命放光彩，可不能弄得乌烟瘴气。也许有人喜欢醉生梦死，可是我觉得还不如让繁重的事情一下子把心脏压碎！我的朋友就是这样的……唉，克鲁济鲍洛赫真可惜！……”

“说不定还有希望……人的生命力很强。有时候看起来很危险，结果都能熬了过来，事后想起来都很难相信……”

“这话倒是真的。就拿我来说，有时候心脏病一发，危险极了……可是，过一会儿吸两口气，又挺过来了！嘿，你看，我还想抱孙子哩……”

契列得尼琴柯好像突然想起来似的，向雅戈尼奇问道：

“这几天你怎么样？”

雅戈尼奇笑了笑说：

“我在研究船只的生命力。”

“我是问你，工作的事怎样了？拿定什么主意没有？”

“还没有。她们在劝我到幼儿园去做保姆头儿呢……”

“为什么不可以？你就去吧！”契列得尼琴柯高兴起来，“培养孩子——是一件了不起的大事。”

雅戈尼奇点起香烟，坐到长凳一端，愁眉苦脸地沉思起来。

“萨瓦，我不干，你让我干点别的事吧。给我找点别的活儿干，找点……有分量的。”

“好极了，那你来干主席吧！”契列得尼琴柯马上应声说，他高兴极了，“这活儿可以算有分量，不轻巧！可以弄得你筋疲力尽，外加伤透脑筋，你还不能叫苦，得硬着头皮干下去。”契列得尼琴柯重新换成严肃的语调说，“干普通康拜因手的时候，只管得着自己的康拜因，只要把自己的机子开好，就万事大吉了。早晨起来，走，开机子去……坐在驾驶台上迎接日出，目送日落——再没有更多的操心事！……可是干主席，需要有比钢索更坚强的神经……一天下来，累得疲乏不堪，到公园里去，往池塘边上一坐，天鹅游过来讨食儿吃，只好拿这善良的小东西解解闷儿，权当逗小孙子……老哥，我承认：越进步，越脱离大自然，就越希望安静，希望和谐、协调……可是如今渐渐失去协调。我们不尊重大自然，大自然就给我们颜色看。你看，气温就突然升高了……"

"现在气温确实很高，就像赤道上的气温。"

"我讲的就是这话。今天我看到向日葵，真够叫人伤心的：一点点高，细细的，盘子小得像野菊花一样……这片向日葵我们是下了本钱的，应当长得很像样儿，可是现在却是可怜巴巴的……"

"听说，今年是太阳不稳定的一年，"雅戈尼奇说，他想起了实习生们在船上讲的话，"太阳周围回旋着强热流。"

"是的，如今大自然确实出了问题……田地里需要雨水，可是现在的雨水不一定都是有益的，从化验情况就可以看出这一点。报纸上说，科学家发现雨水中含有酸性物。这些酸性东西究竟是什么，鬼才晓得，反正一落起这种东西，全世界的森林据说都生长得比以前慢了。"

"因为大气和海洋都受了污染……"

"科学技术不断进步，当然是必要的。谁都懂得，这是历史的必然，历史的趋势。但是人类作为大自然的主人，不应当忘记，科学技术不断进步，究竟是福是祸，还是一个未知数。就拿改良土壤，拿我们大规模实行灌溉做例子吧。开了运河，方便极了，我们又开了支运河，就更方便了，是不是？因为水对于我们来说，就是力量，就是财富……所以就建设起灌溉系统，实行了机械化灌溉，使各处土地都能引到水……但是搞这种建设必须处处考虑周到才行！譬如说，如果舍不得下本钱，该做的事不做，不肯及时采纳有见识的人的意见，那怎么行呢？当初有人提出过建议：要在主运河河底铺一层水泥。可是有些人不肯采纳这种明智的意见，说这样花钱太多，要节省每一个铜板……舍不得花钱的人，到头来往往把老本都赔上。现在就开始渗水了，庄稼村现在到处渗水，伊凡诺夫村地窖里也出水了……就在我们第三生产队的地段上，地下水在往上冒，把盐碱都赶到地面上来了。一路看来，玉米上生了那么多的霉点……你可曾看到？”

“看到的。”

“两百公顷好地都给我们毁了，全变成了盐碱地，说不定一百年都不能翻身。这会儿，我们什么庄稼也种不成了，这片地连草也长不起来！在最近一次党的积极分子会议上，大家对一些人提出质问：你们怎么搞的？你们这些混蛋东西居心何在？你们是不是想把乌克兰这片肥沃土地变成不毛之地？那几个人耸耸肩膀，把两只手一摊，竟想把责任推给别人，好像自己一点责任也没有……”

“有些人就会这一套：像老鼠一样，往纸堆里一钻，就躲起来了……”

“如果一个人怕负责任，如果事先不作周密的考虑，不维护人民的利益，而是慌不及待地忙着去挣奖金，这样的人，算什么共产党员？！”契列得尼琴柯越说越火，“可是他的理由多着呢，你瞧吧：经费不够啦，时间太紧，没时间考虑啦，只好突击，仓促动工呀……他这么突击完了，一拍屁股就走，可是这地方经他这么一搞,连草都长不起来了！现在谁都不肯负责任,可我还是要问:谁赔偿我们,赔偿我们国家这样大的损失？谁来改造这片新的盐碱地？”

“对玩忽职守的人应当严加惩处。”

“现在处理玩忽职守的人,简直像……像儿戏！说他蓄意造成损失,你又找不出证据。看他那样子,好像还很卖力气,似乎还很想把事情办好一点儿,而且他们之中有不少是有见识、有经验、有学问的人……但结果却是:有本事将我们的土地变成盐碱地,却没有本事变回来……不错,他们是在说,要用排水和灌洗的办法来排除土壤中的盐碱,可是他们到底也弄不清这种办法究竟是否有效……搞起破坏,三下五除二就行了,可是要想恢复,就不是那么简单了……”

契列得尼琴柯太激动了,不觉把手按到心口上。

“要不要吃药？”雅戈尼奇发现了这个无意识的动作,便说,“我有拔地麻片……”

“在我们今天,丢掉一公顷肥沃的土地,这意味着什么？”契列得尼琴柯没有理会雅戈尼奇的关怀,继续把自己心里想的说出声来,“这样肥沃的土地,天底下难找。真是一个黄金盆。天天说改碱,改碱,等到哪一年才能实现？等到公元三〇〇〇年？有多少公顷土地报废了！……现在那些热心做计划、做方案的人慌了手脚;那么,我要问,你们这些能干人以前的神气如今到哪里去了？就算我们这些人低下,可以不听我们的意见,但是科学家不是早就告诉过你们不能这样做吗？任何警告你们都不理睬！在党的积极分子会上,曾经要求一个领导人作出交代,他支支吾吾地讲了半天，全是废话，废话讲了一大篇，一点责任也不负……真是岂有此理！”契列得尼琴柯站起来，伸了伸腰，“要搞建设，就不能敷衍塞责。画图画坏了，可以用橡皮擦掉重画，搞建设可不行……搞建设没办法先打草稿，搞出来什么样，就是什么样！必须反反复复研究，哪怕研究一千次，然后再动手……”

十　五

何处是地平线？天也无边，海也无边；天也白茫茫，海也白茫茫；茫茫白光溶化在一起，海天一色，再也不见水平线……

太阳正在中天。

“猎户星号”行驶在辽阔的大海上。挂着满帆，但是没有风，船行得很慢……

一群海豚伴随着船只前进。在这群顽皮的海洋的孩子们看来，这艘挂着白帆的大船，也许是一座奇异的、无声无息地飘游在水面上的龙宫。再也遇不到迎面驶来的船只，再也看不到黑色的油船。只有“猎户星号”。它孤零零地驶在风波不兴、水平如镜的海面上。它挂起白帆，显得出奇地高，宛如飘在天空的白云；因为桅杆很高，从桅座到桅顶足足有四十七公尺。

实习生们站在甲板上热得难受。不论眼睛望到哪里，到处是耀眼欲花的强烈的白光，这对于初次来到大海的人来说，也是一件极不习惯的事。这样强烈的阳光，只有在波光粼粼的海面上，在正午时分才能见到，刺得眼睛睁也睁不开。大海茫茫无际。只有强烈的阳光，没有一丝风。

“雅戈尼奇老师傅走了，把风也带走了……”

船长在船上巡视着。在他那依然年轻的脸上，流露出年轻人不应有的焦虑神情。他不时望望一块字牌：“遇危急情况须鸣笛报警”……就是说，要鸣笛三十秒钟。不过，鸣警笛目前还没有任何理由。但是这位年轻的领导人却有不安的心境。这又怎样理解？

他来到实习生讲堂。面前是海上实习教学台。上面摆了各种绳结样本：套结，渔夫眼环结，收紧结……

最难的是系钢索，系钢索往往要弄得两手出血……他的脑海里浮现出雅戈尼奇老师傅的身影……

领航室。航路图铺在桌上。

圆规。

量角器。

橡皮……

两三个实习生伏在桌上，在绘算航线。还有两个定位器。“猎户星号”既用帆，又用定位器。船长认为这有某种象征意义，他想到这里，觉得十分得意……

已经是三个昼夜没有风了。“老师傅走了，把风带走了……”为什么他们也这样说着玩儿？他们只是一年级的学生，根本没见到过雅戈尼奇！……那还是自己跟随老师傅参加第一次远航的事。那一次他们为了乘顺风，绕进了热带，因为热带以北都是逆风。“猎户星号”返航时才利用了这种风。

那一次航行真是又漂亮，又饶有情趣！

那是第一次作这样的航行。那一批实习生个个能干，都是好样的，他们来自三个航海学校。那次航行很艰险，遇到几次风暴，但都平安无事：没有一个人受伤，没有一个人生病，没有出一件意外的事故。

于是大家就说着玩儿：

“这是因为雅戈尼奇在船上。我们是托他的福。”……

雅戈尼奇是怎样一个人呢？

船长又一次听到无线电室里有人在议论，其实他们从来没见过真正的雅戈尼奇。他们在胡诌，完全照自己的想象来编造。

是这样，是这样！他行了一辈子船。没有家，没有妻子儿女，没有财产。在船上干了一辈子，天天打结，非常遵守时间。对待实习生十分严厉。手艺倒是不错。

他拿手一指，要考一考你：

“这件东西是干什么的？”

你答不上来……

那他就要拿一截缆绳头抽你一顿。而且你还不能叫痛，因为你答不上来嘛。如果你知道，答得很正确，那他就高兴得握住你的手……

简直是胡诌！编造得离了谱儿。“猎户星号”从来没有这样的事，雅戈尼奇从来没有采用这种办法。

可是他们还是在编造：

船上谁也弄不清雅戈尼奇究竟多大年纪。实习生要是问他：

“师傅，您今年多大年纪？”

“四十岁。”

根本不是这么回事。第二年,“猎户星号”又来了另一批实习生,他们问他:

“您多大年纪?”

他还是回答:

“四十岁。”

不管怎么问,老师傅反正是四十岁,永远是四十岁。也许,这个数字对于他来说有特殊的纪念意义,要不然他为什么不多也不少,偏偏说四十岁?很多人觉得“十三”这个数字有特殊的意味,雅戈尼奇是不是也觉得“四十”有点儿什么含义?譬如说,可以说明,雅戈尼奇没有老!你看他只有四十岁,难怪他那样有劲儿!他的性格刚强,就像钢一样。他的心灵自然是美好而崇高的。他会唱歌,会唱许多歌,特别是古老的歌、古代航海者的歌(船长可从来没有听到雅戈尼奇唱过歌。只不过他有时候哼两句,谁都听不出哼的是什么)。

这批新的实习生为老师傅编造故事越编越上劲儿:

有一次,“猎户星号”闯进强烈的飓风区,碰到了风翅膀。黑夜,风在呼叫,海在咆哮,到处漆黑一团。海水冲上甲板。巨浪一个接一个扑来。船身倾斜度达四十度以上。大家以为这一下完了。即使这样,还是派实习生守住桅杆。说来奇怪,竟也度过了这一险关。

他们说这完全是因为雅戈尼奇在“猎户星号”上;虽然这天夜里他受了重伤,但他的心脏还在跳动。老师傅躺在底舱医疗室里,被捆在床上,由医生给他做手术呢。船身颠簸得厉害,手术简直无法进行,但是没有别的办法,老师傅自己说:开刀吧!开刀的时候把心都掏出来过,心还在一股劲儿地在跳呢。最后用粗麻线和三棱针将血管一缝,雅戈尼奇又活了!

一连串的编造!在名目繁多的航海学科中,有一项叫作"船的生命力"。可是如今他们却扩大了探讨范围,因为"猎户星号"给他们提出了一个不寻常的课题,告诉他们:人有强盛的生命力。原来小伙子们全都认为,是雅戈尼奇刚毅的精神和不屈不挠的意志在那个夜晚决定了"猎户星号"和全体船员的命运,是他的精神力量影响了全船,使"猎户星号"顶住了风浪,平安无事地脱离了险境。

"为什么他们编造得这样起劲呢?"船长不解地想。他皱了皱眉头,耸了耸肩:实在弄不清他们为什么这样起劲地编造神话。"猎户星号"上的实际情况并不这样。一切都平平常常,规规矩矩,毫无神奇之处。哪里有他们编造的这些神奇古怪的事情?是一种什么心情使这些年轻人将一个正式离职、光荣退休的现实中的人说成一个护船神式的半仙之体?不论走到哪个角落、哪个地点,或者走到帆阴之下,经常能听到有人热心地为他塑造半神话式的形象,怀念那个"把风带走了"的人。在"猎户星号"工作过的人有许许多多,他们一离了船,大家就难得将他们想起,或者干脆忘记;为什么只有他,虽然是一个善良的老汉,但像许多人一样,不过是一个平平常常、普普通通的人,却使得这么多年轻人热心为他编造神话?这会儿,风平浪静,阳光灿烂,为什么这时候竟也想起他、怀念他?

这位非现实的、神话式的、臆想的雅戈尼奇——这位永远四十岁的师傅和传奇式的人物，对于这些有学问、会使用定位器、会操纵电子装置的年轻人，难道还有一点什么用处？

十　六

天刚刚黑，一声短促而尖锐的口哨传进了英娜家的院子。

妈妈正在房里忙着，但房门是开着的，所以这一声口哨她听得清清楚楚。天哪，是不是那个冤家来了？古时候小伙子召唤姑娘相会是打这种口哨的；现在只有在俱乐部的戏台上，在演古代戏的时候才能听到这种口哨。不过，这种事还是可能出现的，不一定是在俱乐部里，而是在自己的家门前。这些鬼东西不会唱歌，打口哨却是拿手戏。也许是在运动场上踢足球时练出来的。

不过，口哨召唤的人不在家，她正忙着呢，一个农村医生干工作不是论钟点的。她本来正准备去看电影，有人来找她，她给主席拔火罐去了。

主席病倒了。因为收割已经结束，他驱车来到海边；正热得浑身是汗，一跳下车，便钻进了海水，所以受了凉，而且有可能已经转成了肺炎。当年在刻赤一带海岸，从塔曼涉水到半岛上去执行侦察任务，数九寒天，泡在冰冷的海水里，根本不在乎，连伤风也没有害过,至少不记得什么时候害过伤风。军大衣有时全结了冰,走起路来叮当直响,往往不得不泡到水里融化,免得发出响声惊动敌方岗哨。如今只要碰到海水,就会打喷嚏,发烧……契列得尼琴柯认为最解决问题的办法就是拔火罐。他常常乖乖地亮出脊背,让瓦尔瓦拉将一个个的玻璃罐扣到上面……但是这会儿她自己也正病着,只好将英娜唤来,让她练练手艺……

英娜一走,妈妈心里不由得嘀咕起来:是不是瓦尔瓦拉出的主意,是不是有意将这个新手唤去,试试这孩子行不行,先看看她会不会拔火罐?……

她一去就像石沉大海,可是打口哨的人还在不时地打着口哨。讨厌透了……又是一声,这一声还带点儿夜莺唱歌的味道呢……

"告诉他,她不在家,她没有时间去玩。"妈妈在房里对着院子大声喊道,她以为院子里有人,本想叫院子里的人向外传达命令的……可是院子里一个人也没有。只有一棵老梨树伫立在院心,像一团乌云,它是不会传达命令的,也许它还喜欢听听黄昏时候的口哨呢。女主人只好自己走到凉台上。原来梨树底下的长凳空闲着,一个人也没有,水手爷爷跟孩子们一块儿到邻居家里看电视去了。邻家有一架像老式的陪嫁柜那样大的电视机,这会儿正放在院子里一棵胡桃树底下,站在凉台上就能看到那天蓝色的屏幕。屏幕前面攒动着许多人头,有小孩子,有大人。哥哥那秃顶在一堆人头当中明晃晃的特别显眼。英娜家里也有一架电视机,可能比邻家的还好些,就放在衣柜后面的角落里,整个收割期间一次都没有开过。哥哥完全可以坐在家里看看,可是他不肯,要到邻家去,和孩子们在一起。那边要热闹些……一齐在那里起哄、叫好。

门外又低低响了一声口哨。真讨厌！

英娜妈妈走下台阶，朝院门口走去。她看到樱桃树丛中有个影子晃动了一下（院边的樱桃树树枝已伸到墙外），是的，有一个人藏在枝叶丛中……正是那个打口哨的好汉……

“是不是维克多？”

“是我。”

“你在那里叫了半天，不觉得累？进来吧！”

她只好以礼相待，因为不管怎样，这位打口哨的夜来客是来扮演未来女婿的角色的。

“我找英娜。她在家吗？”

“马上就要回来。进来吧，进来吧。我想和你谈谈。”

她让女儿的对象坐在凉台上，但是她没有去拿东西招待，对这个不速之客，不招待也没有关系，他不在乎招待不招待……她开了电灯，想看看英娜这位对象如今是什么样子；然后自己也坐了下来。维克多坐在凉台角落里，一声不响。英娜妈妈仔细将他端详了一番。魏列敏柯家的宝贝儿子是这个模样儿……难道他真的要成为女婿？虽然在外面待了一段时间，他的样子没有多大的改变。听说他是剃光了头的，可是如今头发已经差不多长齐了。他的面孔瘦长，刮得光光的，嘴边带着腼腆而谦恭的微笑，很有礼貌地等待着对方同他讲话……他的鼻子像妈妈的鼻子，眉毛也像妈妈的，浓密而清秀，两眉间宽宽的，很有点儿英武的气概，这模样儿确实能叫姑娘们心醉。而且，说真的，这样一个长着一副晒黑了的椭圆形面孔、身材挺拔的小伙子，安静地坐在那里，将两只手放在膝盖中间，温顺地望着顶上的电灯，欣赏着灯边飞旋的小虫儿，谁又能看出他是一个吊儿郎当、轻浮放荡的流氓？

“她很快就回来吗？”他十分婉转地问。

“说不准什么时候。她看病去了……反正是要回来的，我家的孩子总是老老实实待在自己家里，不像别人家的孩子。”

“您这话如果讲的是我，请听我讲讲：我也很想快一点儿回到爸爸妈妈身边。也许我过不多久能就近找到工作。”

“是不是疗养所要你去？”一年前在离库拉耶夫村不远的海滨动工兴建一座矿工疗养防治所。“要你去给矿工们拉手风琴，是不是？”

“我暂时不讲。”他笑了笑，含糊其词地说。

“听我说，维克多，你自己究竟怎么想的？”英娜妈妈又担心又惋惜地说，“你究竟要浪荡到什么时候？你瞧瞧那些同你一般大的人——人家都不错：有的上大学，有的参了军，有的一直在开拖拉机……都很有出息，自己脸上有光彩，父母看着也高兴。就拿我家别特洛来说吧，”她一想到她那能干的儿子，眼里就露出笑意，“和你比起来，他还是个孩子，可他又能干，又肯吃苦，爸爸都能放心让他开机子了。如今他跟大人一起到哈萨克斯坦那么远的地方去了，你呢，你怎么样？”

维克多如果在家里听到这样一番话，可以轻而易举地顶回去：“妈妈，别教训我了，你的教训我听够了。”站起来转身就走。可是在这里他不敢，他装出十分听话的样子，好像在一心一意地聆听她的好心的教诲，好像顶喜欢接受别人有益的劝谕。

“你说说看，维克多，我讲的对不对？你为什么不说话？你拿我这些话当成耳旁风，是不是？”

“我在听着哩。您讲得很对。甘娜·古里耶夫娜，我一定听您的话。”

谁都喜欢受人敬重。维克多的这几句话使她高兴起来。她好像受到了鼓励，又将儿子夸奖了一番。接着又夸奖起她的堂侄安纳托里·雅戈尼奇。她想用这一动人的事例来感动一向吊儿郎当的维克多。维克多这会儿坐在她面前，显得谦恭有礼，诚惶诚恐，那样子俨然是圣人再世。他的眼睛直直地向上望着，不过，也许不是在思索他所听到的教诲，只是在欣赏绕灯飞旋的小虫儿。

“你自己不想争口气，也该替爸爸妈妈想一想。”她继续热心地规劝说，“你爸爸伤心透了，身体全毁了，你说这是因为谁？你妈妈也够痛心的，除了难过，还觉得很丑，怕出门见人……他们跟前只有你一个，拿你当宝贝，过去一切由着你。你要手风琴，要摩托车，他们从来没说过不字。可是，你是怎样报答父母的？你把父母毁了，你自己又怎样呢？你糊里糊涂把自己的青春葬送了。一个人走错了路，怪不得旁人，全在于自己……这个道理你不懂吗？”

“我懂，古里耶芙娜，全怪我自己。”他那红红的脸上再一次表现出极为虔诚、恭顺的表情，露出十分痛心的样子。“我下决心彻底改。保证把坏毛病一下子改掉。甘娜婶婶，虽然我的刑期完了，我的思想改造没有完，思想改造还在我心里进行着。”他将手按在心口上，做了一个戏剧动作。

英娜妈妈心里得到了宽慰。瞧，一个人走错了路，只要别人能和他推心置腹地谈谈，是会天良发现的，人心不是石头嘛，看来，父母虽然都是教师，但都没有本事开导儿子。教导别人家的孩子容易，教导自己家里孩子就没有办法了。她虽然不是教师，不过在幼儿园里管管孩子，可是你瞧，一下子就叫一个不走正路的人回心转意了……底下就轮到向他夸奖英娜了。她说英娜毕业时得了金质奖章(她马上拿出来给他看看)，又告诉他，本来要分配她到大城市去的，甚至可能去莫斯科，去红十字总会，进了红十字总会，就可以经常出国，带上药品和食品到印度或者更远的地方，哪里发生瘟疫或者地震，就到哪里去……可是什么地方都打动不了她的心，她一心要回家乡：库拉耶夫村比世界上任何地方都好，在妈妈身边比到任何地方都温暖！

“刚才瓦尔瓦拉唤她去了，要她给主席拔火罐。她说，英娜，你手上的功夫比我好。你想想看：主席会不会随随便便相信一个人，会不会拿自己千金之身开玩笑？主席对她就信得过：学习成绩好，治病就不成问题……”

出于做妈妈的爱心和雅戈尼奇一家喜欢编歌、唱歌的天性，她经常也为女儿唱唱赞歌。

“你虽然不成材，可是我家这样好的姑娘在等着你。在卫生学校里，好几次有人向她求爱，飞行员、潜水员天天都在追求她，她一概不答应。”她觉得只要基本轮廓不走样，不妨在具体情节上有所夸张，“别的姑娘要是遇到这种机会，才不会放过，巴不得找一个漂漂亮亮的飞行员，要么就挑个大学毕业的医生，要么就找个得金星奖章的康拜因手。可是她说：妈妈，我答应了的人，就是判了刑，我也要等他；他在那里吃苦、劳累，所以能支持得住，全因为相信我等着他；见一个人倒了霉，就不理睬，那可不好。我既然爱了维克多,就不能随便把他扔掉。你看,她的心多好!”

“我知道她心好。”他感动地说,这一次完全是真诚的,毫无造作意味。“像英娜这么好的姑娘,我没见过;说实在话,英娜就是我的一切。我没有哪一天不在想念她。为了她,我才努力改我的毛病,因为我知道:我那么多坏毛病,要是不改掉,就没有办法和她在一起;再说,我对我自己的吊儿郎当、马马虎虎,也觉得不对味了。应当彻底改改了。可是,您要替我想一想,甘娜·古里耶夫娜,我受的刺激太重了,到现在还恍恍惚惚的……头一棒是航海学校打的:他们把我赶出了学校。不该把我处分那样重……不过是因为擅自离校……”

“擅自离校——什么意思?”

“就是不请假离开学校。我离开学校才两天……学校里纪律太严了……”

“要是没有纪律,还算什么航海学校?一个人要是规矩,就不怕纪律严。我哥哥在‘猎户星号’干了那么多年,在海上过了半辈子,从来没有叫过苦。相反,别看海上那么苦,他离开了海,还舍不得呢……他现在向孩子们传起本领来了!”

维克多听到夸奖雅戈尼奇,不由得笑笑,差一点要打呵欠。他对老水手另有自己的看法:老头子性子倔强、怪僻、不随和,最好离他远点儿,千万别叫他碰到,免得挨他骂……

“维克多,你当时如果表现好一点儿,这会儿也该在‘猎户星号’上实习了。那有多光彩呀!我小时候,叔叔有一盘风磨,我们看到叔叔在风磨上使风,就觉得很神奇,要是在海上开帆船,那就更不用说了……你真该到‘猎户星号’上去待几个月!……”

这位甘娜婶婶一谈起“猎户星号”，劲头儿就来了，好像她的想象力也挂起了帆，好像她自己就做过水手。她拼命夸奖“猎户星号”上的小伙子，说他们在船上受到如何如何的锻炼；她一股劲地在讲，维克多只好忍住厌烦情绪，装出耐心的样子，伸长着脖子听未来丈母娘的教谕；不过他听到的只是她的声调，这声调对于他来说，像小河流水那样单调而遥远。他倒是更注意听他自己内心的声音。他心里在说：尊敬的未来岳母，就算您讲的完全有道理，可是我却做不到。维克多太苦恼了。一个人虽然没有明显的缘由，却是意志消沉，实在不想活下去，这种心情，您能理解吗？一个人灰了心，变成了木头，对一切都失去了兴趣，好像一切都没有意思，自己活着也没有意思，而且知道，今后也不过如此，就像看到自己将要吃的菜肴摆在饭馆里肮脏、油污的饭桌上，上面还有成群的苍蝇嗡嗡地在叫，——这样的菜肴，这样的生活，还有什么味道？这种心情您理解吗？……您是不会理解的。您不像英娜……任何人对我维克多都没有英娜那样耐心，那样宽厚。她希望我好，她认为我好，我实际上没有那样好；她因为爱我，就把我想象得很好，把她对我的期望想象成现实；说也奇怪，有时竟觉得自己好像真的好了起来，好像真的变得纯洁、高尚了，也许是想不辜负她的期望……英娜——是命运给自己的最高奖励，也许是自己不应当得的，是无功受奖。正是为了她，才坐在这里听这位未来岳母冗长无味的教训，还要装出十分虚心的样子，好让她觉得她的话产生了立竿见影的效果……

她最后问了他两句话，想看看他对英娜恋到什么程度，维克多不由得冲口而出：

“我对您说实话：英娜就是我一辈子的幸福！我这一辈子只爱她，我才看不上那些黑玛[①]们呢！……”

他讲到这里顿住了，因为他看到甘娜婶婶沉下了脸，皱起了眉头。

“谁要你这样讲的？为什么对妇女这样不敬重？”

“在那里面所有的人对妇女都是这样喊的。”

“什么所有的人？不过就是你们劳改队里那些不三不四的坏家伙！才不是所有的人呢！要是一个规矩人，就是在背后，也不会这样侮辱妇女……黑玛们，黑玛们，你们这样轻视妇女！”她气愤极了，“拿女人的名字来侮辱妇女！我家奶奶生前就叫黑玛，叫你看来，这是可笑的、丢人的事了？库拉耶夫村里谁也没有笑过她，因为她生了九个孩子，个个都有出息，没有一个像你这样不成器的东西！”

她停了一会儿，脸气得通红，那样子叫人看了害怕，她这副威严模样真像哥哥。他坐在那里，随你教训也好，骂也好，从外表看全无反应，虽然他心里时刻注意着未来岳母的态度变化。她这会儿似乎正因为这个未来的女婿“不成器”而感到痛心和羞耻。

“维克多，”甘娜·古里耶芙娜停了一会儿，用一种郑重其事的口气说，“我想请你为我做一桩好事……行吗？”

“请您讲吧。”

“一个当妈妈的，当然要心痛自己的女儿；因此，我要求你离开我的女儿。今后不要再找她！她和你在一块儿，不会有什么幸福。”

①是乌克兰女人常用的一个名字。此处带有鄙视的意味。

他的脸唰地一下白了。

“你怎么知道她不会幸福?”

“我心里感觉这样。”

“心里感觉——是靠不住的。”

“那要看是谁的心。做妈妈的心,靠得住。我从来没有求过人,孩子,我就求你这一次吧。你长得很漂亮,找一个对象不难,你随便找哪一个姑娘,一招手就来了……可是英娜……英娜和你不同,走不到一块儿……你就可怜可怜她吧!她对你一片诚心,在今天,实在难得有这种诚心,你就为报答她的一片诚心,为她今后的幸福想想……你离开她吧!我求求你!”

他坐在那里,垂着头,闭起眼睛,脸色煞白煞白的。

“这不可能。”他小声说。

她觉得应当进一步说服他:

“你该冷静点,维克多,不要使她一辈子不幸……有很多这样的事:两个人恋爱了好几年,到头来却是同别人结婚……我们村里漂亮姑娘多得很……听说,奥斯纳契夫斯基家的穆霞就一直在想你,这个姑娘好得很,又是个独生女儿,你和她倒真是很好的一对儿……”

他没有讲话,也没有抬头;甘娜·古里耶芙娜认为他不讲话是心里开始活动的表现:看样子,正在琢磨,正在考虑她的要求呢……大概一下子不会答应的,总有些舍不得,但想来想去,最后也许会同意的……她忽然想出一个主意:

“维克多,你要是答应我这个要求,我给你……一辆‘日古利’小汽车!”

“小汽车?”他听到这话,完全出乎意外,不由得眨了几下眼睛。

这个条件是很诱惑人的,恐怕谁都禁不住诱惑,尤其维克多,喜欢开车兜风在库拉耶夫村是出了名的……她的主意没有打错,看,他动心了,清秀的眉毛扬了起来,兴致勃勃地问道:

“您家里有‘日古利’吗?”

“就会有的!”她赶紧回答说,“去年——你没有听说吗?——州里给两个优秀康拜因手发的奖品就是小汽车——一部是‘查波洛什牌’,一部是‘日古利牌’……州委书记当众将两部汽车的钥匙交给了两个康拜因手……”

“可是这两部汽车的钥匙别人接去了,您家没有拿到呀。”维克多笑笑说。

“那都差不多!我家的‘家庭机组’也是头十名以内的,你没有看到报上登的照片?去年我家得了一台电视机,今年要不是庄稼干坏了,锃亮锃亮的‘日古利’这会儿就在院子里了……今年没得到,明年跑不了的!”

维克多站起来,煞有介事地说:

“就这样吧,一个姑娘换一部‘日古利’!可为什么不能换一部‘伏尔加’?啊?”他突然哈哈大笑起来。然后他突然换一种严肃的态度,气势逼人地望了望满面羞惭的甘娜婶婶。“甘娜婶婶,我真替你害臊。您出那么大的价钱,当真以为我维克多会眼红?您以为维克多会拿英娜去换一部汽车?亏您想得出!……您也有过年轻的时候,您是忘记了,还是根本就不懂什么叫爱情?”

“怕就怕你不懂!我过去懂,现在也懂。”她克制住羞惭,气恼地站起来说，“你这个不成器的东西，还轮不到你来教训我……至于汽车的事，说过就算了，权当没有说，懂吗？”

“好吧。”

这时，英娜已经跑到凉台跟前。

她朝两个人望了望，觉得事情不对头，担心地问：

“你们在争什么？”

维克多本想回答“我们在争你呢”，但没有出口，换成了一句笑话：

“我们在讨论联合国提案哩。”

“主席怎么样？”妈妈也接上去说，免得女儿寻根问底，“没有病吧？恐怕是小毛病，大概不严重吧？……”

“不，很重，他是受了凉，相当严重，温度很高。”英娜说，“不过目前还不像肺炎，倒像喉头炎。”她又用关切而爱恋的目光望望维克多，“你脸色为什么这样苍白？”

“是神经性苍白……”

她想：他是不是喝了酒呢？可是她马上否定了这种猜测：不像。过去有一次，她同他讲定一个条件：今后永远不要醉醺醺地来见她。维克多还从来没有破坏过这个协议。

“好哇！好哇！”邻居院子里又传来了叫好声。

维克多走到英娜跟前，像是要故意刺激一下未来岳母似的，当着她的面很笃定地挽起英娜的手臂，说：

“走，到海边去，我的宝贝。咱们赏月去……”

她欣然响应了他的号召，忘情地贴到他的身上，同他一起快步朝大门走去。妈妈看到这一切，于是明白了：女儿的事是无法阻拦的，因为人生有些事不是人力所能左右的，纵使心机用尽，也是枉然；根据切身体验她本也清楚，爱情的脚步是任何人阻挡不住的……

十　七

英娜这会儿不编歌了。自从回到库拉耶夫村，她一句歌词都没有写，虽然有时候有一些朦朦胧胧、模模糊糊的东西回荡在脑际，跃跃欲出。她多数时间在埋头读书，读古典作品。这几年文化宫里添置了大量的图书。契列得尼琴柯一直在亲自过问添置图书的事，总是设法购进一些有价值、有意义的书籍：他希望库拉耶夫村的人多读点书，少喝点酒。

区办小报时常刊载一些小诗，有一次还出了文学专页，总标题为《青年创作》。上面的许多诗，英娜全都读了。其中有的是"田野之歌"，有的是在讴歌"草原之舟"，有的可能是未完稿的长诗的片段，还有一些献诗，献给康拜因手，赞美他们的忘我劳动和不眠之夜。有的还赞美向日葵，说它是太阳的姊妹，说向日葵的金冠照得大海金碧辉煌，——这应当指的是库拉耶夫村外那片向日葵，这片向日葵其实已经被干热风吹得奄奄一息，只是顽强地活着罢了。许多诗写得十分隐晦，似是指这样，又似指那样。有的歌颂农业劳动的诗意，但是一旦张开诗人的翅膀，就把劳动写得无限美妙、轻松愉快。为什么看不到农民的痛苦，看不到农民望着可恨的干热风毁坏自己艰苦劳动的成果，面对着无情的灾害束手无策时那双忧愁的眼睛？关于这一切，羞怯的诗神一概缄口不言。在这一期专页上，主要是青年男女抒发心灵之作；他们都是英娜不相识的同辈人，他们面对着无言地听他们倾诉的草原和大海，坦率而亲切地抒发自己的胸怀。英娜在卫生学校学习的时候，也同文学团体经常保持联系，当地区办小报编辑部就有这样一个团体，叫作“金葡萄社”。年轻作者作品评比，生动活泼地讨论文学作品——她参加这些活动几乎都不发言，因为她总觉得自己很浅薄，另外，也有些腼腆；所以她常常做一个旁观者。有时候能听到一些好诗，这些诗充满了对人、对田野的热爱，但声调总有点不自然、矫揉造作、装腔作势，至少英娜觉得是这样。她心里在想，家里人听到这样的诗不知会有什么样的感觉，弟弟恐怕要做鬼脸的……她自己有时候也想妙语惊人，也想炫耀一番铿锵的音韵，可是弟弟那副滑稽的面孔立刻就会出现在眼前；别看弟弟平时很随和，挖苦起人来舌头够厉害的……她才不想叫他挖苦呢！还有一点，就是她一直记着舅舅讲的话，那是舅舅有一次来度假期，好像是随便讲的一句话：不能光看名气，要看有没有价值。这句话说到她心里去了。她想，自己写的诗能不能给读者什么好处，那是不知道的；但是以前有许多名作，至今还能给人以最大的享受，这一点却是很清楚的。所以自己还应当狠下功夫，多读，多学习，别忙着写作……在医疗点里，在她那洁净的办公桌上，挂号簿旁边，处方单底下总是压着一本名家诗集。每拿起这些诗集，就像酷暑中饮到清冽的泉水,再也放不下。令人惊奇的是,有人竟能用一个铿锵的诗句表现出一个丰富的境界,竟能用语言神奇的魅力深深地震撼人的心灵！这恐怕是自己永远学不会的……但是,她心中还是一直暗暗地怀着一种热切的愿望:要创作出真正有价值的作品,并将这一点作为自己的目标。她望着打谷场上勤劳、辛苦的人们,常常在想:怎样才能创作出无愧于他们的诗篇呢？他们是不愿听那些无病呻吟的诗的。他们是朴实无华的,表现他们也应当用朴素的语言,不能矫揉造作。她等待着,有时候内心里自问自答:现在来写行不行？是不是可以动笔？不行,英娜,还是等一等吧,因为做一个真正的作家必须具有深厚的素养,你却是一点也没有,你像一株未抽穗的小麦,离收获期远得很哩。

"你是不是遇到了创作危机?"维克多上次回来,发现她总在沉思,便一面笑着这样问她。现在他常常回库拉耶夫村来,因为他已经转到农机站工作,不开辗路机了,在开"嘎斯牌"汽车,目前还在试用期。"你们文学界是不是将这种情形叫'创作危机'?"

她什么也没有回答。是不是当真遇到了危机？是不是《爱的归宿》之后再也创作不出别的东西？确实有这样的情形:一个人一生只创作了一支歌。

"别伤脑筋了,我的好姑娘。"维克多安慰她说,"写不出就是写不出,有什么关系？有多少人糊里糊涂过日子！他们就知道,饭吃饱了,肚子不饿。过去我也绞过脑汁,可是现在……只要我们两个在一起,我就觉得充实了……库拉耶夫村我觉得就成了……就成了仙境。"

英娜高兴的是,维克多正在明显地朝好的方面转变,很听她的话，产生了新的兴趣和爱好，竟看起《法国诗选》来了！不过性子还是一点没有变，性急得像一阵风。还是爱开快车。有时他们一块儿看完电影，当晚就要赶回去，说是早上要上班。车子一开走，英娜就提心吊胆：会不会又出事情？也许这种担心完全是多余的。因为这种担心好像没有多少明显的根据。是不是她过分小心，将小事看得太大？是不是她一味地自寻烦恼？好吧，那就尽情欢乐吧，如今他来了，正挽着你的手臂呢……

她同维克多走下凉台，走出院门，来到大街上，维克多的"嘎斯"就停在邻居家的栅栏旁边。

"上车吧，"他对英娜说，"我们兜风去，你可以瞧瞧我的本事……叫你领略一下开快车的诗意！"

她答应了，上了车，不过再也体会不出有多大味道。哪有什么诗意？只能看到行人被车灯照得睁不开眼，慌慌张张地向两旁躲闪，将身子贴到栅栏上；她自己两只手也不知道抓着什么才好，心里慌得不禁想叫起来："慢点！慢点！"不过，他对此是十分着迷的。一个人着了迷是不是也能产生力量？着迷和胆量是不是同伴？维克多常说，他就喜欢开快车，开得风声呼啸，行人逃窜，鸡飞狗跳，这时自己就觉得如醉如痴，其乐无穷……可能是这样的。有的潜水员就说过，每次潜入水下，都要陶醉；不过他们是陶醉于美景，陶醉于水下世界的绚丽多姿……不过，总而言之，着迷、热衷心、对不平凡事物的追求——并不是人类的缺陷。人类伟大的奋斗精神以及作为其成果的伟大业绩，不是由此产生的吗？英娜最近在库拉耶夫村文化宫陈列室看到萨尼娅·胡托尔娜娅的放大照片，就是当年在前方风云一时，飞机被击毁后，她同恋人一起牺牲，双双拥抱着坠向地面的那个传奇式的女飞行员。这样的事迹在古代都要编成歌子的。英娜完全理解这种精神力量，她很想讴歌这种力量，她也很希望自己能有这种力量。也许她有这种力量，只是沉睡未醒，没有出头，有朝一日是不是也会表现出来？胡托尔娜娅起初做的事情可能也只是平平常常、微不足道。她原来只是一个普普通通的姑娘，每年夏天拿着草叉在库拉耶夫村田野上干活儿，和别人没有什么不同；但是她的精神翅膀渐渐在成长、变硬。精神翅膀隐隐地鼓动着她，也许是一种高尚的追求和好强心激励着她，使这位姑娘在一个夏夜奔向广阔的天地，去实现她一心想做飞行员的愿望……

“怎么样，我的英娜？”维克多将车子开出库拉耶夫村，向海滨驰去，在离悬崖只有几公尺的地方来了个急刹车，猛然停住。“灵感可来了？”

英娜从车上跳了下来，站在悬崖边，一声不响地用手整理散乱的头发。

“怎么，生气啦？还是灵感来了？”

“惊险——不等于是灵感……把别人搞得惊惶不安，在大街上弄得人像兔子一样乱跑，你觉得怪有味道？”

“我原以为这样有意思……我水平低，请多多原谅……”他走到她身旁，赔罪似的搂住她的肩膀，同她一起望着大海，“本都海实在美极了！”

“你现在才发现？”

“我是一个浑人，不懂得美……不过，你，英娜，恕我直说，有点儿不像现代人……”

“过时的人，不时髦——你是不是想这样说？”

“‘在你身上，我发现了过去时代的印记，……”

“念起诗来啦？好极了！”

“说实话，你真有点像古代的女学士。或者有点儿像古希腊美人儿。古希腊美人儿是在海浪中，在汹涌的海潮中诞生的，我也曾梦见你在离岸很远的地方从海浪中钻出来……你别笑。我说的全是真心话。我自己有时候也觉得奇怪。因为我了解你，所以我觉得这不完全是一种幻觉。你确实像生活在世外，不食人间烟火。不过我也很喜欢你这一点。”

月亮已经抛出光带，暂时还不太明亮，朦朦胧胧的，闪着微弱的波光。暗沉的海面上，跳动着千千万万光闪闪的琴键。

“你在想什么？是不是又在想奥维得？”

“也在想他……”

“还有呢？”

他估计她一定会说“还有你”，但是她却说：

“我在想萨尼娅·胡托尔娜娅。”

“奥维得和萨尼娅——给弄到一块儿了，这倒是很好的一对儿！”

“我不喜欢你开这样的玩笑。”

“好，我以后不这样讲。”他用温柔的语调在她耳边轻轻地说。

他认为这一切都是可笑的，英娜认为完全不然。她认为过去的时代、几千年的历史是值得怀念的，因为历史的功绩不应忘记，历史上许多伟大的儿女至今活在人们心中，正是他们的光辉事迹和耿耿忠心照亮了历史。英娜没有参加过战争,没有见过战争,没有带着红十字会的药箱到瘟疫肆虐的地方去过,就是说,她从来没有遇到过真正的危险,但是她常常在心里暗暗地设想:自己如果到了危险的关头,能不能经得住严峻的考验?自己是否真的具有无私的忠心?真的同情人民的疾苦?是不是能长期地、无声无息地担负一个医务人员的伟大使命?平时所想的,到了时候能不能做到?让维克多爱怎样挖苦就怎样挖苦吧,她可是觉得自己有足够的精神力量,自己也能够到饥饿的、瘟疫流行的热带,像薇拉·康斯坦丁诺芙娜那样,毫不迟疑地去救人于危难……家里人有时候说,英娜论倔强和刚毅很像"猎户星号"上的舅舅。就算是这样,又有什么不好?舅舅确实在很多方面可以做英娜的榜样,她也很想向舅舅学习,决心像他一样顽强、不屈不挠,要像他一样,对第一个、也是最后一个爱人那样忠贞不渝。和舅舅怀念自己的"猎户星号"一样,每个人都有自己可以怀念的东西,怀念远的、近的,怀念历史馈赠给我们的一切。这奥维得,这库拉耶夫村传奇式的女飞行员,都是历史珍贵的馈赠;面前这波光粼粼、越来越明亮、像是在招引人们的光带,也都阅尽了历史的兴衰。就连自己心中这莫名的激情,自己赖以创作歌曲的激情,不也包含着人类历史的馈赠?……

维克多对英娜的"高尚话题"(他这样讲)一向持很大的怀疑态度,他认为不可能每个人都成为杰出人物,每个人都扬名天下。你可以尽情地幻想、绞脑汁、怀念古人,他可是一个凡人,是最讲求实际的。他见过的,才相信;不知道的,决不承认。此生对他并不厚待,折磨起他来相当残酷,他也想以牙还牙,不断地为自己撕取所谓幸福的碎块，直到将此生撕食净尽为止。如今在他身边的她，便是自己最实际的幸福。这是自己捉到的一只神鸟，确确实实正握在自己手中，正在手里扑扑地颤动呢……但是否能握得住呢？万一飞走，万一出现什么意外的事，只落得两手空空，那才可怕哩！今天就听到这样的话："她和你在一块儿，不会有什么幸福……"这就是说，要找一个能使她幸福的别的什么人了？会有那么一天，一个别的什么人出现在库拉耶夫村？他对于你的英娜也许更为理想，更情投意合？

凉台上的谈话似乎维克多取得了最后胜利，但这场谈话还是引起了他的不安，使他觉察到了可能出现的危险。如今和她这样亲近，脸颊贴在她那醉人的头发上，怎能设想一旦失掉，永远失掉？此时此刻，一切都合乎心意，一切都如他所想。不过这是现在，是今天。明天怎样？以后怎样？如果扪心自问，应当承认自己是配不上她的，自己的精神境界比她低下，对人生的理解不深，完全浮在表面上……但是，没有她怎么行？如果失去她，便一切都不存在，一切都是空白，实在可怕。她使人感到无限温暖，只有她能温暖自己的心。不过，自己配吗？应分得到她的温暖吗？维克多觉得，好像他偶然非分地得到一件稀世珍宝，这件宝贝实在太珍贵，不该是他命中应得之物。但是，既然已经得到了，那就紧紧握在手里吧！所以他这会儿同英娜在一起，特别温柔，特别殷勤，曲意奉承，千方百计讨取她的欢心……

"我们来游泳吧。"他忽然提议说。

啊，她可是一向喜欢游泳！又是在夜间，月光之下……

"没有带游泳衣。"

“不穿游泳衣也行……夜里，除了月亮，谁也看不到。月亮是不会乱讲的。”

她没有脱衣服，没有下海，但是仿佛已经真的进入了水的怀抱，感觉到接触到水时的快意。仿佛月光轻轻地掠过全身，仿佛自己真的已经一丝不挂，无拘无束。她真想立刻下水玩儿，尽情地溅水嬉戏，不过遗憾的是，这洒满月光的大海，并不单单是他们俩的世界。

“不行，探照灯要是照到了，多难为情……要是在沙嘴上就好了。”

“那我们到沙嘴上去。”

“算啦！”

“要不，我们去跳舞？”

英娜转头一望：饭店里灯火辉煌，扩音器放出的乐曲声清晰可闻——情侣们舞兴正浓呢。附近的少先队夏令营多次向饭店提出抗议，抗议他们在熄灯号以后播放爵士音乐，妨碍孩子们睡觉。为了安静，为了没有噪音的夜晚，正在进行斗争，但是这场斗争目前还没有结果；爵士音乐还是像野兽一样在嘶叫，使整个海滨不得安静，因为饭店舞厅自有它的群众，他们在支持饭店，再也不肯让步：要是在海滨都不能尽情地跳舞，到什么地方去跳呢？再说，边防军又不准夜里游泳，那么，干什么呢？总不能和孩子们一块儿去睡觉……只听得那嘶叫的怪兽放开它那电子喉咙，叫得更响了。

英娜不想跳舞，不愿意到饭店去。

“在这里好些。这儿宁静，宁静也有自己的旋律。”

“你真是不食人间烟火，”维克多笑着说，“你恐怕是天上仙女……只不过下了凡，叫我这个凡夫俗子缠上了……”

他们坐到悬崖边枯草上，耷拉着腿，这还是他们过去当学生时常在这儿坐的那种姿势。夜晚的草原万籁无声，大海静悄悄的，海面上洒满了慷慨的月光。去年夏天英娜常常一个人到这里来坐坐，苦度过一个个寂寞、孤独的夜晚，如今他们又在一起了，他对她百般温存；在他身旁，她觉得血液流动得更为激烈……过去她有的只是朦朦胧胧的半孩子气的感情火苗，如今，一挨到他，青春的火焰就要熊熊燃烧。

“我的天仙，可以问你一个问题吗？”维克多突然问道，“你为什么从来没有讲过，在卫生学校里的时候，潜水员追求过你？”

英娜笑了起来：

“可是妈妈讲的？她真会编造……”

“听说，你现在常常收到外面来的信；是什么人来的，可以告诉我吗？”

“自然是女同学来的……也有薇拉·康斯坦丁诺芙娜来的。”

“真的？”

“你怎么啦？”她猛地朝他转过身去。“嫉妒起来啦？”

“没有爱情，就不会嫉妒，——这是天经地义的……”

英娜听到他嫉妒，觉得很高兴，她的少女自尊心得到很大的满足。

“好一个奥赛罗……”

“你以为我就永远不会嫉妒？”维克多对直地望着她那笑盈盈的、被月光照得十分清晰的脸，“我还可以坦率地说，甚至你喜欢奥维得,我都有点儿嫉妒哩!”他真的像个孩子一样坦率地说。

“真的?”

“真的。”

讲完这话,他将她抱得更紧了,姑娘也对他报以更热烈的吻,热得像火一样……

十　八

“涅莉雅不知怎样了？她家那个‘软骨头’的事是否有结果？”有一天雅戈尼奇这样想。

他将涅莉雅的儿子，看作“软骨头”。有人说，他在最后一刻投降了：他不去航海学校，要到商业学校去……还是妈妈胜利了，他听从了她的劝告。涅莉雅以后在商店有了自己的代理人，他可以从后门给妈妈弄到大皮袄、小皮袄……真是个没有出息的东西……但不管怎样，他以后能在妈妈身边，涅莉雅不至于感到孤独了。

午饭后，雅戈尼奇决定去拜访涅莉雅。他摘下原来被海风吹得褪了色的水手帽，戴上昨天刚在商店买到的一顶卡普隆帽。他不慌不忙地走着，那卡普隆帽底下回荡着千百种思绪。战争使他失去了家庭，可是涅莉雅却在平时遭到了不幸：年轻时就失去了丈夫。她的丈夫生前是农庄的会计，万恶的癌症夺去了他年轻的生命……她的丈夫米加的性格和她截然相反：涅莉雅性急如火，米加和气、文静、沉默寡言，有时令人觉得稀奇：不知命运怎样巧妙安排，将这样两个极不相同的人撮合到了一起……

涅莉雅家住在村子中央，离农庄管理处很近。房子是新盖的，相当讲究，盖的是石板瓦，窗子大大的。现在时行用砖砌墙，为了美观和持久，砖墙上涂一层厚厚的泥灰，显得十分漂亮。雅戈尼奇看不出泥灰是用什么料子合成的。泥灰涂成一个个的小突头，看上去真像给房子穿了一件灰色卷毛皮袄。整个房子是淡灰色的，显得非常幽雅。房顶铺得也很平整。窗框上雕着红色和白色的花饰，配着深黄的底色，显得十分别致。听说这是一位外地巧匠雕的。雅戈尼奇不由得欣赏起来。他站在街上，望着绿树丛中涅莉雅的房子，觉得真像马赛郊外的一座别墅。这个寡妇实在不简单！涅莉雅多年寡居，竟然创出这样的局面，可算有本事……

涅莉雅凑巧在家，穿着白色的围裙在厨房里忙着，正在做过冬吃的杏子酱。她对客人的到来表示十分高兴，说：多谢舅舅没有忘记来看看，都是一家人嘛，祖宗都是在一个锅里吃饭的嘛（她的娘家离此地很远，天晓得她的祖宗有没有到此地吃过饭！）。

她搬出一张椅子，请雅戈尼奇坐到胡桃树荫里，别叫太阳晒到贵客的秃头顶（这时贵客已经摘下帽子）。她端出满满一碟热气腾腾的杏子酱，请客人尝尝；又端出一碗汤，可是客人说刚刚吃过饭，下一次再喝吧。

“你儿子的事可有眉目？”雅戈尼奇问。

“他已经回来了！我高兴得忘记了告诉您，”涅莉雅兴奋地说，“他考取了！考试分数很高！没有找人帮忙，没有求人，自己考上了！”

“那你今后在商店买东西有办法了。”

“才不是这样呢！”涅莉雅笑起来，“这鬼东西倒是真会糊弄妈妈！他一进门，我看出事情有点儿蹊跷……便问：‘考上了吗？’他说：‘嗯，考上了。’可是眼睛望着地下，偷偷地笑呢……我问：‘考航海学校了吧？’‘是的，考上了航海学校。和原来计划有点儿出入……你没有想到吧，妈妈？’我说：‘我看你的样子！就知道你这鬼东西没有听妈妈的话！’”她又笑了起来，很替儿子高兴。

雅戈尼奇也禁不住笑了：

“学航海可是一件严肃的事……”稍停之后，又说，“涅莉雅，海上的活儿太重，可以说是双倍的劳动。”

“他才不怕活儿重呢。”

“还要能和同志们和睦相处，有互爱互助精神，在船上干事，没有真正的同舟共济精神，别的一切都谈不到……”

“我家孩子在这方面也不差，一向对同学们很好。您可晓得，他考上了哪一个航海学校？不是你们的海校，也不是巴统海校，是函授海校……我觉得这样倒好些，可以留在我身边。”

“留在身边干什么？让他游手好闲？”

“瞧您讲的！他才不想清闲呢，这一点倒是真像爸爸！……他去考学校以前，就在疗养所工地上找好了工作，他说要到工地上学学本事。名义上也好听：工人阶级嘛！将来老了退休金也拿得多些。”她又爽朗地笑了起来。

“要做海员，就应当老在海上。当然，须要有正确的航海动机，才能做到这一点。”

“我看，他的动机是正确的。他已经开始自学了。刚去登过记，就带回一件教学仪器……一进门，我就看到他的旅行包里好像有一个大西瓜，我心想，这孩子真不错，老远老远的带个大西瓜给妈妈吃，可是拿过来一看……却是一个星仪！"

"什么，什么？"雅戈尼奇惊讶地说，"航海学校发给新生的第一件东西是擦甲板的拖把，决不会是什么仪器。"

"我也觉得很奇怪，甚至还有点儿害怕呢……他说：'妈妈，别怕，不是偷的，也不是摸的，是从航海学校一个实验员手里要来的，这件仪器已经是报废了的……我向他要的，说干脆些，是用一瓶白兰地换的。现在到处这样，家常便饭'……"

一会儿她的萨什柯回来了：他骑着自行车进了院子，自行车骑得十分熟练、灵活，真像个自行车赛跑运动员。他是从工地上回来吃午饭的。身子又高又细，脸上还是一团孩子气，短短的头发向四周披散着：不时用手指将头发理一理，看样子是觉得难为情。

"你好，新海员！"雅戈尼奇像对待成年人一样，同他紧紧地握手问好，祝贺他以"高分"考取函授海校…老手确实很高兴：雅戈尼奇族里总算有人学航海了。

"萨什柯，把你的星仪拿出来给舅舅看看。"妈妈对他说。

"不是星仪，"儿子小声给她纠正说，"妈妈，是星天仪……"

"鬼东西，你倒教导起我来了！"她笑着在儿子背上捅了一拳。"快去拿出来！"

萨什柯将仪器从房里捧了出来，放到雅戈尼奇面前的一把椅子上。这正是实习生用的一件教学仪器，是一个蓝色的球体，布满了星群和星座。

雅戈尼奇用粗糙的手掌抚摸着这件仪器，抚摸着上面的星群，一句话也没有讲。

十　九

结果，雅戈尼奇不须自己去找工作，工作找上门来了。

老水手雅戈尼奇的名字，终于传到了矿工防治疗养所。

工地上一位负责人亲自驱车来到库拉耶夫村大街上，碰到一堆正在打闹的孩子，把车刹住，问道：

"'猎户星号'上的雅戈尼奇住在哪里？"

"猎户星号"上的雅戈尼奇正坐在梨树底下，来人的问询，他听得清清楚楚……

礼节性的谈话没有持续多久。那位瘦削、满头白发、但依然精力充沛的工地全权代表，在简短的交谈之后，便开门见山地说：

"请上车吧，到工地去，一切情况我们到工地再谈。我们太需要您了。"

"您是不是弄错了？"雅戈尼奇觉得还是问清楚好些，以防万一弄错了会出笑话；其实他高兴得心都要跳出来了。"我是水手，从来没有在矿上工作过。"

“我也没有，”来人微微一笑说，“我在阿斯旺[①]工作过，在阿富汗工作过，却没有在我们的矿上工作过……不过，我们现在不是开矿，是修建疗养所……”

“我这个大海狼也从来没有搞过建筑。”雅戈尼奇不无卖弄意味地说。

“知道，全知道……我们正是需要您，没有错。”

这些话像一剂最有效的开心丸，雅戈尼奇听着真带劲儿，虽然他真的不能设想，他到建筑工地上能派得上什么用场。心里觉得实在好笑：“大概他们有几个解不开的结，要我去教他们学打结呢。”他跟着来客朝汽车走去，嘴上露出了笑意。

汽车破旧不堪，看样子是在坎坷不平的工地上颠坏了的，但是还能开，没有报废……尼古拉·伊万诺维奇工程师（这是来客自我介绍的）坐到司机台上，请雅戈尼奇坐到后面座位上，以示敬重。座位上落了厚厚的一层灰尘，弹簧上面的衬垫全脱落了：车子一开动，到处都在晃动，咔嚓咔嚓直响，灰土从车子底下往上冒……这没有什么好奇怪的，本来就是劳动用的车子，不是供游玩散心、摆阔气用的……

“啊，今天好闷！”工程师说，这时车子已经来到村外。

“今天夜里要下雨。”雅戈尼奇说。

“天气预报这样讲的？”

“我和老天爷有交情，我说下雨，他一定要下。”

“是不是腰腿酸痛？”

“正是这个晴雨表，……已经痛了两夜了……”

---

①埃及的一个大城市。

工程师再也没有开口，尽管雅戈尼奇很想听他谈谈。工程师正在想着自己的心事：时间很紧了，许多事情都还没有做，进度太慢，这项工程限定要在春天交工，预定明年第二季度就要接收第一批矿工来休养……

“请您告诉我，究竟为什么你们需要起我来了？”雅戈尼奇实在憋不住，问道。

“嗯，我们有一个设想……”工程师还是不作正面回答，“没有内行的人是不行的。所以才来向您求教。”

他接着谈起他们的工程队：大家都团结一心，已经连续两年保持优胜红旗，工程队里的基本骨干是相当稳定的。现在有不少库拉耶夫村人正式加入了工程队，也都成了骨干力量……不错，工地上也吸收了一些不一定靠得住的人，是一些刑满释放的人，只好吸收一些，要不然叫他们到哪里去呢？再说工地上确实人手也不够……稍停之后，他又向雅戈尼奇问起“猎户星号”的情形：这条船还能使用多久，是不是真的今后不再造帆船了？等现有的帆船报废了，恐怕再也看不到帆船了……是不是这样？

“全是胡说八道！”雅戈尼奇斩钉截铁地、甚至有点气愤地说，似乎他对海洋事业管理局的全部造船计划了如指掌，“如果不用帆船，今后用什么办法训练年轻海员？怎样使他们得到锻炼？灵活、熟巧、勇敢——怎样来的？……他们一听到命令，争先恐后爬桅杆的那股劲儿，简直像杂技演员——您可看到过？”

“我从来没见过。”

“说实话，那可是真好看……特别是一发出升帆命令……”雅戈尼奇激动得抬了抬身子，座位上的弹簧也跟着咯吱了两下，表示受了委屈,“预备！升二层帆、三层帆、四层帆！……”他熟练地喊道,“转眼之间全部升起。一张张帆在天空飘飘扬扬,就像天鹅翅膀！……”

雅戈尼奇讲过这番话后,不由得在车里懒洋洋地伸开胳膊和腿,坐舒服些,似乎他坐的不是没有衬垫的弹簧,是文化宫里蓝色的丝绒软椅。他摆出一副有身份的架势,表示他是“猎户星号”的代表,是有来头的,人家聘请他来了……

从库拉耶夫村到疗养所工地本来也可以步行,但既然有这样一部灰土直冒,叮当作响的老牛车式的汽车,那就不妨坐坐……汽车来到工地上,在一座可能是指挥部的车棚前面停住。工程师请他稍候片刻,转身走进了车棚。雅戈尼奇气度昂然地在这座现代化的帐篷前面来回踱着。这些车棚和收割时期供野外住宿的那些车棚是一样的,不过这里要多得多,从草原直到海边,排成长长的一排。如今这些装铁轮的新式车棚,代替了牧羊人的帐篷。随你到天涯海角,挂到汽车上一拖,住宿地就有了……车棚与车棚之间的巷道里回荡着轻风,帆船上度过了半生的雅戈尼奇,习惯地用脸去迎接气流,想试试这草原信风的风力:二级风,可以用帆……看样子要在这里靠岸了。曾几何时,这里还是一片荒野,如今在捣石子,铺柏油马路。“有气魄!”雅戈尼奇用赞赏的眼光扫视了一下工地,心里这样说。有两幢大楼的外部工程已经基本结束,还有一幢正在砌墙。建筑材料都是用吊车来吊送。吊车有港口的吊车那样高,就像一只红色的仙鹤,长脖子一直伸向天空……若干年前这里只有仙鹤和野鸭……雅戈尼奇小时候,这片荒原还是一片盐碱地,分外炎热,地上到处是裂缝,只能生长一些硬扎扎的虫食草和骆驼刺。如今，为了使这片荒野萌发生机，正在用卡车从外地运来黑土，准备铺设花坛和栽种树苗。有的地方已经铺好，栽种的树苗显出蔫萎萎的样子，需要浇水了。是不是找他来照料树苗的？这种活儿倒也合乎他的心意……铲土机轰隆隆地响着，像坦克一样，震得大地颤动。除了起居大楼以外，还在建造一种式样别致的、矮矮的房屋，从窗口可以看到里面几个头戴报纸卷成的尖顶帽的男粉刷工，还有几个满身泥灰的抹灰女工不知对着谁在笑。他们嘻嘻哈哈地朝旁边的铲土机手叫喊着，可是轰响声那么大，铲土机手哪里能听得见？……到处轰响、忙乱、嘈杂，可是工程在井然有序地进展着。不久之后便可看到：海滨将长起丛丛的绿树，绿树掩映着矿工疗养所的一座座白色大楼。

“怎么样？”工程师走下车棚的台阶，也扫视了一下忙碌的人群，对雅戈尼奇说，“目前还没有什么好看的：工程还在进行，还没有个样子。等最后一幢房子上了顶，把头一梳，脸上再搽点儿粉，那就好看了……安德伦·古里耶维奇，跟我来！”

他们朝大海方向走去。不时绕过堆放得十分零乱的材料堆：这里是一堆澡盆，那里是一堆抽水马桶，再往前走又是一些别的等待安装的材料，有的材料是以前运来的，有的正在运，运料的汽车将材料往下一卸就走……有些人在下面挖沟，有的地方电焊机在头顶上咝咝作响。有时候经过较宽的沟，还要从木板上走过，有的地方已经铺好了水泥管道，未盖土——有自来水管道，有下水道。那位星天仪的主人也在这里。他本想快一点学到技术的，可是却派他挖沟、搞起水泥管来了……不过看样子小伙子劲头儿倒是很足的。

“安得伦舅舅，我在这里！”他在沟里看到雅戈尼奇从摇摇晃晃的木板上走过，便将铁帽朝上一推，喊了一声，“我先在这里锻炼锻炼……学一学吃苦！……”

雅戈尼奇走到别的地方，也有一些库拉耶夫村里人喊他——一点不假，村子里人在这里工作的确实不少。

终于来到岸边，面前是蓝色的大海。雅戈尼奇出来的时候，心里一直指望着派给他一点船上的事情干干，譬如说，让他管管游艇或者舢板，可是，现在……这是要他干什么？有一条破旧的双桅帆船泊在小小的港湾里，靠在一座锈烂了的铁栈桥旁，仿佛在耐心地等待着雅戈尼奇光顾。过去曾经打算在这里建立港口，而且至今库拉耶夫村人将此处叫作铁桥湾。这条双桅帆船破旧不堪，船舷歪歪扭扭，船体摇摇欲散……同“猎户星号”简直无法相比！

“我们走近些。”工程师说，

到近处仔细一看，雅戈尼奇这才发现，这条船已经有人过问，已经采取了一些妥善的措施：船体已经拢到了岸边，为了使船不再移动，周围堆起一些沙堆，看样子是用吸泥船堆成的。沙堆是夯实了的，非常结实，帆船像生了根似的，再也跑不掉了。为了保险起见，又用钢管在周围打了许多桩，有的地方还浇了水泥，这样，不管任何风浪，都卷不走了……雅戈尼奇皱着眉头，仔细将这条破船打量了半天，似乎想说：“你也被迫退休了……”

“您看我们这条船漂亮不漂亮？”他听到背后有人讲话，声音洪亮、有力，很像契列得尼琴柯的声音。

看样子，这才是建筑公司主要领导人，他带着一大帮人来了。这位领导人还相当年轻，宽肩膀，大个头，颧骨突出，面色开朗，露出久经风霜的样子。雅戈尼奇果然没有猜错，尼古拉·伊万诺维奇介绍说：这就是公司经理。雅戈尼奇见到此处这位主要人物，竟产生了自惭不如的感觉。他感觉这位经理有一股刚强、坚毅的气质，有足够的魄力，眼睛里流露出驾驭一切繁难事务的信心。

“您看怎样，这条船能不能发挥新作用？”经理指了指帆船，向雅戈尼奇问道，“能不能让它为矿工们服务？”

这时他才说出他们的真正意图：利用这条破船的船体，相应地加以改装，改装成一条新船，派它一点别的用场。就是说，要改装成一座咖啡馆——一座专门为矿工设立的夏季咖啡馆：可以观赏海景，还可以有悦耳的轻音乐……

“我们给您提供最好的材料，多配给您一些副手，”经理兴奋地对雅戈尼奇笑着说，“我们聘请您做专家、顾问、总参谋，一切事情由您做主……琐碎事情不劳您烦神，给您腾出时间和精力，充分地发挥您的创造精神！条件就是这样，就看您的了……”

“这条船太旧，跑不动了……”

“我们不是要它跑，”经理爽快地说，“是提供休息场所，或者说，为了观赏海景，听听音乐……当然，就外表来说，这条船实在不怎么好看，不过，比起造一条新船，要节省不少时间和资金！我知道，要进行翻修、改装，不是一件容易事，要花不少心血，所以我们才请您来主持这项工作，正如大家常说的，事情怕行家……我说得对不对？”

“对。”

“我们派给您的人，是完全靠得住的，您只要指点指点就行了。他们做的活儿，保证您满意！……”

跟来的一群人虽然没有参加谈话，但是一直在很用心地听着，看那样子，他们似乎认为：领导的想法也是他们的想法。

“谁身上带有尺子？”雅戈尼奇突然朝大家问道。

有人立即掏出一只钢折尺，递给雅戈尼奇。雅戈尼奇打开折尺，一言不发地走到破船跟前，郑重其事地将钢尺贴到船体上。

“请您来瞧，”他对经理说，“完全贴到一起了吧？”

“好像是的……贴到一起又怎样？”

“不应当贴到一起。船舷应当是弯弯的，流线型的，像仙鹤的前胸，像海豚的躯体那样！……拿钢尺朝船体一贴，不论哪里，都不会完全贴在一起，有的地方纵使相差无几，反正不会完全贴紧。因为船体像鱼、像鸟的身体一样，任何地方都是流线型的……这条船为什么不是这样的？”雅戈尼奇带点责怪意味地望着公司经理，经理脸上闪过一丝歉然的笑影。

“您的话自然有道理……不过，不是要这条船航行，而是派它另一种用场……州城里有一个‘水上饭店’，南方海滨开了一个‘水上茶室’、我们也想来这么一个……”

“我还想不出，该从哪里下手……”

“我们完全仰仗您，全靠您的经验了。不要求百分之百地像一条船，但总要令人感觉到这是一条船，是航行在大海上，不是什么食品店，不是一座下等酒馆……船上要弄得有海船的气势，缆绳啦、打结啦，都要像真的一样……还要用老式船灯，就像古时航海者夜航时用的那种灯……菜肴全要海味，酒要淡的，当地产的，不准喝烈性酒……万一有人偷偷将烈性酒带上船，藏到怀里，藏到桌子底下，偷着喝，对不起，请到海水里醒醒酒去。”经理笑了起来，其余的人也都哈哈大笑，经理得到下属们这样的支持，更觉得一切都不足虑；不过，他一直在注意雅戈尼奇的表情，等待他的回答。

雅戈尼奇将折尺交还给原主，沉思起来。看样子，这条船好像他看不中，而且觉得这一切未必能做得到……老头子眉头皱得紧紧的。

“怎么样？总顾问能不能走马上任？”经理问，声音中甚至带一种祈求的语调。

雅戈尼奇的沉默不语，他的忧郁、几乎是不快的表情，使在场的人作了这样的理解：这条倒霉的船难修，事情难办，……老师傅技术高，经验丰富，不过脾气古怪，恐怕是倔劲儿上来了，要不就是想抬高身价……他不会接受聘请的。一定不答应，甩手就走。

“我们会给您创造一切条件，安得伦·古里耶维奇，答应了吧……”

老师傅并没有一口拒绝，只是向经理问道：“当真配有副手吗？”

经理高兴地朝旁边的人点了一下头：

“奥克辛，到前面来！”

从人群里很有礼貌地、但也不慌不忙地走出一个小伙子，瘦长个子，相当挺拔，晒成了古铜色的面孔上配着一撮黑黑的小胡子，脸颊热得通红。

“他是您的主要助手，”经理介绍说，“是一个多面手，全才：做细木工手艺相当高超，还善于雕刻，能雕各种小玩意儿，野猪啦，狗熊啦，都会雕……”

“自己还做过一张板都拉琴呢。”工程师尼古拉·伊万诺维奇补充说。

“不过还没有装上弦，所以目前还只能吹吹芦管。”穿深筒胶靴的胖胖的工地主任凑热闹说，“他一吹芦管，抹灰姑娘们就要神魂颠倒！……”

雅戈尼奇仔细打量这个小伙子。小伙子听到别人又是夸奖，又是取笑，脸一直红到耳朵根。配备一个什么样的副手，是一件很重要的事。小伙子目光明亮，热情洋溢，面色开朗，透露出年轻人纯洁、无瑕的心灵。过去雅戈尼奇在滨海公园林荫道上散步，有时候会碰到几个留小胡子的不三不四的年轻人找他借火抽烟，他总感到十分恶心。可是这个年轻人的小胡子并未引起他不快的感觉……

“你有没有到船上去过？”雅戈尼奇问奥克辛，“就是说，有没有到真正的船上去过？”

“去是没有去过，不过我看到过……”

“‘看到过’……什么意思？”

“就是说，你们的‘猎户星号’在远处航行的时候，我看到过……我的一个哥哥就在太平洋舰队里。”

看样子，小伙子这两句话，多少打动了雅戈尼奇令人猜不透的心。

经理心里觉得有希望了。

“好吧，既然这样，明天就动手！”雅戈尼奇终于说出这一句，在场的人一齐轻松地舒了一口气。

当天傍晚，人们看到：老师傅雅戈尼奇一个人站在岸边，在纹丝不动的帆船旁盘桓了很久。不知是在观察，还是在想主意……报废的船被拦在那里，一动也不动……如果将它抬起，架高，那就像条船的样子了……因为，不管怎样破旧不堪，这条报废的船仍能令人想象出它往日航行时的雄姿，那种乘风破浪的勇猛神态依稀可见。

二　十

夜里下了大雨。这正是契列得尼琴柯和村里所有的人急切盼望的。雅戈尼奇留在工地上过夜。他要涅莉雅的儿子转告家里，让家里人放心；当晚他就同奥克辛研究起改装旧船的各种方案。他们坐在车棚里，反复琢磨、商量，直到基本方案完全定下来，雅戈尼奇才说，现在他心里总算有了数，明天可以找经理谈谈具体问题了。他们在里面坐的这座车棚，挺不错的：舒服，不拥挤，脚底下同甲板一样光滑、平坦……这位年轻助手就住在这座车棚里，棚里还住着另外两个同志，这会儿正在车站卸建筑材料。雅戈尼奇坐在桌旁，朝四面一望，不禁眼花缭乱：到处是十分别致的艺术作品，真是琳琅满目，整个车棚就像喀尔巴阡山里的首饰匣子。墙上贴着各种各样的图画、木刻，还有各种花样和图案的剪纸……玻璃橱里挂着一件花花绿绿的古楚尔民族的节日服装，奥克辛是古楚尔族人，这身服装想必是他参加业余演出穿的。橱里还有一顶山民戴的鼠皮帽，上面插着一根长长的野鸡翎，还有一把板斧，还有奥克辛自己制作的那张带花纹的板都拉琴。

“真是你自己做的？”雅戈尼奇一面观赏着这件乐器，不禁吃惊地问。

“只好自己动手，因为我们没有任何乐器。业余剧团人数越来越多，可是连一张不像样的吉他琴都搞不到。报纸也发出过呼吁：三弦琴、合格的扎列卡管、唢呐……为什么买不到？边境哨所的人也来找我：奥克辛，帮我们修修乐器吧……我能不去吗？有时候想自己制一件什么乐器，可是往往材料不凑手……制作乐器必须用天然材料，必须是自然生成的，决不能用塑料。用塑料，音色不好。所以只好千方百计地动脑筋，找材料……”

“当然，这是一种细活儿，需要有一点儿耐性……”

“乐器工厂是有的，但生产跟不上群众的需要，而且往往质量不高。我们有不少小伙子心灵手巧，也能自己制作乐器，但都没有办法弄到所需的材料。譬如说，制琴需要弦，到商店里买去：今天没有，一个月以后还是没有，只好拿马尾作弦，……在我们喀尔巴阡山区，有些巧手人想出办法：将电话线，或者将钢丝绳劈开作弦……”

雅戈尼奇并不想操心这些事，但他很喜欢这个小伙子，觉得这个小伙子有一股钻劲儿。

“你这套本事从哪里学来的？”雅戈尼奇问道，“是爸爸传授的，还是投过师？”

“我爸爸叫土匪打死了，他生前是村苏维埃主席。”小伙子锁起了眉头，沉默了一会儿，又谈起他的爱好，“我是这里学一点，那里学一点……我小时候，我们那里来了一个瞎眼的板都拉琴手，有时候请他到村阅览室来演奏。每次演奏，妈妈都要给我穿上古楚尔民族服装，对我说：‘奥克辛，你要把老爷爷领到台上去。把他领到台上，给他将椅子摆好，轻轻用手拍拍老爷爷的腿，让他坐下。’我每次都是这样做的。这位白胡子老爷爷一坐下，就用手指熟练自如地拨动琴弦……演奏完了，瞎爷爷还要给我们讲解一下：这样弹，是八度音……一张琴有十二根主弦，还有副弦……孩子们，板都拉琴的名堂多着呢，等你们长大了，也学一学吧……我一直没有忘记他的话。中学毕业后，我进木器厂当徒工，分配在纪念品车间，这时我下了决心：一定要自制板都拉琴！……后来我又想换换工作，同几个伙伴一起去参加了垦荒……起初住在帐篷里，帐篷很大，荒野的风呼呼地吹着，把帐篷当成了篷帆，吹得帐篷直摇晃，把桩子都要拔出来，恨不得把帐篷吹到天上去。帐篷当中放一个烧得通红的铁桶，这就是我们的太阳，我们全靠它取暖，……真是：火烤胸前暖，风吹背后寒……不过事情还算顺利。我很快学会了开拖拉机，但工余时间我还没有放弃自己的爱好：不管在哪里弄到一块木料，都要锯锯刨刨，随便做一点什么……要不是我有一次冻伤，恐怕会在那里一直待下去的。那一年冬天，有一次我远出执行任务，忽然起了暴风雪，冷得可怕！……在草原上，这样的暴风雪不是稀罕事。我的拖拉机哑了，后来才知道，原来上的是夏天用的润滑油，所以冻住了。必须生一堆火，将油烤化，但糟的是，没有火柴！……一片荒野，又是黑夜，风雪呼啸，一点火都没有……那情形，您可能想象？”

“当然，我能想象。”

“还算幸运：居然在旧绒衣袋里摸到了一盒火柴！火柴是有了，但怎么也划不着，因为手指冻僵了，不能打弯……所以我冻坏了。打从那时起，每遇寒冷天气，两只手就要打战……出院的时候，医生说：‘小伙子，挪动一下地方吧，到南方暖和的地方去。而且不能拖下去，要不然，会残废的……’所以我才来到了此地。在此地工作，我觉得不错，每到假期，可以回喀尔巴阡山区我的老家看看。山区有不少可以做乐器的木料，只要肯动手就行。有许多木料，做出乐器，都有很好的音色。白槭木、水青冈木、云杉木——我们山里都有……喀尔巴阡云杉就叫‘共鸣树’，斯特拉弟发里[①]制提琴好像用的就是这种木料……”

雅戈尼奇本想问问这位斯特拉弟发里是什么人，但还没有来得及问，便从奥克辛后面的话中弄清楚了。

“据说，他为了制提琴，专门到山顶上去采久经风雨的树木……所以他制的提琴音色最好，做出来的乐器声音优美动听……古里耶维奇，我对您说真心话：我也想在这方面试试看……想用‘共鸣树’做提琴，不做成功，决不死心……您看怎样？”

“不管能不能成功，不妨试试看。事怕有心人。”

“我也是这样想。等到放假，我就回山里去，找一棵山顶上的云杉，锯下一段，带到这里来，让它干透……因为木料需要干透，要想用木料，必须先将木料放到麦秸下面晾干，两年以后才能用。库拉耶夫村反正有的是麦秸。”奥克辛笑了起来。

他们谈了很久，不觉夜已深了。外面下着大雨，玻璃窗不停地流着泪水。雅戈尼奇站起来要走。

---

①十七世纪意大利提琴名匠。

“大叔，这么晚了，您还到哪里去？”小伙子不放心地说，“外面那么大的雨，还在打雷，就在我这里睡吧。您瞧，两张床都空着，他们两个人恐怕到后天才能回来……”

但是雅戈尼奇笑了笑，掏出一把钥匙让他看：

“看到没有？”

这是已竣工的一幢大楼的钥匙，他可以暂住其中任何一间“舱房”……这把钥匙是经理亲自交给他的；在给他钥匙的时候，经理开玩笑说，雅戈尼奇就算这座漂亮的二号楼的第一户居民。一号楼还刚刚在装地板，二号楼内部装备已经基本完工。请他做第一户居民，他怎能不感到荣幸？

奥克辛知道说不服老头子，便拿起自己的雨衣给他披上，抢先一步走下台阶：

“我送您去。”

不远处，大海在喧闹；夜雨弹奏出柔和的曲调。雅戈尼奇心想，这场雨，对于库拉耶夫村的田野，对于秋播作物，真是一场及时的甘霖。雨不是冷雨，即使淋透全身也不可怕。天空黑云沉沉，雷声隆隆，耀眼欲花的蓝色闪电不时地划破黑沉沉的夜空，顷刻之间将天空、大海、海滨照得雪亮。雅戈尼奇不由得想起：入夏以来还没有听到过雷声呢，“猎户星号”不知在哪里错过了雷神爷行驶在天空的战车。许多人怕雷，可是雅戈尼奇从小就喜欢听隆隆的雷声。不论在哪里，不论遇到多么大的雷雨，以至雷电在身旁掣过，激得钢缆上迸出火花，都不及库拉耶夫村田野上的雷电这样动人心魄！特别在他小时候，刚懂事的时候……有时在野外碰上雷雨，便跑进牧羊人的帐篷，站在帐口屏住气息倾听天空滚滚的雷声，望着大雨慷慨地浇灌干旱已久的绿色田野……夏季雷雨之夜的雷电更是不同，雷电掣过，空气特别清新凉爽，而且会产生一种神奇的力量，据说，打过雷后，庄稼长得特别快。至少契列得尼琴柯相信这一点，而且他说科学家已经找出根据。但夏夜的雷声也不是任何时候全都一样。如今，在长期的闷热和干旱之后，天空的雷声是这样响，这样脆，这样炸耳。

他们摸黑往前走，去寻找雅戈尼奇要住的大楼。有几处路灯亮着，但被缭乱的雨丝遮得雾蒙蒙的，灯光射不远，不能为雅戈尼奇和伴送人照路；天又黑，到处是泥泞，两只脚踩都踩不牢，不是滑到这边，就是滑到那边，弄不好会滑到烂泥沟里去……奥克辛本想领着雅戈尼奇走“近路”，要是在白天，这样走也许会近一些，可是这会儿小伙子自己也发现，他将老师傅引进了既黑又泥泞的迷宫。在伸手不见五指的黑夜里，好像一切都变了，一切都乱了套，电光一闪，熟悉的地方似乎成了陌生的地方，甚至显得有点儿可怕。到处是没有填土的深沟、一堆一堆的土砖和矿渣砖、闪着油光的水洼，水沟里横七竖八地放着水管和钢丝绳……到处是泥泞，滑得没有办法走……不知为什么，工地上的道路都是这个样子：天晴时马马虎虎；一遇到下雨，鬼都要叹气。

“不得了！黑得一点儿都看不见！”走在前面的奥克辛快活地说，“照我们的说法是：像装进桶里又放到地窖里那样黑。”

又是土堆，又是深沟，怎么也走不出去。记得在附近是有一块木板作桥的，但这会儿找来找去却找不到……找不到木板，是过不去的，这样宽的沟，运动员都跳不过去。在一处地方，他们两个人正在泛着油光的水洼里小心翼翼地走着，快要走到作桥的木板跟前了，突然看到沟里流水中冒出一个白色的东西，像小船一样摇摇晃晃地顺水漂去……

“嘘！……”奥克辛扯住雅戈尼奇的衣袖说，“有人偷澡盆！”

仔细一看，果然不错：有两个人推着一个澡盆顺水漂去。这个澡盆可能就是雅戈尼奇白天看到的一座楼前胡乱堆放的许多澡盆中的一个。你们不关心，自有人来关心。他们打的主意是：让澡盆顺着沟往前漂，绕几个弯，出了工地，便是荒野。就算到手了……

“好汉们，你们往哪里去？”雅戈尼奇大声喊道，“把这么漂亮的澡盆弄到荒野里去？”

两个坏家伙蹲下身子，连同澡盆一起在水沟里藏了起来。一点声息都没有了。

“你们这两个坏家伙，你们身上的脏东西用澡盆是洗不掉的。”雅戈尼奇又说，一面想找条路下去，但是到处是泥浆，再也没有下脚的地方，“给我出来，让我看看你们是哪一个！……”

“嘘！”奥克辛又小声警告他，“不要管闲事，随他们去！……”

两个小偷丢下澡盆，一个朝东，一个朝西，朝不同的方向跑掉了：叫你捉也捉不到，猜也猜不出……

这时，雅戈尼奇才朝奥克辛望了一眼，说：

“你说，不要管闲事？你真不像个哥萨克……看外表，你倒不像个胆小鬼……”

“不值得，”小伙子心安理得地回答说，“弄不好，会无谓地丧命，他们会用小刀子戳你的……这是一些亡命徒！他们拿人的性命当儿戏……”

“照你的意思，不要惊动他们，随他们偷去？”雅戈尼奇说，一面在寻找木板，“我看他们并不是多么了不起的好汉，跑得比兔子还快呢……许多坏人正是因为我们对他们宽厚，因为我们不愿弄脏我们的手，才觉得有机可乘……我们决不能这样。”雅戈尼奇严厉地说，“你要想给我做助手，必须要有点斗争精神……”

“是，大叔，遵命！”这话虽然是用玩笑的口吻讲的，但还是可以听得出来：他没有将雅戈尼奇的话当耳旁风。

终于来到了二号楼。护墙板上灰色的油漆还没有晾干，角落里有一座通往上面的宽宽的铁梯，是通往二楼的。正是要到二楼去。他们登上铁梯来到二楼。雅戈尼奇用钥匙开了门。他在墙壁上摸了一会儿，摸到了开关，开了灯。真像一条轮船！长长的走廊，两边是一间间的舱房……走过了一号、二号、三号……三十号。房间都是一个式样，全是单扇门，但是他不知为什么停在四十号门前：四十号的房门竟没有锁。他们走了进去，雅戈尼奇首先仔细看了看矿工们的床铺：床铺低低的，被褥已经齐备。随便睡哪一张床都行……

“好，我就在这里睡。同底舱一模一样！”

他将水漉漉的雨衣还给了奥克辛，说一声多谢，让他回去了。这时他再一次仔细打量了一番这个房间，用手按了按床铺（他不喜欢睡弹簧床），又细心看了看叠成三角形、放在枕头上的华福里毛巾……还没有人用过呢，可是已经变成了灰色，怎么拿来洗脸呢？……这都是为矿工准备的。这怎么行呢？

房间里油灰和新漆的气味非常浓烈。真叫人难过。雅戈尼奇走到通往阳台的门边，将门敞开：让风吹一吹，让雨点打进舱来……雷声还没有停，但已经很远了，闪电几乎看不到了。他关了灯，睡到床上，立刻觉得浑身疲乏无力；这座空荡荡的矿渣大楼立刻变成了一艘远洋巨轮，载着这位唯一的乘客，驶进了模糊的梦乡……这一天雅戈尼奇十分疲乏，十分劳累，转眼之间便做了睡魔的俘虏。他又梦见几只小小的海豚：这一次海豚似乎睡在白色的澡盆里，像睡在摇篮里一样的安宁，而且在朝他笑呢……

雅戈尼奇被一阵疯狂的大笑声吵醒了。笑声是从敞开的阳台的门外传进来的：有一伙醉醺醺的人正在一楼开心地大笑呢。"谁敢和我来？""维克多，你敢不敢！"……他猜到了：这伙赌棍在打牌呢！雅戈尼奇在睡意蒙眬中突然感到十分惊惶和莫名的恐惧；他在多年的航行中都不曾有过类似的感觉。他觉得好像他们赌的就是他，他的生命就要输在那些肮脏、油污的纸牌上。他们就要把他杀死，或者用枕头将他闷死，往沟里一扔，用推土机将土一盖，万事大吉……附近没有警察，领导人又到区里去了，萨什柯回家了，奥克辛在远处车棚里，谁又来过问呢？……那几个家伙刚才还像地狱里的鬼那样高声狞笑，突然不响了：是不是他们在商量收拾老头子的办法？看来很难逃出他们的手掌！雅戈尼奇，你完了，老命白白地送掉了！……他躺在床上，好像被铁链捆住了似的，动也不能动，无力摆脱这种可怕的境地；他屏住气息，心慌意乱地在打主意：如果这会儿那些醉鬼带着刀子从阳台上爬进来，自己往哪里躲，往哪里钻呢？……他像发了疯似的跳了起来，蹑手蹑脚地快步朝阳台走去……掩上门，连气都不敢出，紧张地听着。恰好在底下一楼一个窗子里射出一道灯光。看得见一团团的白石灰、闪光的碎玻璃和涂了绝缘胶发亮的铁管……下面的灯突然熄了，这使雅戈尼奇更感到恐惧。一大群开到此地来过夜的推土机、铲土机，像巨兽一样在黑暗中龇着牙齿……似乎有几只巨兽还在动呢；他觉得这群巨兽就要张牙舞爪吼叫着一齐向他扑来……天空依然是黑云重重，大海在喧腾。朝黑暗中望去，再也望不见什么，夜色沉沉，好像再也不会有天亮的时候。天上又打雷了，而且雷声显得那样奇怪，像铁桶的声音，也许有谁在天上滚铁桶呢，也许是撞动了空空的油罐车。只见远处射出一束蓝光，那不是闪电，是边防军的探照灯扫向黑沉沉的大海。那个阿塞拜疆人还没有睡呢！探照灯缓缓地移动着，伸向天际，警惕地监视着夜晚的海域。顿时，一切都回到了现实，雅戈尼奇可怕的幻觉也渐渐消失了。

他又敞开阳台的门，清新的风吹在脸上，驱散了眼前和心中的阴影，使他摆脱了莫名的恐惧和梦魇。这是怎么回事呢？岂不是见鬼？他倒是镇定下来了，但直到天亮都没有合眼。他这个唯一的旅客，在尚未住人的大楼四十号舱房里度过的第一个工地之夜，竟然产生了这种一反自己胆识的意外惊惶和无端恐惧，以后自己回想起来，是要感到羞惭的。

二十一

清晨,雨停了,乌云散去,露出明朗的天空;只有地上的水洼在闪着亮光。雅戈尼奇立即考虑今天该干些什么。他终于又回到群众当中,成为群众中一名正式成员——想到这里,不禁心花怒放。但事情开头往往都是不太顺利的:领导人忘记了挑选参加改装的人员,因为急事外出,到晚上才能回来。雅戈尼奇为了不白白地浪费这一天的时间,想回库拉耶夫村料理几件私事;他也是有自己的私事的,虽然没有别人那样的规模。他这一次回去只好步行,因为还没有正式将他介绍给分管车辆的人员。

他回到家里,只看到英娜一个人在家。从她那笑眯眯的棕色大眼睛里可以看得出来,外甥女见他回来,十分高兴;她马上连珠炮似的问他怎么回事,请他到工地去有什么事,工地上的人对他怎么样。

他不想对她多讲,只是含含糊糊地笑着敷衍了两句,说是请他做总参谋呢,无非是干船上的事情。舅舅的心情显然不同了,原来那种愁闷心情不见了:心里愁闷,别人是看得出来的;心里愁闷,人就显得特别衰老。

“您好像年轻了!”英娜说。可能她说的是真心话,不是随随便便的客套话。

好多天以来,雅戈尼奇一直心情不好,有时候令人觉得,这个人真是痛不欲生了。他所想、所思,往事、今事,全都变成了痛苦;他恐怕永远摆脱不掉痛苦,到死也摆脱不掉痛苦了。不知为什么,每到晚上,在梨树底下一睡倒,那无法排遣的痛苦,千头万绪,一齐猛烈地涌上心头。身上不是这里酸、那里麻,就是隐隐作痛,当初在船上似乎从来没有这样的事。自己小时候听大人说夜里身上作痛,当时自己丝毫不能体会大人的痛苦——不是因为自己没有心肝,是因为自己从来没有痛过。如今,轮到自己身上作痛了,可是他对谁也没有讲过,因为他想,即使像英娜这样心肠好、肯关心人的年轻人,也无法体会自己的痛苦:年轻人对人生的体会完全不同,对于他们来说,疼痛和悲伤还是很遥远的事,是老年的事。也许永远不会那样;也许未来时代的人类永远不会有疼痛和悲伤……

他听到外甥女说他年轻了,自然是十分高兴的。可能真是这样的,因为自己也觉得好像重新获得了生机。

他将箱子提到凉台上,又像个魔术师似的在里面摸索起来。箱子最底层,原来孩子们都以为藏着妙不可言的东西,现在掏了出来,竟是……一叠旧债券。他掏出来,看了看,一起交给英娜:

“交给你妈妈,就说我给她的。”

英娜为难起来,她想推却:

“干什么？我不要，再说……这是旧的。”

“你拿着，拿着。”舅舅要她接下，又意味深长地说：“也许有点用处呢？”

箱子里还收着一个发亮的小铜牌，这种铜牌是系在鸟爪上的。

“有一天夜里，有些燕子撞在甲板上，这是我从一只燕子爪上取下来的。”舅舅将铜牌拿给英娜看，“那一晚上，我永远忘不了。”

“您讲给我听听。”

“是这样的，孩子：那一天晚上天气不好，对面不相见，我们在大雾中航行……为了提防对面来船，不停地鸣笛。突然有什么东西落到了甲板上，像下大雨一样。原来是一群鸟！翅膀打湿了，飞不动了。我们的船恰好闯进了鸟群。这群燕子飞得没了力气，便一齐落到甲板上。有的撞在桅杆上、钢缆上。”

“您不能忘记的，就是这些吗？”英娜问，她将铜牌还给舅舅。

“不，不止这些，还有呢……我当时想起修理间的灯没有关，便赶快转身回去，一进门，嘿，满房间都是燕子！燕子是冲亮光飞来的。因为经受不住风吹雨打，便自动飞来向人求救。对人完全信得过……非常温驯，一点不怕人……”

“可见，鸟儿是很愿意和人亲热的。”

“那是当然！可是有的人对鸟儿却很残忍。有人早晨起来拖洗甲板，看到落下来的鸟儿，就用拖把将受伤的鸟儿扫到海里去。不过，在我们‘猎户星号’上还没有这样的人。但世界上残忍的人还是不少的……我们船上确实收容过不少鸟儿……船长的舱里，我的修理间里，都收容过不少……有时候，自己穿着湿衣服站在鸟群里，鸟儿在身旁飞来飞去，落到头上，落到肩膀上，啾啾地叫着，才感动人呢……”

英娜脑海里出现了这样的情景：一间矮矮的舱房里，到处是燕子，燕子将人住的地方当作自己温暖、幸福的窝儿；有一个人孤单单地站在里面，头上和肩上落满了燕子；这个人穿了一身淋湿的衣裳，一动不动，怕惊扰了燕子……那个人就是这会儿正在笑着、像孩子一样高兴的舅舅……她仿佛清楚地听到燕子清脆的叫声和夜晚暴风雨在船周围疯狂的吼声……

“后来燕子怎样啦？”

“我一夜没有关灯，免得燕子害怕。我让燕子停在架上、帆布卷上和各种工具上，这样要舒服些……燕子就这样过了一夜。到清晨，我让它们飞走了。”

“就这样吗？”

“就这样。”

既简单，又平常，但是英娜从这里面领会到不少做人的道理……

舅舅的箱子里还有一些小刀、锥子，还有一只圆规，比学生用的圆规稍微大一点儿。这些东西舅舅都拿出来放在一旁，准备带到新的工作岗位上使用。当然，顶针和全套缝帆针也是要带去的。他抽出一支缝帆针，用手摸索了一会儿，递给英娜说：

“上面是什么字，你念给我听听。”

英娜看到这三棱针有一面上刻了一行字。

“Made in England”她慢慢地读出声来，“这么说，是英国造的了？”

“但是，别以为英国人的钢就好些……法西斯分子的天灵盖还是叫我们的钢炸开花的……不过在造船方面英国人早就抢先了一步。你有没有读过有关罗伯尔特·斯蒂尔的书？”

“没有读过。”

“你要去找来读一读。他同弟弟一起创制的三樯运茶快船真是了不起。这种船轻巧、速度快、形状和线条美观，当时别的船都不能相比……那时候有一种风气：将新采的春茶从上海抢运到英国，看谁的速度快。当时竞争得非常厉害。全英国都在比赛速度，将帆船当作赛马会上的马：看哪匹马跑得最快，赶上和超过其余的马……有一位船长，站在指挥台上，看到别的船超过了自己的船，自己的船赶不上去，当场掏枪自杀……”

英娜一面听舅舅讲，不由得心中暗暗吃惊：运茶竞争的事，大家早已忘记，为什么他一直记在心上？……她手里还一直拿着那根三棱形的、针鼻儿老大的针，不知如何是好，过了一会儿，才想到要还给舅舅。这时舅舅已在旁边坐下，箱子又锁了起来，放到角落里了。

“舅舅，您的针……”

舅舅甚至将身子朝后面歪了歪，用手做了一个急切的、推却的动作。

“英娜，这是给你的，你留着……”然后他把脸扭过去，低声说：“舅舅留给你作个纪念。你要保存好。等我去世了，你看到这样东西，可以想到我。”

英娜听了舅舅的话，很受感动。一根针不值什么，问题不在于一根针！……他交给她，让她保存，让她珍惜的，不是一根微不足道的针，而是一种无比珍贵的东西，应当说，是他的一部分生命、一部分阅历、一部分顽强的奋斗精神和心血。英娜觉得，他似乎在同这个世界告别，似乎在慢慢斩断自己最珍贵的生命之线，将自己珍视的东西，连同这件小小的钢针，交给她作为纪念，也许还可以作为前进中的力量。舅舅和她虽然处于人生的不同阶段，舅舅的心境虽然她无法完全理解，但是她这会儿清楚地感觉到这种心境和自己的心境是相通的，舅舅的心胸和自己的心胸是相近的；舅舅的性情、对许多事情的看法，都同她十分投合；舅舅的精神培育着她的精神成长，浇灌着她那跃跃欲出的诗的嫩芽。英娜不仅在他那长风万里的海上生涯中发现了诗情，而且发现他的天性本身就含有一种深厚的诗情。过去，每当她向舅舅问起船上的事情，她总感觉舅舅对自己的船无限忠诚，因此她更希望多了解一些他在船上的情形。但是他至今不愿意将自己真实的心情讲给别人听，像许多人一样，不肯讲自己真正的心思，认为自己的痛苦只有自己忍受，不必让别人知道。只是这会儿，像平时一样坐在凉台上，他觉得如今尽管不是远出，但总是要外出了，心里不禁产生了一种强烈的要求：要同外甥女谈一谈自己的往事。他一反常态，再也不像过去那样严峻、缄口不言。他低声地、甚至带点儿歉意地说出自己心里的话，说他直到现在还想到海上去，一直留恋着大海，大海有一种神奇的力量，想摆脱也摆脱不掉，主要的是他没办法忘记应该忘记、永远成为过去的东西。这种东西是什么呢？是习惯？单是这一点吗？他总在痛心地怀念着一点什么，自己也不知道怀念的是什么。是不是怀念青年时代？年轻的时候，听着篷帆在头上响，觉得比任何歌声都美妙、动听，心情那样激动、自豪，觉得自己真是英雄好汉——是不是怀念那样的时代？当年常常在高空干活儿，爬得高高的。有时候不得不在风暴中爬到顶上去，将胸膛贴到横桁上调理篷帆。经过自己亲手调理，篷帆稳稳当当，船飞快往前跑，这时觉得自己为船出了力气，真是又高兴又得意！……

“舅舅，从您讲的来看，‘猎户星号’上的人，都是很好的，个个都是英雄好汉。”

“孩子，孬种到海上是派不上用场的。‘猎户星号’是一条很特殊的船，它是人和人之间灵敏的通讯员、勤快的联络员……这位通讯员、联络员诚实、开朗，怀着一颗好心到处奔跑，所以到处受欢迎……说实话，在‘猎户星号’上做一名船员，实在是一件光荣和值得夸耀的事。当然，暴雨、飓风——都不是快活事。可是，一旦战胜了风雨，没有翻船，没有葬身大海，这时候心里的高兴是没法比的……英娜，我听说你会编歌儿。要想编歌儿，还是到船上去！船遇到顺风，无阻无挡，船上一切正常，实习生手拿六分仪朝南站定，测量太阳角度……要是顺风风力大一点儿，那就把所有的帆一齐挂起来！船就像鸟儿一样飞起来，一会儿落下去，一会儿跃到浪尖上，才好看呢！……船要是跑起来，一身都是飞沫、浪花、水珠儿，周围海浪翻滚，整个船都包在亮闪闪的水雾和阳光里面……白帆行驶在万里大海上，是顶好看的了——谁要是有一天看到了，就想一辈子待在海上。英娜，确实是这样。”

二十二

每天早晨,大地呈现出淡淡的白色。田野覆盖着轻霜。庭园里的翠菊似乎开得更加鲜艳。一派秋天景象。

原野显得更加辽阔。大气像水晶一样的透亮。因为空气清新凉爽,地平线移到了十分遥远的地方。

一群群的鸟儿飞来,落在海滩上。这些鸟儿是从各地飞来的,有些可能要在这里过冬:天气渐渐凉了。

康拜因手们从哈萨克斯坦回来了。雅戈尼奇父子带回了两套民族服装,那是哈萨克人为了表示敬重,赠给他们的。背囊里又有杏干,又有葡萄干。英娜妈妈在收捡这些东西的时候,专门给舅舅留了一份儿,因为舅舅很喜欢吃干果。弟弟穿着东方式的条格长袍,戴着绣花小圆帽,在院子里来回晃着,周围围了一大群孩子。过了一会儿,他不慌不忙地坐到梨树底下,摆出东方圣人的姿势,向刚刚跑来的伙伴们大谈自己不平凡的经历。他说他们有一天正在收割,亲眼看到小麦地里冒出一支银色的火箭,火箭一面冒着烟、喷着火，一面往上升。草原给震得直摇晃，火箭慢慢地向上升，里面什么情形都能看得清。火箭往上升的时候，里面还有人透过防热玻璃朝外看，甚至还向他们爷俩招手呢……他越说越离奇。所以难怪今天别特洛招来的听众比邻居电视机的观众还要多。他将自己家的电视机也搬了出来，放在凉台上，想同邻居电视机比赛一下清晰度和音量；过了一会儿，他觉得不过瘾，又移到梨树底下，想把天线架到树顶上。一会儿，只听他在树上朝妈妈喊道：

“妈妈，要是无意中弄坏什么东西，就说明有喜事临门，这话可是真的？”

“都说是这样的。”

“要是这样的话，妈妈，你就高兴高兴吧：我把电视机弄坏了……”

晚上，妈妈有时听到门口响起姑娘们咯咯的笑声和儿子低低的童音。这是儿子在给女同学们讲笑话，女同学们照例是将儿子送到门口来的。妈妈曾经听到他给她们讲过新垦地上有趣的事，讲过一些流传的笑话，还讲到过地狱，说地狱对于今天的人来说，并不怎样可怕了，因为地狱里木柴和松油必然也要供不应求，烧不成火坑了……有时候儿子用“克斯”这样一个奇怪的词儿喊一个姑娘，听起来相当亲热而且似乎有点儿神秘，后来才知道“克斯”的意思不过就是“姑娘”。

英娜天天到医疗点去，也常常到图书室去看书。有时也顺路到陈列室去一下，去看看巴纳斯·叶美尔扬诺维奇。老人家形容枯槁，几乎萎缩成一小团，整天神情沮丧地坐在纺车和标本中间。最使他感到伤心的就是维克多。唉，维克多呀，维克多……

看样子，他似乎又有点儿不正常，回来的趟数越来越稀了……他说，一到秋天很多人结婚，今天这个请，明天那个邀，怎么能不去呢？也许真的是这样，但老人家总还是不放心。今天儿子总算没有出事情，但谁知明天怎样呢？……

英娜一来，老人家有点儿高兴起来，但不禁又想起了儿子。

"是什么东西把他毁了的？"英娜一坐到织布机旁自己常坐的位子上，老人家就一面想，一面说起来，"是自私。永远没有满足，贪得无厌，恬不知耻。一点高尚情操都没有！的的确确一点高尚情操都没有……我觉得最难过的就是这一点。你还年轻，没有见过这类人，我这一辈子见得多，对人看得透……一个人没有高尚情操，就没有责任感，没有荣誉心，没有信义，更不懂得同情别人，绝不会真心爱别人，这种人什么样的坏事都能干得出来。心灵空虚——不是一件小事，不是像有些人所想的那样一种无关紧要的东西，绝不是这样。空虚的心灵也能变成行动，这种行动有时带有破坏性……自私自利——确实是一种很可怕的东西，特别如果认为自私得有道理，丝毫不觉得羞愧，那就更可怕……"

"您说得太过分了，巴纳斯·叶美尔扬诺维奇。"英娜想安慰安慰他，"维克多还是在干工作嘛，还没有听到有人说他不好……有时候自己孩子的心情，做父母的不一定全都摸得透。"

"就是摸得透，那又怎样呢？劝也好，骂也好，全等于零……该是我们命里不幸！我真不懂，为什么我们这样倒霉！"他扭过脸去说，"别人家的孩子又听话，又能成材……我就指望我家的孩子也能同别人家的孩子一样……我们心疼他，对他抱希望……可是，谁知道结果竟是这样……后格拉多夫村出过一件事，儿子在外面被火烧死,运回家里,父母呼天抢地……可是我还羡慕他们呢……"

后格拉多夫村为一个被烧死的年轻水手隆重地举行葬礼的事,英娜是听说过的。据说船上起了火,需要立刻把电流切断,这个水手便冒着浓烟朝开关冲去,他将另一个水手推开,说了一声:"你家里有孩子!"电流切断了,可是他当场被烧死了。同志们将他运回家里,为他举行了极其隆重的葬礼,……父母悲痛欲绝,可是巴纳斯·叶美尔扬诺维奇如今竟失望得羡慕起他们,可见他痛苦到了什么程度……

"巴纳斯·叶美尔扬诺维奇,别把维克多想得这样坏。"英娜动情地说,"他的变化还是有的;您要看到,他是在朝好的方面变。我们有责任帮助他。当然,他现在有时候还很放纵,有点儿不坦白,叫人摸不透他的心思,但是好和坏他还是能分得清的,而且有时候他也很讨厌虚伪……"

"英娜,谢谢你的好心肠。也许,你的好心肠,你对他的感情能治好他的毛病。也许我在某些方面太迂腐了。我活了一辈子,还有许多事情不能理解,……英娜,我全心全意地把自己这一生献给了库拉耶夫村,把全部心血用在学校上,用在你们身上,希望你们成材,你们果然成了才。只有一个例外,而且,不幸的是,这个例外恰恰就是我自己的儿子…… 这究竟是为什么?这真是命运在嘲弄人!培育了许多人,就疏忽了自己的孩子。但我从这种失败中也得到了沉痛的教训,这种教训首先是你们这些年轻人应该汲取的,虽然有些年轻人认为自己比老年人有理性,比老年人高明。即使是这样吧,那也不应当不把老年人放在眼里,因为老年人直到进棺材都在为你们着想，尽自己力量在你们身上培养高尚的道德，让道德的花朵在你们身上开放……已经开放的花朵，希望你们永远不要糟蹋掉。”

巴纳斯·叶美尔扬诺维奇倚在织布机上，用一只干瘪的手哆哆嗦嗦地在拨弄调理好的经线——这还是请邻村一位老奶奶来帮助调理的。家庭纺织，饱含着妇女的眼泪和歌声的土布，已经永远成为过去；那么，取而代之的东西，生活本身用我们的欢乐与悲伤织成的东西，是不是就完美得多呢？谁能给英娜解答这样的问题？

“我记得，”她说，“您在学校里就教导我们爱护花朵，爱护庄稼……不知为什么只是现在，过了这么些年，才真正理解您的教导的深刻用意……”

“英娜，有许多事，是到了老年才完全清楚的。你现在还有许多事情不懂……说实话，我真希望你和维克多幸福。不管怎么说，他心地还是善良的。他和你在一起，也许能变好。因为爱情能出奇迹、往往能使一个人完全转变……所以，别等了，我们老两口求求你：登记结婚吧，结了婚，好好过日子。”

维克多也不止一次向她提过这件事。有一次区里有人结婚，他参加过婚礼之后，特别恳切地说：

“我们也照此办理吧……别等了。万一明天发生战争呢？幸福来到眼前，决不要错过，亲爱的，快点吧！”

但这只是他的想法，她却不是这样想的。她恰恰想迟一点。有些事使她这样想。最近他已经有几次约会不到。有一天晚上，他送她回家，到门口分别的时候，她发现维克多是喝了酒的，这就是说，他说话不算话，破坏了他们的协议……她非常不高兴。怎么能不守信用呢？是不是当真没有一点高尚情操？就在那天晚上分别的时候，维克多突然十分冲动地过来将她抱住，非常粗野，两只胳膊还拧来拧去的，说的话叫她很生气。完全不像过去那样温柔、文雅。英娜只好气愤地将他一推，挣脱出来，又气又恼地跑掉了。

从那一次起，他们在一起的时间就少了，原来少女火热的恋情中，渗入了提防和不信任的寒流。

这样的事，她自然不肯对巴纳斯·叶美尔扬诺维奇讲，相反地还要安慰他，说完全不必担心，可能维克多今天就会来的，因为今天俱乐部举行盛大晚会，他说过要来的。

秋天一到，库拉耶夫村文化宫热闹起来了。常到文化宫里来玩的不仅有本村的年轻人，而且还有工地上的年轻人，边防哨卡的士兵。边防军同库拉耶夫村人的交往一向是十分密切的。出了名的库拉耶夫村合唱团经常在演出。契列得尼琴柯给全体合唱团员定制了十分讲究的服装：不久就要举行全区性的会演，准备到时候露一手的。领导合唱团的是一位年轻的音乐教师。他也在尝试作曲，已经试写了很多乐谱，算得上一位极有前途的业余作曲家。

除了合唱团以外，另一个业余团体很快就要成立起来——这就是民乐队，是工地上的木工奥克辛筹建的。奥克辛很会做鼓动工作，连边防军军官古里耶夫也答应了参加乐队。

英娜同巴纳斯·叶美尔扬诺维奇谈过话以后，没有回家，还留在文化宫里。文化宫里今晚正在举行业余演奏会。有独唱，有现代歌曲，也有古代歌曲，有合唱，有女挤奶员的二重唱；独唱最出色的是司机雅戈尼奇·瓦列里和那位边防哨所的军官。库拉耶夫村一向特别欢迎这个阿塞拜疆歌手，认为他是第一流的男低音。因为民乐队还没有准备好节目，不甘落后的民乐队负责人奥克辛只好单独登台，他一上台显得那样尔雅、斯文，但他跳的哥洛梅卡舞却一点也不斯文。晚会最后一个节目是大合唱《爱的归宿》——库拉耶夫村还是第一次演唱这支歌。歌声一落，掌声雷动，英娜满脸通红，觉得又高兴，又不好意思；妈妈同她坐在一起，叫她站起来向大家鞠躬，感谢大家的盛情。

英娜随着心满意足的人群走出文化宫，不由得朝大路望去，大路伸到村外，就消失在灰蒙蒙的夜色中：今天维克多应当从这条路来的。她意识到自己在等待他。已经好几天没有看到他了，他原说今天一定要来参加晚会的，他虽然平时爱讥笑人，如果今天来了，也许会喜欢的……

看样子，魏列敏柯也在等儿子呢。他拄着拐杖走出文化宫大门，走到街对面，又顺着路边往前走，走到村口停了下来，站在那里，一心盼望着大路上出现灯光，如果灯光一出现，儿子的汽车就会飞快地驶来，用耀眼的光束划破秋夜的黑幕……父亲毕竟是父亲，不管他对儿子如何生气，不管他因为儿子不成材如何难过，他心里总记挂着儿子，这就是做父母的心。村里人经常看到这位老教师站在村外，站在路口等待儿子归来。今天他又是这样，已经在村外站了很久，耐心地等待着他那个本应是老来的安慰和依靠，但实际上却成了痛苦和无穷烦恼的独子。父亲在这里等儿子，可是儿子呢，说不定这会儿在酒馆里闹得正欢，吃喝赌钱，正在给自己、也给父亲脸上抹灰呢……

英娜等家里人都睡了，坐到凉台上写起日记。她是今年秋天下决心开始写日记的。她一页还没有写完，听到大街上传来慌乱的叫声：

“快到医疗点去！维克多把他爸爸轧伤了！”

她慌忙朝医疗点跑去。

契列得尼琴柯、党小组长、还有一些不认识的人都已经在医疗点里了……巴纳斯·叶美尔扬诺维奇躺在蒙着人造革的白色软榻上。英娜顾不得穿罩衣就跑过去，蹲到他身旁，慌慌张张地去找脉搏。谁能想到有这样一天：她会俯在生物老师身边充当起医生的角色？……巴纳斯·叶美尔扬诺维奇的一张脸，因为没戴眼镜，如今显得更为瘦小，脸色十分苍白，耳朵旁边有几处伤痕，脑后干枯的白发被鲜血粘到了一起。他已经失去了知觉。英娜握着老师干瘪的手臂，极力想在上面找出生的希望。这又是一次严峻的考验……在惊惶不安、凝神屏息的人们的注视下，英娜默数着老人家越来越微弱的脉搏，不由得感觉十分痛苦、失望和恐惧……

魏列敏柯老汉没有苏醒过来，就此溘然长逝了。

这是在她的医疗点里，她手上的第一个死者。她心里十分痛苦、十分激动。她恨不得抱住这具干瘪、停止了呼吸的躯体，将他从死亡线上拖回来。她从来没有这样绝望过。她意识到自己再也无能为力，忍住了失声痛哭，从屋子里跑了出来。她希望跑远一点，找块地方一个人去痛哭一场…… 刚到大门口，遇到了维克多。维克多摇摇晃晃地往里走，脸白得像纸一样。他完全变了样子。她的眼睛碰到他那梦游神般的眼睛，觉得面前完全是一个吓走了魂的陌生人。她看到他茫然失措地正张大着嘴在吸气，想说点什么却又说不出来……那双眼睛呆呆的，一点神都没有了！他像个梦游病患者，对直朝英娜走来，犹豫地、茫然地伸出一只手……

“走开，凶手！”英娜躲开他，“我恨你！”

她昏昏沉沉地跑出大门。

有关部门通知维克多不准离开，调查开始了。维克多的妈妈出人意料地四处活动。老头子反正救不活了，她还想救救儿子。她在村里到处奔跑，寻找能为她说话的证明人，希望他们支持她的说法：儿子没有罪，是老头子自己撞到汽车轮子底下的，因为老头子眼睛看不见……

这样的证人在村里却是找不到：库拉耶夫村的人很善良，但有时却铁面无情。有些事情他们可以出面作保，但这种事却不行……

支持的人越来越少，出事时一块坐在车里的那几个伙伴，好像商量好了似的，全不替维克多讲话，或者拿维克多的话来说，全都“出卖”了他。他们在侦察员面前众口一词地说：虽然大家都喝了一些酒，但大家还是一再地劝维克多车子开慢些，可是维克多却开得像发了疯一样；快到村头，开得更快了。忽然看到有一个人站在大路当中……朝前伸着两只手，嘴里在喊着什么，也许是想叫车子停住……“你爸爸！你爸爸！”——大家还朝维克多喊了两声，他好像说了声：“没关系，过得去的！”……他到了跟前确实也想从旁边绕过去的，可是迟了……

维克多暂时还没有失去自由。但是这种自由如今已失去了意义。虽然妈妈尽了最大的努力，但没有找到一个肯于出面的伪证人，无法为他开脱罪责，——这一点维克多自己是十分清楚的。轧死爸爸这件事理所当然地引起了全村的公愤，所有的人都一致地谴责他，不等区法院对他正式开庭审判，群众性的审判开始了。

也许，只有这时维克多才完全理解到事情的可怕。他站在父亲的新墓前，面如死灰，在这里站了一个中午。从此，他再也没回村里去。

有人看到他像个老头子一样佝偻着身子，在海边走来走去，傍晚，他不知为什么来到少先营海滨浴场岸边，来到他当初开摩托车闯进孩子堆里的地方。这时海滨浴场空空荡荡，孩子们都回学校去了，只有一群当地的孩子在海边玩球。事后这些孩子说，这个轧死父亲的凶手像个鬼魂似的在海边游荡，确实像个梦游者。他停下来，望着翻滚的海浪和拍岸的浪花，对孩子们说："我来游泳。"孩子们很奇怪：这种天气，库拉耶夫村已经没有人游泳了，他为什么要游泳呢？……他连衣服都没有脱，穿着衣服下了海：越往前走越深，水淹到腰了，到胸口了，到脖子了。后来就游了起来。孩子们都知道他很会游泳，能游到天边，他游着游着，后来不见了……孩子们以为他一定是在故意逗他们玩儿的——钻到水里去，从水里游回来，猛不防从什么地方钻出来。

他是三天以后在渔业队守门老汉柯尔夏克的房子前面出现的，是柯尔夏克首先发现的。他事后对人说：当时他以为是孩子们的一个皮球在海浪里漂来漂去的。后来看到这个“皮球”渐渐漂到岸边……原来是魏列敏柯家的儿子。老渔民一生见过不少稀奇古怪的事，却从来没有见过淹死的人死后是这种姿势：衣服穿得整整齐齐的，站在水里，站得笔直，就好像在陆地上一样。所以头露在水面上，很像孩子们玩的一只皮球漂在水上。

二十三

雅戈尼奇主持的二桅帆船修理改装工作正式开始了。领导全力支持：要电焊工，好，随你挑；要油漆工，好，随你拣；要材料，马上就送，保证不误事。

雅戈尼奇这会儿睡觉也在船上。他在空荡荡的二号楼睡过一夜之后，再也不想去了。让住得惯的人去住吧，他可是要住在船上，住在船上更自在些。他一天到晚都在忙着，不声不响地变着戏法，要亲手将这只丑小鸭变成一只美丽的天鹅。

工地上的姑娘们很想知道他究竟在干什么，想知道这位老师傅整天在那里搞的是什么秘密玩意儿。一群一向好奇、满身泥灰的抹灰姑娘们跑来说："让我们参观参观"，可是雅戈尼奇一概不许进去，偏是要保守秘密。甚至那位穿胶鞋的胖胖的工地主任来了，老师傅也不愿意将船上的事同他多讲。因为他对自己的事尽管很内行，船上的事他终归不懂…… 同老师傅形影不离的只有几个贴身的助手，这就是奥克辛和另外几个派来协助老师傅的热心的年轻人。他们根据老师傅的吩咐将船大拆大卸，掏出船的内脏，因为这条船将要担任新的角色，必须有一个脱胎换骨的变化。

雅戈尼奇老师傅如今又表现出充分的自信、雍容、威仪凛然的神态。这是天经地义的。他本来被划入废品之列，如今成了总顾问，差不多算一个机要人物了。看他的架势，似乎他主持的帆船改装工作，是工地上首屈一指的重要项目。有时他来到正在施工的几座大楼工地上，这里看看，那里瞧瞧，问了这样，又问那样，惹得一些人说起了怪话：哪里派来的这么一个检查官？……公司经理经常外出开会或者料理别的公事，每逢经理外出，雅戈尼奇有事只好找工地主任巴拉布什内同志。这个人老于世故，对别人总是不放心，经常提醒雅戈尼奇说：要注意进度，老人家，要实际些，时间很紧啦……雅戈尼奇总是从容镇定地回答说：

“用不着拼命催我们。您还是多抓抓材料供应，让材料别耽误事。我们到时候会完成的：我说话算数。”

“我不是催你们，没有这个意思。”巴拉布什内马上来了个一百八十度转弯，“安得伦·古里耶维奇，我们完全信得过您……材料我们也一直抓得很紧……最近，拨给我们一批塑料，听说质量相当好，白色的，非常漂亮，不过贵一点儿……”

“为矿工们办事，不要心疼钱！”雅戈尼奇一面说着，从口袋里掏出一张纸，不慌不忙地将所需要材料的名称、数量一一念给他听。

午休时候工地上十分宁静。轰隆的机器不响了，忙碌的人们回到车棚里，有的在吃东西，有的在读报，谁也没有看到工地上来了一个照例应当受到隆重接待的重要人物。此人来到工地指挥部,没有遇到人,便大踏步朝雅戈尼奇走来,这时雅戈尼奇正像个卫兵似的站在帆船旁边。看样子这位"贵宾"慌急中将雅戈尼奇当成了看门人,因为他连招呼也不打,便厉声厉色地朝老头子问道:

"领导人哪里去了?"

"吃饭去了。领导人也要吃饭。"

"那么,这会儿谁是负责的?"

"我可以算一个。"

来人疑惑地将老头子打量了一番,脸上露出不以为然的神情。似乎他有权表示不以为然,因为他是一位重要人物嘛。他又胖又大,戴着一顶呢帽,面孔虚肿,呈现出一种黏土色。看样子,还没有去疗养地疗养过,没有晒过南方的太阳。

"您……当真是负责的?"

"我不想骗您……不过,请问,您是什么人?"雅戈尼奇也问道。

"我是部里的。"来人漫不经心地回答说。他认为没有必要讲清楚究竟是管建筑的部,还是管矿工的部。好在雅戈尼奇并不十分关心这方面的事。要紧的是,有人可以同他谈谈问题了,本来他同工地主任谈不清的一些事,现在可以谈谈了……

"我正要找您谈谈呢。"

"找我?"他那张黏土色的脸上浮出一个滑稽的苦笑。

"要是事情和您有关系,您就认真听一听吧……这些大楼是你们盖的吧?您去看看,一号楼是什么角度?红角和半数房间的窗子朝什么方向开的?"

“朝什么方向?”看样子,这个问题引起了这位重要人物的兴趣。

“朝草原,朝北风!矿工早晨起身,连日出都望不到。到这里来是要看看大海的,可是却叫他们背对着大海,用后脑勺看太阳……”

“朝大海,朝太阳,太蒸人了。而且,说实话,欣赏海景,矿工们也没有这份闲心……他们干活儿劳累了,倒是需要在这里好好休息休息……吃一点有营养的东西,玩玩骨牌,打打台球——有这些就行了,日出看不看没关系。首先是要保证他们舒服……”

“恰恰就在于不舒服!食堂开饭要分两班,要花很长时间去站队……大楼里面设备又怎样呢?每层楼只有一个厕所,而且设在走廊的尽头。夜里上厕所要穿着裤头子跑很远…… 有什么舒服的?”

来人听了这样的顶撞,鼻子里轻轻哼了一声。

“也许,我们有些地方考虑得不够周到。”

“你们不考虑周到,该谁来周到考虑呢?要你们干什么的?”

来人一下子火了:

“你倒在这里考问起我来了!谁给你权力这样同我讲话的?我问您,您究竟是什么人?”

“我是工人阶级。怎么样?”雅戈尼奇眯起眼睛,眯得细细的眼睛从眉毛底下射出冷冷的光芒,“工人这个头衔我戴了快四十年了!……”

这时候,工地主任跑来了,他跑得上气不接下气,显出十分惶恐的样子。他像个陀螺一样围着这位部里的要人转起来,又是表示歉意，又是讲好话，又说请他视察工地。这时公司经理也回来了。他们一交谈便谈起了雅戈尼奇。

“这个老家伙是什么人?”来人朝雅戈尼奇指了指说，“老头子脾气真坏!”

“老头子倒是蛮好的。”经理带点歉意地笑了笑，“老头子倒是不服老……说实话，经验很丰富，有两下子……”

“提意见，吹毛求疵，恐怕也有两下子……向各级机关写匿名信想必也很有经验。”

“这一套他可不会。他性情直率：有意见，当面就提，爱说真话。”

“你们把他辞退吧……按自愿退职处理，行不行?”

“那可不行，斯捷潘·别特洛维奇，我们没有他可不行……非他不可!”

“那你们看着办吧。不过，等他讲了你们工作中的‘真话’，挑了你们的茬儿，可不要后悔……”

经理对他说，不会有这种事的。

这时候，雅戈尼奇已经背对着他们，面向大海，面对着帆船……

每天傍晚收工之后，他爱在岸边走走，望望波涛翻滚的大海。大海永远不知道疲倦。有时漂来一团黑色的海藻、一团海蜇、一堆贝壳，有时漂来不知何人扔掉的一块破布…… 白色的海鸥在海滨，在雅戈尼奇头上飞翔。脑海里不时地浮起遥远的往事。拍岸的浪花不时地飞溅到脚上。岸边的石块被海盐染成了白色。这石块，自己年轻时也同心爱的人拥抱着坐过的……难道这一切都已成为过去，永远不会回来？从此与自己永远绝缘？难道这海鸥、这阳光或者库拉耶夫村的星空，都不曾保存自己年轻时代的影子？

雅戈尼奇信步走着，不觉来到柯尔夏克的小房子跟前。这座小房子孤零零的，靠近渔业队泊船的小码头，周围是大大小小的沙包。有许多兔子来回地跑着，一群群的鹅和鸭钻在草丛里，像一堆堆的白雪。一张张的渔网在木桩上撑开来晒着。柯尔夏克老爹坐在房前，旁边摆着渔网，不知是在修网，还是干坐着在养神。

“怎么样，老爹，逮到奸细了吗？”

“奸细、海贼都没有逮到。”

这位老看守经常和边防哨所联系，还得过一枚“保卫边防”奖章。柯尔夏克老爹恐怕有一百岁了：雅戈尼奇还是小孩子的时候，柯尔夏克就留着大胡子、戴着尖顶的布琼尼军帽，在库拉耶夫村组织分土地，后来又去抗击外国干涉者。他早就成了老头子，孤单单地一个人过日子，还像过去一样在操劳……雅戈尼奇立刻看出他的变化不小：满脸的胡须，又长又乱，长长的白发耷拉在额头上，胡乱挽成结子，免得垂到眼睛上。他一向非常慷慨。只见他慢腾腾地走到屋檐底下，解下几条串在一起的干鱼，递给雅戈尼奇：

“安得伦，拿去尝尝。”

“伊万诺维奇，您一个人在这里，不觉得寂寞？”

“有时候觉得有一点……每到夜里，别的一切都没有声音，只有大海在闹腾，不用说，这时候会有许多想法的…… 不过，这会儿到处是人，到处机器在响。过去草原上可不是这样：牧羊人稀稀拉拉的，从这个帐篷到那个帐篷要走半天……如今到处都开垦起来了，连海边到处都是人了。”

“善良人的办法就是充分利用自己的土地。”

“这话是不错的。不过在人类当中，除了善良人以外，也有两条腿的野兽，这些人很残酷……听说去年有人将海豚闷死在网里，到夜里摔到沙滩上。”雅戈尼奇浑身一抖，好像给刀子戳了一下，柯尔夏克并没有发觉这一点。“那些人想必也知道：海豚落到网里，就完了，长时间吸不到空气就要死，海豚同人是差不多的。据说，有的海豚被拖到岸上的时候，还像小孩子一样哭了呢……你看，一些人多么残酷？”

“我还以为，没有战争了，就没有残酷的人了呢……日子过得越好，就越是残酷——究竟这是什么道理？”

他们又聊了一会儿，有时也一同沉默一阵子，然后雅戈尼奇又顺着海岸蹒跚地朝工地走去。半路上，在海浪冲得平平的沙滩上，有一根圆木，黑黑的，像火烧过的，可能是高加索森林里的，被海水漂到这里，不知是谁将它拖到了一个沙包上。雅戈尼奇且坐一会儿。每到黄昏，拍岸的浪花在脚下发出咝咝声，很像电焊机的声音。这时候，如果谁要望望这位老水手那细细的、锐利的眼睛，既看不出喜悦，又看不到忧伤；这双眼睛里只是隐隐凝结着一条条木然不动的、沉重的思绪，条条思绪牵连着碧波万顷的大海。在这沉重的时刻，好像时间本身也停住不动了，一个人在这种时刻要想点什么的，不可能不想。但他想的是什么呢？

有一天傍晚，他坐在这根疙疙瘩瘩的圆木上，不知为什么忽然清清楚楚地想起了年轻时看到的一次斗牛的场面。他看到过一次,以后再也不想看了。他觉得那并不是开心的事。他提心吊胆地望着一条健美的黑牛迎着耀眼的阳光蹿上台去,疯狂地寻找格斗的对手。那牛好像生来就不知惧怕为何物,浑身都是猛劲儿。不管看台上的观众,不管挑逗它的人,它都没有放在眼里,即使世界上的一切全成为它的敌手,它这个牛中的豪杰也决不后退。它准备同任何敌手较个上下,即使敌手强大,也要拼一拼,连太阳它都想戳个窟窿……

海鸥突然尖叫了一声,那叫声动人心魄,雅戈尼奇不由得从沉思冥想中惊醒过来,他回头一看:有一个人从工地上顺着海岸走来,步伐矫健、轻盈,上身是红绒线衣,下面穿的是一条普通的裤子,如今不论是男是女都穿这样的裤子——真分不清来的是小伙子还是一位姑娘……越来越近了,走到海浪还没有冲垮的悬崖边的小路上了……原来是英娜!

她连笑也没笑。目光深沉、忧伤。在黄昏的微光中看得出她眼睛底下有两团暗灰色的阴影。

"你怎么知道我在这里?"

"工地上有人告诉我:往前走,前面坐在沙包上的,好像就是他。"

他望着外甥女,心里觉得难过。她瘦了许多。一双眼睛不久前还闪着幸福、喜悦的光彩,如今黯然无光,充满了深深的痛楚。不过,她没有讲自己的事。

"我给您送果酱来的,"她将一只漆花的保温瓶放到沙丘上,"还有杏脯……"

"劳累你,孩子,坐下吧。"

她靠近舅舅在圆木上坐下来，扯过一根苦蒿拿在手里无目的地搓弄着。雅戈尼奇能够理解外甥女痛苦和伤感的心情，他感觉到外甥女深沉的痛楚像一股浪潮似的流到了他的心里。他没有拿话来安慰她，虽然也许应该对她讲一讲：一个人，尽管无意地，害死了他的父亲，良心对他进行了最后的审判，良心宣判了他的死刑——为这样的人难过，是不值得的。这样的话，能使她得到安慰吗？拿什么安慰她呢？人世间恐怕还没有这种能作仙药的语言，能够医治心灵的创伤，能够在转瞬间解除一个少女的痛苦……他发现外甥女眼里含着泪，便用手轻轻拍拍她的肩膀，小声说：

"孩子，别哭。"

"我没有哭。不过心里有点儿……谁知道是怎么回事？"

"英娜，每个人都可能失去亲近的人，都可能感到孤独。即使有这种情形，也不应当灰心丧气。孤独往往能锻炼人。"

他们又沉默了。坐在那里，吮吸着大海咸涩的气味，呼吸着草原上干爽的空气，目光伴随着一直在眼前盘旋飞翔的海鸥：海鸥时远时近，不时地向灰色的暮霭发出如怨如诉的叫声。大海渐渐沉入黑暗中。

雅戈尼奇似乎毫无来由地忽然对英娜讲起了斯特罗婆利火山。斯特罗婆利火山是一座活火山，海员们称它是"地中海的灯塔"。不管周围多么黑暗，这座火山夜夜红光烛天，不管在什么样的风暴中行船，都能看到火山项上的天空红彤彤的。真是一座最可靠的航标。时代在变化，船也在变化，可是这座火山一如既往地在放红光……也许，"猎户星号"这会儿正迎着这座火山的红光航行哩……

“人人都有自己的想法，我就是这样想的……我的话，你可以想想看……孩子，不要难过：你年轻，你的好日子还在后面……好了，恐怕不早了，该回去了……”

他们站起来，踏上悬崖上面的小路。前面工地上已经亮起第一批灯火。他们默默地走着，各自想着心事，离刚才坐的黑圆木越来越远；圆木一会儿不见了，那长满了苦蒿的沙包，终于消失在苍茫的夜色中。

二十四

冬天，库拉耶夫村流行起可怕的流行性感冒。

这个远离城市的滨海村，并没有逃脱这场流行病的侵扰。广播不断地送来令人不安的消息，说这场流行病是世界性的，罗马、伦敦、巴黎的医院都住满了，学校都关门了，成千上万的人死亡。

英娜悲观失望：目前还没有十分有效的抗流感血清。世界各地实验室中不断地发现许多新病毒。有许多可怕的病原体，昨天还没有的，今天就像闪电一样出人意外地、来势凶猛地扩散开来。许多国家的病毒学家在全力以赴地探讨这种灾害的奥秘，很多研究所也在研究、探讨，但是目前谁也提不出根本的防治措施。只能采取传统的办法，进行最简单的治疗；虽然这些疗法似乎能使疾病减轻，但是不能彻底消灭病毒，病毒依然在血液里到处游动，除非机体本身将病毒消灭。英娜天天跑到各家去给乡亲们看病：有的是全家病倒，有些婴儿也发着高烧。孩子们比大人抵抗力差，生起病来更为沉重，叫人看着特别心疼。她又打针，又给药，同时又告诉病人，尽量少服化学药品，最好用土法治疗：绣花球、悬钩子、大量服用椴树花蜜。可是病毒照样十分猖獗，越来越多的人躺倒了……

而且，村里这些病人真叫人没有办法：他们全不将她的处方放在心上，特别是那些身体健壮的机工们，根本不拿流感当回事儿，说什么：伤风感冒嘛，还不是常事？刚才还在发高烧，等烧稍微一退，多少舒服了一点儿，又照常抽烟，照常去做事。可是流感特别喜欢同这种人作对：等二次逮住你，就不那么客气了——往往会发生严重的并发症。

有一天，契列得尼琴柯来到医疗点里。他原是第一批流感患者，是外出开会时传染的，如今已经好了。他想向英娜了解一下本村患者的人数，摸一摸情况，看什么时候才能煞住万恶的传染病的这股凶焰。正谈着，他忽然站起来，走到英娜跟前：

“我的好医生，你的脸为什么也这样红？眼睛也不对头！”他拿手朝英娜额头上一摸，“哎呀，滚烫的！光是给别人治病，自己有病硬撑着不治？我们可不要这样的英雄好汉！”

当天瓦尔瓦拉就来换下英娜去休息。她和丈夫是同时害流感的，同时好的，契列得尼琴柯因此说自己是老婆的同步卫星。英娜病情严重，需要绝对卧床。

她正躺在家里发高烧，她的一位做投递员的女友给她送来一封信。是那个学考古的大学毕业生写来的，来信地点是……吉大港！他居然到了美丽的孟加拉……他也当上了海员，如今正在孟加拉湾上，疏通被沉船堵塞的航道。他们这批海员的任务就是打通进港的大门，或者可以说，打通生命的大门……他竟然干起了潜水工作！要在热带极其艰苦的条件下工作，尤其在水下工作，温度特别高，什么都难得看到，到处是沉淀层，因为河流带来大量的淤泥……他正在为全世界互助合作贡献力量，正如古希腊女子捷奥道拉所写的，他的生活“充满无限希望和生机”……他站在古城垣上对英娜讲的话，如今正在实践，他希望英娜知道这一点……他过去爱她，现在还在爱她，并不掩饰这一点，他如今身穿潜水服、沉在热带浑浊的水下，依然用生命之力向她倾诉爱情！…… 她听到的这一声音似乎是从另一世界、从虚幻的世界来的。那奥维得敌楼，海上那波光粼粼的月光带，以及这位小伙子那坦率而火热的爱情表白，似乎转眼间成了隔世的事情……这里不是雨就是雪，不是雪就是雨，他在热带却天天受着酷热的折磨，穿着闷人的潜水服，像个史前怪兽似的，在黑暗的水底，在一条条庞大、陌生的沉船中间摸索着行进。这些模模糊糊的幻觉场面不停地朝她眼前移动，眼前罩起灰色的雾气和驱赶不走的黄色光团，她觉得自己也好像陷进了到处泥泞、无法挣脱的热带浊水里……有时她处在半睡半醒状态，会看到一条奇怪的小爬虫，像一条蜥蜴，全身半透明，连内脏都能看得清。转瞬又变成一条小型的雷龙。这个怪物警觉地坐在衣柜上面一叠旧杂志上，望着她烧得不停地打战。这个怪东西，就像当初在红十字会病房里瞅着薇拉·康斯坦丁诺芙娜那个怪东西一样，叫人摸不透。不知是不是有毒的，不知它下一步如何行动……过了一会儿，她仿佛自己来到了这条透明的爬虫所来的地方，来到寄出这封意外来信的地方……她自己发着高烧，一面还在发放红十字会的被褥和含糖的炼乳，为孟加拉的孩子们配制药水，白蛉子一团一团的在头上飞，她觉得十分闷热，喘不过气来，真想揭去脸上的防蚊面纱……闷热，烦躁，黄色的光团，模模糊糊地听到人的讲话声……英娜在生病期间，透过窗外正在飞舞的现实的雪中夹雨，不止一次恍惚中看到热带的吉大港和露出水面的沉船的桅杆，看到那个身处远方，寄来一片真心的人的模糊身影，看到他身穿潜水服在水底、在鲨鱼和章鱼群中行进，在摸索、考察沉船，那沉船上盖满了淤泥、贝壳和一条条水蛇似的水草……

在瘟疫流行期间，契列得尼琴柯自然更忙些。许多人躺倒了，可是许多事情还是不能不办。尽管是冬天，农田还是需要经常管理，契列得尼琴柯几乎每天都要到田野里看看，还经常督促农技员带人去看看秋播作物越冬情况，防止发生意外。进行了多方面的测定、化验，逐一分析生长状况，确定了首先需要追肥的面积。库拉耶夫村人最热心听电台播送的天气预报。广播预报说今天阴天、有风、有雨雪，大家都像拣到宝贝似的，会计室里热闹起来，契列得尼琴柯在自己的办公室里也像小孩子一样高兴得大笑起来。

“对于别的人来说，下雨就是走泥巴路，可是对于我们来说，就是天降甘露！哈哈哈！……”他笑得整个院子都能听得到。

不露面的广播员自然是听不到这样的笑声的，所以真想不到，他所预报的“雨夹雪”或“雪夹雨”，有人听了会这样高兴。他要知道这一点，预报雨雪时他的声音就不会带一种忧愁的、似乎在表示歉意的腔调。那些善良、敏感的女广播员更是这样。有一个播送天气预报的男广播员特别花费脑筋，每次预报“雨雪”讲得特别快，还故意用一种做作的、极不自然的兴奋语调，似乎预报的不是阴雨天气，而是阳光明媚的晴天。这位广播员的一番苦心，契列得尼琴柯觉得实在好笑：

“唱得真美！他也学会了糊弄人！”

契列得尼琴柯还一直想着一件事：想在明年春天在库拉耶夫村修建一座犁头纪念碑，纪念当年在库拉耶夫村田野上开出第一道集体犁沟的那一张贫委会的老式铁犁。因为库拉耶夫村没有将这种铁犁保存下来，契列得尼琴柯便下令到处物色，还向邻村打听过，一定要千方百计地找到这种犁。

“一定要在显眼的地方建立一座纪念碑，譬如说，就在斯基福冈上，将我们的第一张单铧犁放上去，放得高高的。”他给自己、也给和他有同样想法的人打气说，“坦克、塔常卡车、‘喀秋莎’都有纪念碑，这都是应该的，难道铁犁不也值得纪念?!”

如此看来，亲爱的读者同志们，你们过一段时间到库拉耶夫村去看看吧，一定会看到一座单铧犁纪念碑，也许那是世界上第一座铁犁纪念碑……

冬天是严酷的：草原上每一棵花草都枯萎凋谢，一眼望去，看不到一点生机。只有黑色的土壤里蕴藏着大量的块根和各种毛根，有老根，也有嫩根……只有这些根还在悄悄地活着，正在为未来的生命积蓄力量。契列得尼琴柯真希望自己的眼睛能射出一种新型的射线，能透过黑土层看到这些无声无息、忍辱负重的英雄，看它们怎样在为未来的一切，为鲜花也为果实准备力量……

田野里形势喜人，秋播作物长势良好。任何地块幼苗都生长正常，没有一处淹坏，也没有被严寒冻坏，因为今年并不太冷。广播继续天天在预报农民盼望的天气：不是雨夹雪，就是雪夹雨。

肥沃的黑土贪婪地吮吸着慷慨的雨水，已经扎下深根的小麦在这种时候还在潮润的雪下分蘖，呈现出墨绿颜色。有时契列得尼琴柯去看麦苗，站在田野上，弯下身子，看到嫩绿的麦苗穿透积雪，勇敢地探出头来，觉得真是稀奇。嫩芽儿终于在积雪上打出小小的洞眼，得意地微笑着……小小的苗儿受到无形的暖气的哺育，依然在生长着，积雪只好让步，就这样，小苗儿便为自己创造了生存的天地。一株小小的苗儿，竟然能穿透积雪厚厚的铠甲，呈现出蓬勃的生机，真是不可思议的事情。而且，到处能看到生命力在同积雪搏斗；太阳一升上天空，它那火热的光舌一伸向地上的积雪，大地就要放出腾腾的热气，对万物喊道：抓紧时机生长吧！入春，太阳越来越多地从云彩里探出头来，将大地晒上一两个钟头，这时便从天空，甚至好像从太阳旁边，传来悦耳的歌声——这是勇敢的云雀，它们没有飞向遥远的非洲，留在祖国的原野上度过了冬天，如今抢先出来迎接可爱的春天。

“使劲儿唱吧！”契列得尼琴柯眯缝起眼睛对着太阳，朝着望不见的云雀喊道，“庄稼人就喜欢听你唱！”

白天将越来越长，到处将洒满明丽的阳光，终于有一天，库拉耶夫村瓦蓝的天空将全部揭去面纱，庄稼人将高兴地看到，这一冬庄稼没有淹坏，没有冻坏，不需要重播，田野里绿油油的一片盎然的生机！在那未播种的原野上，鲜艳的红花像火一样怒放，红花的大海连着蓝色的大海——开红花的就是那生机旺盛的斯基福郁金香。

二十五

女抹灰工塔西雅也是老水手雅戈尼奇一族的，虽然是远房的。在她的心目中，将到此地来休养的矿工，差不多是神话中的人物。他们身体魁伟、高大，所干的活儿，一定是人世间最重的。在他们采掘的地方，在黑洞洞的地下，坑道有几公里长。那是另外一个世界，是日夜进行战斗、冒险的世界。要想在矿上坚持干下去，必须要有一种特殊的性格，譬如说，像……雅戈尼奇·安得伦·古里耶维奇那样的性格。

春天，疗养所尚未完全竣工，第一名疗养者便带着工会开发的疗养证来了。塔西雅感到惊讶的是，这位矿工还真有点儿像老水手雅戈尼奇哩：那老成持重的神态，那从容的步伐，那结实得好像经过模压的体格，里面蕴藏的力量似乎还没有完全用尽——这一切都很像雅戈尼奇。谁要看到这个矮粗、敦实的人，一定会觉得他有拔山的力气。

“您是从……矿上来的吗？”塔西雅好奇地望着来人，望着他那深深的皱纹里积存着煤灰的脸,用手指着地下说:“钻到那么深的地方干活儿,不害怕吗?”

“孩子,我们搞惯了……无论什么事,干长了,就习惯了。需要有人去挖煤……我们就去挖:一年,十年,二十年……我们头顶上草原照样长茅草,野麻照样开花,马群照样在上面跑,因为我们的矿道顶上恰好是一个养马场。马驹儿总要遛遛腿儿……”

“能不能听到马蹄声?”

“马群、太阳、花草——这些东西都远得很,就好像在天上一样……倒是近的,头顶上乌黑的岩石时常裂得咔嚓咔嚓地响。”

“太可怕了!”

老矿工笑了。围在身旁的姑娘们很希望老矿工对她们的工作发表一点儿观感,也许还能挑点儿毛病出来,但是客人不想一来到就批评人;看来,这位老师傅很随和,没有“开展批评”,倒是对姑娘们进行了表扬,说:在这样光秃秃的旷野上,盖起这样高、这样漂亮的大楼,真有本事……他朝旁边望了望,看到一号楼山墙上有一幅镶嵌画:一群矿工的孩子手拿鲜花欢迎穿工作服的年轻挖煤工。他说,生活中有这样的事。

“还要给你们修游泳池哩。还有咖啡馆,咖啡馆里还要有音乐,还要跳时髦舞……”

“跳舞——我可是太高兴了,”老矿工笑了,“多少年没跳舞了……”

随后,一批一批的休养者陆续来到,其中不仅有多年患有矽肺职业病的老年矿工,而且有活泼健壮的年轻人,这些人天天围着球台打台球,只要球杆一拿到手,连吃饭都会忘记。等将来回到家里，假如老婆问他，海是什么样子，对不起，没有留意，天天看到的只是台球、球杆和球囊……

雅戈尼奇不知为什么一下子就和第一位休养者亲近起来。他们都是干活的人，彼此很容易了解，用不着别人从中介绍，因为生活本身已经将具有这种经历和气质的人拉到了一起。老矿工对这条双桅帆船很感兴趣。实际上这条老船如今已经基本上变成了新船。修了一个冬天，这条船显得高大了，船舷舒展开了，形状也较为弯曲了，呈现出流线型，整个船显出气概非凡的样子。曾几何时，它还几乎是一堆废铁，如今完全变了样子，好像灰堆里出了凤凰！到处镶了红木或者仿制的红木；装备了钢缆，尽管是象征性的，但还是有点儿像“猎户星号”上的；方向盘装在最高处，还装了几门炮，炮口对着四方，还有一嘟噜一嘟噜黑色的锚链……看上去很有一些气派。奥克辛用白槭木雕的一座水神像，面向大海，迎风而立，可以算是这条船特有的灵魂。这位水神站在船头，那神飘然欲飞的样子，真像一只飞翔的燕子，使人觉得：好像这位水神刚从船心里飞出来，在这里稍停一会儿，马上就要飞走。这条船显出了动的姿态，似乎蕴积了无穷的动力，好像就要带着水神、带着铁锚离岸，冲进大海，去迎接前面的风浪……渔业公司的人如果看到了，一定不会认为这就是他们那条报废的作业船，因为雅戈尼奇匠心巧运，已经使这条船变了面貌，穿上了节日的盛装。

雅戈尼奇新交的矿工朋友，虽然多年来是在禁垦的荒野和养马场底下的坑道里工作的，虽然从来不认为自己是航海方面的权威，但他看到这条船按新的要求改造成了这个样子，而且几乎是从零开始的，立刻就估计到这里面进行了多少复杂细致的工作，花费了多少心血。说实话，工地上的人当初也想象不出这条船究竟会改造成什么样子。实际上，各人有各人的设想：公司经理这样想，工地主任那样想，雅戈尼奇却根据自己的构思，把这条船想象成另外一种样子，就是说，他心里另有一个轮廓……他想到的也只是一个大体的轮廓，至于细节如何，别人赞成不赞成，别人看了高兴呢，还是讥笑、非难，那是无法事先预料的。如今，他珍藏的瑰宝终于摆在大家面前了，虽然不是多么完美，但停在岸边还是很好看的。挂满缆绳的桅杆高高地伸向天空。软梯一直通到桅杆顶上。船头和船尾都安装了黑金属做成的老式船灯，古时候大海船漂洋过海，在风涛怒吼之夜用以照明的，大概就是这种船灯。船的一侧有舷梯，用粗缆绳作扶手，这也是雅戈尼奇想出来的。

雅戈尼奇还是暂时不放闲人进来，因为内部装修尚未完工，但矿工朋友不在限制之列。雅戈尼奇殷勤地请他到船上来参观，虽然同时告诉他，还没有完全装好，还没有弄出个样子。

“不过，千万要注意！”他提醒矿工朋友说：“绝对不能谈生病的事。海上有一种不成文的规定：一上了船，就不准谈任何疾病……”

“我们矿工也有不少规矩……越是危险的地方，规矩越多……”

没看几处，竟意想不到地出了丢脸的事：在一个角落里，在雅戈尼奇用废缆绳料亲手编结的一条狭窄的地毯上，扔着一堆吃剩的东西：香肠头、碎报纸、没有吃光的鲱鱼罐头……老矿工虽然是一个懂礼貌的人，没有讲什么话，但总是看到了，这就够叫人难为情的了。

“堪得宾柯,你来!”他气愤地朝里面喊道。

走出来一个小伙子,穿着工装,样子挺规矩、挺不错的,从脸上看,很厚道,可能还相当风趣。

“奉命来到!”他的手在空中划了一个弧形,算是行军礼。

“是你吃的?”

“鲱鱼吗?除了鲱鱼,还有什么好吃的?鳊鱼吃不到,鳇鱼也没有,鱼子更别提,好东西都是阔气人吃的,弄到鲱鱼,只好马马虎虎吃一点儿!……”

“别说废话,弄走!”雅戈尼奇的火气压都压不住,“给我收拾干净!……把船上弄成这个样子……我早就想把你这个吊儿郎当的家伙赶下船了。”

小伙子两只脚换来换去,没有立刻动手收拾,看样子他还指望老头子的火消下去,但是老头子却拿眼睛狠狠地瞪着他,他只好无可奈何地将自己吃剩的东西包到报纸里。

“往哪里送?”他指着纸包,苦笑着问道。

雅戈尼奇更火了:

“你还要问我?弄远些!你自己也跑远些,以后别叫我看到你!……你以后别到船上来了!”

小伙子拿着那包东西垂头丧气地走了。虽然他乖乖地走了,可是老师傅心里还是十分不痛快。他十分气愤,气得不住地呼哧呼哧在喘气,矿工师傅只好来安慰他:

“别这样顶真……有些事情只能马虎一点儿……”

“听见没有,他还说吃不到鱼子呢……”雅戈尼奇的火气还是消不下去,“为什么吃不到?就因为有他这样的东西才吃不到……”雅戈尼奇对人一用“东西”这个字眼儿，就表示最大的轻蔑。“他在船上堆垃圾，还有人也像他一样，往海里扔乱七八糟的东西，那就什么鱼也吃不到了……”

“还有人将一团团的白云石灰尘撒到居民点上空，这种灰尘刺激人的眼睛。”老矿工说，“结果，这种灰尘落下的地方，庄稼都长不起来；落到窗玻璃上，擦都擦不掉，每年都要换掉几千平方的玻璃……”

雅戈尼奇一下子是安静不下来的，不会马上心平气和的。他还在生堪得宾柯的气。也许那个吊儿郎当的家伙觉得他可笑，认为他陈腐迂阔……那就随你去想吧！……

他几个月的劳动，终于得到了这位矿工朋友的赏识。到处是木制品、铜制品，式样新颖、别致，大部分做工十分精巧。客人看到用缆绳废料编结的地毯、用橡木做成的十分结实的小桌，桌旁放着橡木锯成的圆墩，是作凳子的，还可以看得清上面的年轮，角落里还有一些木桶，也是橡木做的，想必是用来盛甜酒的，木桶上还雕了一串串的葡萄和龇牙咧嘴、但并不叫人害怕的狮子头——客人看到这一切，不禁一连声地啧啧称奇。舷窗上装的是各种颜色的玻璃，就像花玻璃一样，射进来的光线带一种奇异的神秘色彩，使人觉得好像进了古城堡；顶上吊的也是用黑金属制成的老式花灯。但最值得雅戈尼奇自豪的还是那口午钟，这是船上用的真正的午钟，不是仿造的……一切都安排得有条有理，令人感觉到，一切都经过了精心、周密的考虑和安排。他们在这条改装过的船上看得十分仔细，一点也没有遗漏，最后，离开令人眼花缭乱的船舱，来到上面驾驶台旁。

“您要是有兴趣，不妨试试看。”雅戈尼奇对矿工朋友说，“方向盘也是真的，是轮船上用的，可不是仿制的。”

看样子，这个方向盘是见过世面的——锃亮锃亮的，不知什么人用生茧的手将它磨成了这个样子。

“问题不在于是真的，还是仿制的。”矿工朋友将一双粗大的手放到方向盘上，沉思起来，“要紧的是一个人有一颗高尚的心，或者说，有一种伟大的胸怀……”

两个人都不讲话了，不由得一齐观赏起大海，但他们之中的一个看到前面灿烂的阳光，联想到了岩层顶上春天的茅草闪闪发亮的情景，另一个看到远方的迷雾，似乎望见了乘风破浪前进的“猎户星号”那高高的白帆。

二十六

不仅雅戈尼奇怀念“猎户星号”，船上的人也在怀念雅戈尼奇。如今，这位掌帆的神手，海员们的良师益友已经永远离开，已经消失在库拉耶夫村滚热的尘海里，船上人依然常常感觉到他的存在，似乎他的灵魂时常飞回来。

如今老师傅在哪里？何处是他的归宿地？是不是做了牧羊人，天天手执牧羊鞭在草原上游荡？牧羊倒是很自在的活儿，不过他未必觉得自在……他是不是会病倒？会不会因为离职灰心丧气？谁都能理解，一个人遇到这种事情，往往会十分苦闷，十分烦恼的。不是每一个人都能经受得住的……如今他在草原上，在日日夜夜地干什么呢？

船上人经常谈起这些事。如今“猎户星号”开始了春季的试航。目前还是在近处，绕着本国的海岸转转圈子，不久就要进行重要的远航，这种所谓“有分量的”远航要持续好几个月。那要跑很远，“猎户星号”要把祖国的光荣、祖国的红旗带到远方。参加远航的实习生是从几个航海学校挑选的,只有那些最符合要求的学生才能获得这种良好的机会;“猎户星号”所挑选的小伙子不但要坚强、有毅力,而且要有无可指摘的仪表,举止要文明、彬彬有礼,所到之处能够引起人的好感。

对于新踏上“猎户星号”的实习生来说,雅戈尼奇自然还是存在的,但存在的主要是一些抽象的概念,因为他们来到“猎户星号”上,只能听到一些有关雅戈尼奇的传说,看到他多年在船上工作留下的许多痕迹。在他们眼里,他是一只老海狼,一尊威严的海神爷,差不多成了童话中的人物,似乎他不是因为英勇刚强,引起了人们的敬重,而是因为有趣、好玩,惹得大家喜爱,总而言之,他成了半神话式的人物。这样的人物,海上总是有的,任何时代的航海者中间,都有这样的人。不过,不知为什么,一批一批的实习生总是在怀念这位古怪、严峻、好强的老师傅,他的形象还要在“猎户星号”上长期生存下去,将成为一种象征,一种持久的、不屈不挠的力量,这种力量挑动人的心灵眷恋大海,眷恋海上艰险然而富有魅力的生活。

那些同雅戈尼奇老师傅共事多年的人,往往会逼真地回想起他生活中的许多详情细节。

“雅戈尼奇的生日快到了。”有一天副指导员提醒船长说,“最好以全船的名义,给老头子发一个贺电……”

“那当然很好。不过,我们那一次想通过卫星同他联系,不是没有结果吗?……有些人一心一意想得到宇宙无线电讯号,可是始终得不到,我们那情形也和这差不多。”

是有这么一回事儿:他们曾经打电报向老师傅祝贺新年,始终没有收到回复。

“老头子生气了。”副指导员说，“说实话，我们对他做得也不尽妥当……雅戈尼奇在船上干了一辈子，又是苦力，又是老师，这样一个‘飞鱼之父’——一下子叫他离开了船，他怎么能受得了?！……再说，我们的船一下子离了他，不也很困难？……心里总不是滋味儿。”

确实说不出是什么滋味儿。每个人或早或晚都要靠岸，都要去寻找自己的归宿之地，去迎接人生的冬天的冷风。有些人也许能够心平气和地迎接这样的变化，漠然地对待命运的突然转变，安静地坐在花前篱下，但是雅戈尼奇却不能……叫他去过婆婆妈妈的日子，天天不是萝卜，就是芹菜，真是很难设想，简直是不堪设想！因为他这个人虽然朴实，但却有头脑，一向在技术上精益求精，在事业上有顽强的进取心。这股劲头儿能否慢慢消磨掉？也许老头子先是懊恼不已，继而懊恼平息，最后同“猎户星号”一刀两断——这是完全合乎逻辑的推论。

许多人认为，任何人都是可以由后来者顶替的，但是为什么至今“猎户星号”上的人还如此地怀念雅戈尼奇？也许，不仅是因为缺少了他那精湛的技术、丰富的实际经验，也不是像实习生们编造的那样，“把风带走了”。损失是无法估计的。似乎他们还损失了他那古怪的脾气、他的唠叨不休，还有他大概是从库拉耶夫村渔船上带来的各种稀奇古怪的术语……

对于船长和副指导员来说，雅戈尼奇这个鲜明的形象越来越露出主要的一面，露出真正的面目；他们现在往往不是随随便便想起他，而是出自内心的想念，多数是在遇到困难的时候。

“有人说他是‘护船神’。”副指导员一面想，一面说，“现在才懂得，我们离了他，简直是寸步难行……他现在又在哪里呢?”

倔强的老师傅还是没有音讯，他可能已经平复了心灵的创伤，平静下来，藏起自己的烦恼，不声不响地忙起别的事情，从此与大海，与自己以往热爱的“猎户星号”绝缘。老师傅的那种热心，他对海上事业的那种实心实意的爱，也许像世界上一切事物一样，会渐渐消耗，会慢慢地、但也不可避免地趋于消失……

有一天，“猎户星号”从库拉耶夫村附近海岸经过，全船的人像听到命令似的，一齐来到甲板上：库拉耶夫村！雅戈尼奇的家乡！老师傅就在这辽阔的草原上度着他的余年。不用望远镜也能远远地看到这个不小的滨海村落。这个村子到处是花园和果园。航路图上也标有这个村子的位置：这里有灯标，还有别的标志……边防瞭望塔在村子的左方，高高的，很像高杆上筑了一个鹳巢；村子右方矗立起一批新盖的楼房。楼房前面，紧靠在岸边那个轮廓完全像一条船的东西又是什么呢？有高高的、挺直的桅杆，挂着像翅膀一样的亮闪闪的白帆——真的是一条帆船……那帆是用塑料或者白色钢皮做成的，阳光一照，射出耀眼的光芒，不停地闪烁变幻着，好像是在向大海发送令人猜不透的密码。

船长首先猜到了，他得意地说出自己的猜测：

“小‘猎户星号’！”……

二十七

像一只受伤的鸟儿，张开翅膀，躺在海边……别的鸟儿一群一群地从旁边飞过去，这只鸟儿依然停在老地方……

雅戈尼奇利用旧船残骸改造的新船诞生了，样子非常别致，很像远方真正的“猎户星号”的孪生兄弟。它的侧影，从远处看，特别美观。它的侧影，以及它那白色的孤帆，总要引起过往船只的注意；它的样子，也会使岸上人的心激动，如果这颗心有感情的话。大概，“小猎户星号”会使每个人看了高兴的，虽然它那并不完美的形体会使人产生淡淡的忧伤，想到以往生活和航行的艰辛。

雅戈尼奇的这一精心创作，至少在库拉耶夫村是得到好评的。英娜带着别的一些姑娘专门来参观过。她们参观了上面的方向盘，参观了像艺术陈列品似的大炮和旁边的锚链，但使她们流连的时间最长的是那尊水神；水神身段苗条，笑容可掬，站在船头上，呈现出一种飘然欲飞的姿态，那健美的少女乳房迎接着海上的轻风,姿势优美极了!

像少女,又像鱼,是不是又像海豚?

这位神秘的水神,雅戈尼奇是要她为海员们祛除一切灾难的。英娜看到女神,看到这条帆船和船上的各种设备,立刻看出了舅舅所花的大量心血,也许,任何人都没有英娜看得清楚。他将现实与想象、实用与美观融合到一起,他那像年轻人一样一心想远走高飞的愿望与老年人自知无力远走高飞的心情,全都凝结到这条船上,真像有的诗人说的,“让欢乐将悲伤拥抱”。舅舅倒是没有把自己的成果看得多么了不起,只是在英娜面前说:样子还不错,老远就能看得见,就算给海上增加一个航标吧。英娜能够理解舅舅的谦虚精神。这件心血加辛勤劳动铸成的产品,有的人看了会觉得高兴,有的人看了会觉得好玩儿,有的人也许会无动于衷,但英娜却从这条外形虽然单调、但也相当别致的帆船,看到了舅舅本人,看到了他那纯朴、顽强的一生,看到了他一向对同志们的赤诚和心地坦率,以及如今突然显露出来的才思和热衷心。这条船和这位笑容可掬的女神,是不是他的青年时代和第一次爱情的象征?是不是鲜明有力地再现了他的过去?他是一位诗人,一位高手,完美地抒发了自己的心胸!人民群众中有许多有才华的人,他们在各方面表现自己的才华,陶瓷工人用陶土制出精致的瓷器,玻璃工人用玻璃做成美丽的工艺品,雅戈尼奇是水手,如今就在这方面表现了他的创造才能……不管别人怎样看,英娜却相信其中肯定有天才的火花。他似乎将航海者的勇敢气魄、壮志豪情,以及自己对同志们深深的怀念,一起融进了这条船里,他在抒发自己的胸怀方面表现了巧夺天工的匠心,正是在这里看出他有非凡的才能，英娜还在其中看出了舅舅的为人、他的天性、他的高尚的、终生无愧的一生。

英娜向舅舅表示祝贺，看来，外甥女的祝贺使他十分高兴。

确实，在这项工作中，雅戈尼奇花尽了心血。他在这条船的改装工作中，不仅作总参谋，更是一个实干家。他在船上学会的做木工的本事、他在缝制篷帆方面的精湛技术、对各种船具特性的熟悉——这一切都帮了他很大的忙，而且，他那打绳结的高超本领在这里也用上了，没有派上用场的只是缝帆针和顶针。有关桅和帆的事都是他亲自动手，雕刻水神也是他的主意：应该将水神雕成什么样子，他都对奥克辛一一作了交代。他亲自安装午钟和方向盘，亲自主持装修工作，非要将这条船弄得完全像"真的"，至少也要差不多。他虽然知道这不过是要做做样子，归根结底还是一座咖啡馆，可是雅戈尼奇根本不关心它的实用意义：他照样坚持自己的做法，想怎样搞，就怎样搞。雅戈尼奇这种搞法，有时确实使工地主任很伤脑筋，他不止一次向经理告状，说老水手"乱搞一气"，用材料不算账，比如说，他要搜集各个时代，甚至埃及时代、腓尼基时代船上用的东西，来布置咖啡馆的内部。有关用材问题，几次对他进行了严肃的警告，他也签收了这些警告，但是他还是照自己的意图办事，还是一心一意地继续在给自己的帆船拼命打扮。

终于这项工程全部结束，验收小组给的评价是"优等"，雅戈尼奇拿过交接书，在厚厚的纸上吃力地用草体签上自己的名字。这时出现了一个问题：这条做咖啡馆的船叫什么名字呢？有人提议说：

“是不是也叫‘猎户星号’?”

雅戈尼奇认为这是取笑他的,心里很不快活,甚至有点儿恼火:

“也叫‘猎户星号’? 两条船同名,不行!”

“你们那‘猎户星号’不会永远不坏,”工地主任说,“早晚要报废的。”

“旧的报废了,就会有一条新的‘猎户星号’,还是一条。海上的人都知道,只有一条‘猎户星号’。”

大家认为他说得有道理。

有人提出给这条船取名“水上咖啡馆”,有人又要叫它“朱玛号”,这些提议结果都被否决了。最后大家决定将取名字这个问题暂时摆一摆:也许矿工们自己会想出一个好名字的。

雅戈尼奇如今没有事做了。他已经从船上搬到车棚里住。在这里住下去,自然不会有人撵他,但车棚是装了轱辘儿的,是会动的,说不定哪一天挂钩往上一挂,就给拖到别的工地上去。看来,应该另找更为可靠的栖身之处。雅戈尼奇也可以到海滨自然保护区去,曾经有人来找过他,请他去制作鸟类标本:他们需要这种人才,会制作标本的人是不多的……当然,还要去给鸟儿上套环,保护区里每年都要给鸟儿上套环,挂上号牌,然后放掉。这些鸟儿往往能飞很远,然后又飞回来;今年夏天库拉耶夫村发现一只普普通通的灰麻雀挂着号牌,竟是开普敦飞来的。

不过,公司领导人念及雅戈尼奇的功劳,还一直在对老师傅表示关切。新任命的疗养所所长宣布说,从今天起雅戈尼奇担任海滨浴场值班主任的职务。“说干脆些吧:就是看门!”——雅戈尼奇心里嘀咕说,不过他没有拒绝这一任命。

水上咖啡馆开张了。矿工们,还有其他方面的人,每天傍晚称心如意地坐到甲板上一张张的小桌旁。顾客们兴致盎然地观赏许多木刻和麦秸编制的工艺品,古代船只的模型,观赏奥克辛和另外几个小伙子在板壁上画的精彩的图画,观赏画上的海豚、喀尔巴阡熊和各种奇形怪状的鱼类……

雅戈尼奇老师傅也爱在傍晚到这里坐坐,有时陪边防哨所的阿塞拜疆军官,有时同奥克辛一起,有时就他一个人。他闷坐在角落里,皱着眉头望着年轻服务员笨手笨脚地给顾客上烤牛肉、各种海味和一种特制的鸡尾酒:这种酒有一个骇人的名字——"海盗血"。这些小伙子是专门派来做服务员的,他们装扮成海盗的形象:穿坎肩,耳朵上戴耳环,腰上挂佩刀,系大红宽带……他们很快便进入角色,扮演得很像,在他们的一行一动中、在他们的面部表情中,好像真的有了一点儿海盗味道。雅戈尼奇很不喜欢这一套,对这种海盗味儿和这种古里古怪的耳环十分反感。他常常同这些服务员争执起来:

"别忙着学玩花样儿,先学学本事,上菜动作麻利些,碟子和碗少打破几个,学'海盗'不顶用……花样儿学了不少,真本事一点儿没学到……"

"老人家,我们会学到的!学坏事就能学会做好事,错误使人长进嘛!"——"海盗们"回答说。

他和他们经常顶顶撞撞的。他们的一行一动都使雅戈尼奇看着很生气,觉得很不顺眼:跑都不会跑,又慢,又不灵活,这些人如果到船上,他才不要呢!船上他那些实习生能够在风暴中爬桅杆，灵活得像松鼠一样，这些“海盗”行吗？他总是拿面前这些人去和那些不带耳环、但行动起来像闪电一样的实习生相比……

“您这话我们听过多少遍了。”有的“海盗”随口顶撞说，“船上和这里完全是两码事。到了船上，就会有船上的本事。现在我们头顶上挂的不是帆，是风向标……拿您那方向盘转上几天几夜，您这条宝船还是纹丝不动，就像生了根一样，您还拿它当真的呢……”

这些家伙专门拣他的疼处，狠狠地戳上一刀，使他再无还手之力。他们正是抓到无法否认的事实为把柄，才敢这样放肆地取笑他……其实，只是在雅戈尼奇眼里，这些滑稽的小伙子是讨厌的，别的顾客倒是挺喜欢他们，他们那副海盗的扮相惹得大家捧腹大笑，使大家十分开心。不花钱能看到滑稽戏，有多好呢！……

晚上，爵士乐队来了，个个都是长头发，和这些海盗一模一样。这些长头发的好汉们一到，电吉他一响，经过扩音器一放，吱吱嘎嘎、叮叮当当，简直将耳朵都要震聋，雅戈尼奇为了表示抗议，站起来就走。

“我才不受这个罪哩！”他轻松地舒一口气，再也不愿受这些“海盗们”折腾了。

其实雅戈尼奇还是来到海边，在苍茫的夜幕笼罩下听起另一种音乐，这种音乐年年月月在演奏着，他从来没有听厌过。他缓步在水边、在空无一人、到处是垃圾的浴场边上走着，偶尔能碰到柯尔夏克老汉的几只鹅：鹅也喜欢夜游的。在遥远的童年时代，雅戈尼奇也放过鹅，有时鹅群一下子钻到小麦地里，在里面呱呱地叫起来:“两个……干一棵…… 两个……干一棵……”那时候他是懂它们的话的,现在不懂了。眼前有几只鹅正在水边大摇大摆地走着,在黑暗中发出奇怪的白光。这是一种古老的禽鸟,自古以来就是家养的。有一个古老的传说:一群鹅呱呱地叫醒了罗马守卫城门的士兵,从而拯救了这座名城。这群鹅想必也是那群古鹅的后代子孙……

早晨,天麻麻亮,雅戈尼奇就起来工作。契列得尼琴柯有一张老式的铁耙,是他在做康拜因手以前扒拢地上的零星麦穗用的,原来是用马拉的,早就置弃不用了;现在雅戈尼奇拖了来,用来扒拢海边的垃圾;他在沙滩上慢慢地拖,决心要进行一场持久的战斗,将库拉耶夫村的浴场打扫得干干净净。他是自觉自愿地担当起这一使命的。他本来可以完全不管这些事。用铁耙清除垃圾自然也是他自己想出来的点子。有关同志答应过要弄一部扫路机来清扫一下的。可是,谁知道那要等到哪一天? 还是我老头子亲自动手吧! 慢慢地拖,把垃圾除掉,把沙滩搞得平整些,弄得干干净净的,让人看着爽快些。

“以后我不准那些‘不文明’的人到浴场来。”矿工中有人过早地开始了游泳,见了雅戈尼奇便亲热地打招呼,老头子嘟囔说,“这简直像狗打滚儿的地方……不像是人玩过的。不是文明人,是直立猿人!”

“没变好的猴子!”有一个矿工笑着说。

“原始时代的!”

雅戈尼奇每天早晨拖着铁耙在沙滩上走,把一天来扔的乱七八糟的东西打扫得干干净净,简直叫人看不出是有人来玩过的。

但是,如果他碰到昨天孩子们用沙堆成的玩意儿——例如小小的城堡,城堡构造样样齐全,有敌楼、城垣、护城河,或者用沙堆成的小船,小船很像“猎户星号”,上面还插了贝壳当帆,——他就要停下来站一会儿,仔细欣赏一番这些学龄前雕塑家的作品,然后小心翼翼地绕一个弯儿,免得碰坏孩子们的辛勤劳作,又吃力地、像个人力车夫那样,拖着沉重的铁耙继续往前走……

如今他显然已经对那条作咖啡馆的船失去了兴趣,连看也懒得看了。他比别人更了解那条船的缺陷。别以为他没有勇气承认自己工作中的缺陷,他的勇气倒是绰绰有余的,问题是在于:一条船动都不能动,算得什么船呢?造船就是为了航行,为了乘风破浪,这才是造船的主旨……方向盘他装上了,午钟也挂上了,帆却不是那么回事儿。不是真正的帆。只有真正的帆才能使船有行驶的气派……帆是塑料的,塑料毕竟不行,代替不了真正的布帆,可是真正的帆在这里根本不能用,不敢完全张开。只有帆布做的帆,遇到风才能发出好听的声音,好像在头顶上吹口哨,不,不是吹口哨,是唱歌……不过,即使能弄到帆布,缝成帆,装配齐全,可是只要往上面一挂,风一吹就要将桅杆吹断,或者连根拔掉……船不能动,挂上帆就要出危险。真正的帆,能飞能唱歌的帆,只有用在真正能跑、能够在大海上勇猛飞驰、像“猎户星号”那样的船上……

老师傅佝偻着身子,拖着他那旧物新用的劳动工具在海滩上不停地走着;他走过的地方一切静悄悄的,除非海浪出人不意地偷偷溜上岸来,一个冲锋,将他保留下来的孩子们的辛勤劳作,将那些沙做的英雄城堡,将那些小小的战船一舌头舐光。在日出之前，整个海滩将是清洁的，到处都收拾得干干净净、平平整整，就像从来没有人来过似的。

二十八

雅戈尼奇以为世界上不会有人想起他的生日的,谁知就有这样的人:这一天早晨,阿尔卡济街的机工朋友第一个赶到了。他的到来,使雅戈尼奇很受感动。他打听了半天,终于在这里找到了老朋友,一见面就抱住雅戈尼奇说:“嗯,你是不是以为我把你忘了?把你报废了?不会的,老朋友永远报废不掉!”

雅戈尼奇得意地领着老朋友在工地上到处走走,好让大家都知道他的老朋友来了。他还向领导人介绍了自己的老朋友,说他是战斗英雄,立过几次大功,当年曾经将缴获的一艘巡洋舰从遥远的德国一个港口开进我们的北海。这样大的家伙定员需要一千五百人,可是他们当时只有六十人,这且不说,开到海上,发现军舰上埋伏了定时炸弹,是隐藏的法西斯匪徒在最后一刻埋伏的……军舰在走,炸弹上的定时器也在走……如果我们的人马虎一点儿,那就非爆炸不可,但是当时那批人都是顶呱呱的,这位机工朋友首先发现情况不对头,又是他冒着危险将炸弹排除掉;后来军舰开到李巴夫港，海军上将亲自授给他一颗战功勋章……老机工一声不响地听着，没有表示异议：情况确实没有讲错，只是他一向为人谦逊，如今老朋友将他夸奖过分了。等到剩下他们两个人在一起，机工朋友不知为什么老是意味深长地拿眼睛看他，隐隐地向他表示一种什么意味，似乎在说：等着瞧吧，底下还有你意想不到的好戏呢……

午饭之后，果然来了两位意想不到的客人——“猎户星号”派出的两名实习生来到了，两个十分英俊的小伙子手里都提着东西。两个小伙子一见面就抢着向雅戈尼奇表示敬意，说他们代表海校、代表全体船员、代表航运局向老师傅表示祝贺。两个人还拼命说老师傅显得如何如何年轻，看样子简直不超过四十岁，要是穿上“猎户星号”送的这套水手服，那就更不同了……一面说着，一面将带来的东西放在床铺上，解开布包，拿出一身崭新的水手服递了过来。这身服装非常气派，简直像将军服……这个小小代表团的两名成员中，一个是一年级学生沙布林柯，是附近一个村子的人，个子矮矮的，非常结实，似乎不太爱讲话，这个小伙子以前雅戈尼奇没有见过；另外一个叫奥列格·萨鲍洛特内，可以说，是雅戈尼奇的老相识了，是一个很有教养、很斯文的小伙子，已经参加过几次航行，在“猎户星号”篷帆底下同雅戈尼奇一起度过了不少的夜晚。起初雅戈尼奇觉得很奇怪：他这样一个外交官的儿子，从小生活在外交人员的小孩子群里，懂三种外语，完全有可能走外交这条途径，谁知他立志要做水手，要到大海上探索人生的奥秘。一个人要选择什么样的人生道路，实在叫人很难预料……

如果两个小伙子带来的是海校炊事员巧手做成的祝寿大蛋

糕，那是没有意思的，那样花花绿绿的蛋糕最好送给幼儿园的孩子，孩子们才喜欢那样的礼物；现在带来的竟是水手服，这可使雅戈尼奇感动极了。他穿起来试试看，又走到镜子面前自己照照，看到自己戴着像“蟹壳”一样的硬沿帽，上装的纽扣闪着金光，他这个不爱笑的人不由得笑了：衣服做得非常合身，说明大家还没有忘记他的身材。这一天他一直没有脱下这身海员的礼服。

一会儿，奥克辛来了，也来向雅戈尼奇表示祝贺，送给老师傅一把精致的板斧，还说他祝贺来迟了，请老师傅原谅。来迟的原因是不消说的，因为工地上谁也不知道今天是雅戈尼奇的生日。

“要不是他们来，”雅戈尼奇指着机工朋友和两位海上来使说，“连我自己也忘记这回事了……再说，过不过生日，有什么意思？不过是又加了一岁罢了……”

可是，雅戈尼奇老师傅大喜的日子，该知道的人一下子都知道了。晚上，库拉耶夫村的乡亲们在水上咖啡馆举办了寿筵，工地上姑娘们送来一束束的鲜花，公司领导人也出席了，不用说，还有许多客人：“猎户星号”的使者、机工朋友，以及其他一些熟人。

雅戈尼奇今天晚上一反常态，开怀畅饮。

“孩子们，拿来，都拿来，香槟酒啦，凡是你们底舱里有的酒都拿出来！”他朝“海盗们”叫喊道，“也许什么地方还藏着鱼子酱，全端上来！你们瞧，今天多热闹！”

今天雅戈尼奇也不再同服务员们拌嘴，服务员对他也毕恭毕敬的，因为今天他是主角，这台戏是他主演的！要香槟，有香槟，要“海盗血”，就来“海盗血”……这种库拉耶夫村产的鸡尾酒一杯一杯地出现在桌上，黑黑的，是一种烈性酒，这种酒的酿造方法连契列得尼琴柯都没有打听出来,所以至今还是一秘方。筵席上闹闹嚷嚷,又是祝贺,又是敬酒,工地主任本想作长篇发言,可是大家一齐起哄,又是哄笑,又是打岔,弄得他只好作罢,拿手在空中一挥,说了一声:

"祝您长寿! 干杯!"

机工朋友简直作起诗来了——他谈起了苹果树,说:果园里有许多苹果树,苹果树各有不同,有的结的果子太多,被压得直叫疼,有的一个结不出,愁得唉声叹气……

"我们面前这一位,"他指了指老朋友,"就是一棵肯结果的树,过去结了不少,现在还在结。这样的苹果树实在了不起! 干杯!"

雅戈尼奇解开上装的纽扣。他满脸通红,显出醉醺醺的样子,这倒不是因为喝酒,而是因为大家向他表示了感人的敬意。他坐在亲友们中间,心情十分舒畅,眼睛里重新放射出青春的光彩。坐在对面的英娜,觉得舅舅好像换了一个人,好像一下子年轻了几十岁。舅舅想必看到有这么多人一起,有像两个儿子一样坐在左右两旁的船上来的小伙子,有库拉耶夫村的乡亲,有抹灰姑娘们,还有面色开朗、自带佳酿前来的健壮的矿工们,看到这么多人济济一堂,心情自是无比的愉快。

"人需要友爱,"雅戈尼奇用感动的目光扫视了一下全场的客人,"友爱对于我们搞船的人是头等重要的事。船上人本来完全可以把我忘记,虽然我还活着,但他们完全可以把我当成已经死掉,这种情形也是常有的;可是他们却没有把我忘记……为什么对我这样尊重呢? 我是一个平常而又平常的人,是一个在船上干粗活的大老粗。譬如说,如果是在地下挖煤,或者做一个优秀的康拜因手,或者发明抗流感的新药,那倒也有些意义,可是我这一辈子总是干一些不入流的活儿！打结子啦,摆弄帆布啦,拿帆布兜风啦……不错,还会摆弄鸟儿,还在运租借物资的时候吃过水银,可是,这有什么了不起的？稀松而又平常……有时候简直觉得好像……”

“别‘好像’了！”奥克辛不赞成他的说法,一反平时态度,笑着打断了他的话,“按道理,不应该当面恭维人,但是,我们很快就要分手了,安得伦·古里耶维奇,请允许我把我们对您的评价公开告诉您,我们年轻人都说:您是一个了不起的人！一点也没有夸张！您就不要一股劲儿地谦虚了……”他为了向老师傅表示自己的敬意,为了让大家都能听到他那微带酒意的热情的颂辞,站起来说:“至于我自己,您的教导我永远记在心上。您使我学到了很多东西。安得伦·古里耶维奇,您也许没有看出:打从我见到您的那一天起,我完全变了一个人。我认为:有的人是认真干活儿,有的是磨洋工,虽然表面上看起来都是一个样;有的人拿工作当受罪,有的将工作变成了创造,或者说,变成一种劳动的艺术。一个人能够一心钻研自己的工作,就会是这样的……在改装这条船的过程中,您那样热心;那股劲头儿,就带动了我们,天天在督促着我们。有您这个严师、这个良师在一起,就永远不会觉得苦闷无聊,永远不会生蛆……”

“你给我吹那么一通,我该怎样谢谢你？”雅戈尼奇装出生气的样子,实际上他听了小伙子这一番话,心里舒坦极了。

两个实习生也凑着这个机会,接上去说,他们船上直到现在都觉得少不了雅戈尼奇老师傅,大家都十分想念他。

“大家想老师傅想得离了谱儿。”萨鲍洛特内一面用眼睛望着英娜,一面说:“船上一有人出点差错儿,就要说,这都是因为老师傅不在船上了。说:雅戈尼奇在船上的时候,从来没有发生过这样的事情。要是没有顺风,大家就要说:雅戈尼奇把我们的风装到口袋里,一起带回库拉耶夫村了……有时候篷帆或者别的东西老是出问题,有的人就迷信起来,认为可能是出了鬼……副指导员就开导大家说,同志们,别搞迷信,还是找找具体原因……依我看,恐怕确实因为雅戈尼奇不在船上,没有他来严格要求你们,才经常出问题…… 有时候大家真希望挨挨老师傅的骂,特别在风暴狂叫的夜晚,真希望有这样一个活的护身符在身边……古里耶维奇,我用这样一个字眼儿来讲您,您不会生气吧?”

“喊我直立猿人也没有关系。”

雅戈尼奇听到这样的话,特别从实习生嘴里听到这样的话,真是得到了莫大的安慰。他本来认为自己已经成了废物,命运已经将自己扔出人生之船外,任凭老朽和孤寂这两条鲨鱼吞食。他以为船上的人早已把他忘得干干净净,谁知竟是这样的!原来,“猎户星号”没有把他忘记,一直还在怀念着他。真想回到这些年轻人中间去,把自己的灵魂永远留在“猎户星号”篷帆底下,哪怕自己的躯壳进棺材……

“孩子们,把你们的拿手菜,你们的烤牛肉端上来!”雅戈尼奇朝“海盗们”喊道。

烤牛肉端上来了。首先端到雅戈尼奇面前,可是他推给了机工朋友。

“牛大王,上菜……现在是头条好汉给诸位上菜来了……”端菜上来的竟是堪特宾柯,就是因为乱扔吃剩的东西被雅戈尼奇撵下船的那个小伙子。“你们瞧,他那海盗耳环叮叮当当多神气哟! ……”

船上越来越热闹。有一位边防战士带着手风琴来了。算雅戈尼奇走运,今天爵士乐队休息。他们那叮叮咣咣、啸音刺耳的疯狂音乐,恰好由手风琴来代替。

“来一个,来一支海上歌曲!”雅戈尼奇对边防哨所的手风琴手说。

脸色通红、一向爱说爱笑的涅莉雅,这时正坐在矿工们当中,她一下子跳起来,斟了满满一杯香槟酒,从许多人头上递给拉手风琴的小伙子:

“喝掉,查法尔,加油拉……我来跳舞! 也许,我这么一跳,会有哪一个矿工老弟迷上我呢!”

手风琴一响,涅莉雅就跳了起来,她飞快地旋转着,把戴着眼镜、一向十分庄重的疗养所所长转得头昏眼花,等他稍事镇定,涅莉雅又同他唠叨起来:大概是谈她的儿子呢,恐怕是在说儿子如何聪明能干,又考取了海校,起初弄来星仪,如今又不知从哪里弄来了月球表面图……

这种图不久前涅莉雅的儿子给雅戈尼奇看过的,雅戈尼奇惊讶地说:

“那么荒凉的地方,一点生命都没有,你要看这种东西干什么?”

“为了进行对比,……看到别的星体荒凉,才会更爱我们的星球!”

今天这里充满了幸福欢乐的气氛,人们既不吵嘴,也不打架,而是亲密无间，自动地结成伴儿，一对一对地加入舞蹈的行列。雅戈尼奇心花怒放，欣赏着一对对舞伴优美的舞姿，尤其使他高兴的是，他看到奥列格·萨鲍洛特内上前邀请英娜加入了舞蹈的行列。他那英俊、挺拔的身姿，踏着古老的华尔兹舞曲的旋律，同英娜一起舞着，显得非常文雅和优美。两个人十分配称，真是天生的一对儿，两双明亮的眼睛彼此深情地望着，什么话都没有讲——在这里言语是多余的，因为青春正在为他们传递火热的情意。

今天这条船上主要的乘客就是欢乐，为这条船花费那样多的心血是值得的，完全值得。草原的夜空荡漾着欢乐的声浪，雅戈尼奇周围熙熙攘攘一片生机，扮成海盗的小伙子们端了托盘灵活地在人群中转来转去，脸上带着亲切的微笑，连奥克辛在板壁上画的那些奇形怪状的游鱼，仿佛也在对着雅戈尼奇微笑。

大家都无拘无束，自由自在：有的站起来就走开，也不打招呼，有的还不太熟识，却来表示亲热，略带酒意的奥克辛不禁放声歌唱，唱起了可爱的哥洛梅卡民歌，这种歌有点儿轻佻，但是十分逗人；遗憾的是，在场的人都不能陪他一起唱，连那支《红芸香歌》，除了抹灰姑娘塔西雅外，谁也不会伴唱。

到处闹哄哄的一片嘈杂声，人们跳起欢乐的舞蹈，震得甲板咚咚直响，这时从下面传来契列得尼琴柯洪亮的讲话声：这位主席来迟了，是开不完的会议使他耽误的，但他还是赶来了，因为他感觉到这里有至为重要的大事等待着他，他不能不来。契列得尼琴柯一面往船上走，一面同服务员和炊事员讲笑话，问他们：是不是老海狼在这里举行宴会？

“你们这些滑头鬼要永远记住：雅戈尼奇是我们的稀世珍宝！”他不知在对哪一个说，“他一死，世界上就再没有这种人了！”

契列得尼琴柯一登上甲板，就用他那双有力的手臂将老朋友紧紧搂住：

“怎么样，老兄，还‘库拉’不‘库拉’？”

他将面前的“海盗血”推开，因为他不明白这种可恶的酒是怎样酿制的，用什么样的配方，再说他的心脏不允许，不比当年了，年轻时不论喝什么酒都不在乎……

契列得尼琴柯在桌旁坐下，同阿尔克济街来的老机工谈起了气候问题，他们都认为全世界的气候发生了显著的变化，但一个说变热了，一个却说变冷了；后来又谈到大自然的平衡，契列得尼琴柯讲了一件很稀奇的事，说有一次在一块最好的小麦地里发现了许许多多的老鼠，“小麦长得非常粗壮，像芦苇一样，可是老鼠也是成团成团的，先啃麦秆儿，把麦秆儿啃倒，就吃嫩麦穗……这可怎么搞呀？有什么办法治呢？这时候忽然来了许多鹰！有很多年没看到鹰了，还以为草原上的鹰绝迹了呢，谁知一下子来了这么多，一群一群的，有几百只，也说不定有几千只，在麦地上空来回地盘旋、俯冲，对鼠群发动了猛烈的进攻。老鹰把老鼠消灭得干干净净，完成任务就飞走了，飞得无影无踪，一对也没有留下，也不在护田林里做窝……你们看，多么奥妙！自然界的一切配合得多么好！”

“妙，妙，自然界的一切配合得都很妙！”老机工十分赞同这种说法，“就怕我们乱搞，破坏大自然的配套……”

“老鼠多了，自会有鹰来，用不着犯愁！”有一个矿工笑着说。

炎热的一天过后，夜晚的空气特别清爽，微风从海上吹来，吹得一张张滚烫的脸凉丝丝的，人们在船上尽情欢度着温暖的夜晚，个个都感到无比的愉快，雅戈尼奇一再慷慨地喊服务员上菜：

“孩子们，上菜，还有什么好东西，全给我拿出来！让大家玩个痛快……”

今天在这里，歌声、笑声、闹声一时不会停的，这种欢乐的嘈杂声一直要继续下去，要到南方之夜的夜阑，夜阑时，悬在大海与草原之上的苍穹显得特别威严，天空的星星分外明亮，抬头望望天空，那星星数也数不清。

……有两个人在海边走着。往哪里去？我们不必过问。到处静悄悄的，只有灿烂的星光，草原消融在大海的怀抱里，银河在大海的上空远远地伸展开去，在苍茫的夜色中显得分外耀眼，是否特意为他们两个照亮？这会儿周围的一切，以及这广阔、神秘的宇宙，看来都属于他们两人……

有时在夜晚漂洋过海，不由得有这样一种感觉：似乎是在穿过整个宇宙，穿过永恒的空间与时间。只有在航行中，在黑沉沉的夜里，在茫茫无边的大海上，才能如此强烈地感觉出自己同万物、同宇宙的血肉联系！……即使你不过是一个海校的实习生，刚刚学懂了航路图、星座位置、水的流向，但你这时往往想的不是这些事，想的是做一个什么样的人，来到这个世界上是为了什么，自己一生唯一的一次航程如何度过。

“他那丰富的经验，精湛的技术，自然是值得我们学习的，”萨鲍洛特内慢慢地走着，一面对英娜说，“但更值得我们学习的，是他的为人,他那朴实、高尚的品质。”

“和我想的完全一样。”——英娜心里这样说,不由得笑了,问他:

“他一向对人要求很严,恐怕天天要骂你们吧?”

“才不是这样呢。恰恰相反,我倒觉得他对人特别客气、讲究方式、体贴入微。有一次他发现我情绪不好;有时候我在船上心情很坏,打不起精神,说起来实在有点儿不好意思……有时没来由地觉得恐慌,觉得船上规矩太严、活儿太重,再说,一个人刚到海上,天天和大海打交道,也不是一件开心的事儿……雅戈尼奇好像看透了我的心,有一天他喊我:小伙子,你过来。我以为他要叫我干活儿,叫我刷洗甲板什么的呢。他把我带到甲板边上,让我坐到他身边,我还记得那一晚上和现在一样,也是满天星斗……他说:你讲给我听听,你是怎么回事儿……我讲什么呢?我本来日子过得好好的,可以说百事如意。一切事情由爸爸给弄得好好的,顺顺当当,舒舒服服,什么事都不必犯愁。一个外交官的儿子,从小靠吃杧果长大的,长到十五六岁还以为粮食是在树上长的,还能有什么事需要操心呢?……我和我的朋友沙布林柯不一样。他从小就在畜牧场干活儿,海上的活儿他自然是不怕的……”

“进海校是不是逼您去的?”

“问题就在于不是逼我去的。是我自己要去的。我读了不少关于航海的书,我爸爸有一个同事是海军武官,他经常讲一些航海的事情,打动了我的心,使我着了迷……我也要搞航海去!自然,想法是很天真的:白色的轮船,蓝色的海洋,美妙的生活……头一个月,我们到国营农场收番茄,还能干得下来,可是到后来，……真正难挨的日子是在后来，后来到海上闻到大海的咸味儿，才晓得这实在是一项苦差事。越能引人入胜的事就越艰苦。特别现在，航海方面也普遍地实行了无线电通讯联络。这样一来，船上的电报员就再也离不开电报室，一天到晚都要守着自己的收发报机，这就产生了‘寂寞的问题’。西方人士说，现在差不多各国年轻人都对航海失去了兴趣，出现了奇怪的 drift to the shore 现象，翻译出来意思就是：往岸上跑……”

“有些人往岸上跑，可是您却反其道而行，是不是想逆潮流而动？”英娜笑着说。

“是的，差不多是这样，虽然应该说，正是这一步挽救了我。要不然我会堕落，会滑到泥坑里去的，正如雅戈尼奇说的，人在大海上不会翻船，往往翻在水坑里……事情说起来有些奇怪。连我自己也不觉得，自己竟慢慢变成一个没有心肝的人了，过早地变得冷酷无情、麻木不仁，渐渐对别人的疼痒漠不关心，而且对自己家里人也是一样：学会了对自己父母说谎话、作假、态度粗暴……”

“简直不像……”英娜小声说。

“是这样的，您要相信，确实是这样。”他笑了笑说，“既然我忏悔已经开了头，那就让我说完吧……难为您拿出一点儿耐心听我忏悔。总而言之，拿雅戈尼奇的话来说，一个小伙子翻船了。就是说，那种纯洁的心灵、小时候那种真挚、无邪的心灵，不知不觉地慢慢丧失了……在一生这种关键时刻，要不是遇到了雅戈尼奇这样一个有远见的老师，也许这一辈子就完了。到现在我还不清楚，他是怎样摸透我的心情的，究竟从什么地方知道我的精神发生了危机，知道我在瞅机会开小差……他也许凭他那有经验的直觉,准确无误地看出了这一点,及时地劝阻、鼓励,才使我悬崖勒马,没有走那一步……我真不知道当时我怎么会把心里的话一下子全对他讲了出来,就像现在对您这样。他开导我,对我讲了一番非常简单、但也是推心置腹的话,说人生有顺境,也有逆境,一个人应当受些锻炼,应当有上进心。他讲得那样亲切、委婉、入情入理,叫人口服心服。他的一番话,使我对我的父母、对航海、对我自己和自己的未来,有了一番新的理解。他确实治好了我的思想病。我觉得很有意思:心理疗法竟是这样有效……我不知道,您对医生是怎样看的……”

“我自己就是医生。”

“当真?!那您就更有兴趣听了……有些随船医生说,人在海上航行几个月,机体就要发生生理上的变化。他们还说,心理也要发生变化。我的变化恐怕首先表现在性格上,我的性格发生了急剧的变化……促使我变化的就是他,就是我们的雅戈尼奇老师傅……”

“您可知道,他离开‘猎户星号’心里多么难过?”

“我能想得到的。他把几十年的心血用在‘猎户星号’上……在船上过了那么多年,一下子离开了,怎么会不难过?”

“听说,以后不用帆船了,这话是不是真的?”

“这种话毫无根据,至少我认为这是毫无根据的……一提到帆船时代,好像指的就是人类的幼年、带点儿诗意的蒙昧时代……可是,人类的创造力是永远不会停顿的,我相信,人类一定会不折不挠地、大胆地进行创造,设计出新式的巨型帆船。为什么不能呢?一定会出现动力十分强大的帆船,来往于各大洲之间,运输大量的货物;世界上别的东西用完了就没有了,风是取之不尽、用之不竭的……现在既然有所谓能源危机,为什么不可以将风力利用起来?……未来的情形怎样,谁又说得清?也许,我们已经知道的太阳风会离开太阳,将带帆的宇宙飞船吹送到遥远的星空!这不是空想,英娜,有些怪人已经在热心地想这些事情了,不瞒您说,这些人当中也有我这个不知深浅的海校学生萨鲍洛特内……帆船、大海、天空,确实使人神往,确实有一种魔力,使人产生一种醉意……"他笑了。

"您恐怕不是想说醉意,是想说诗意……"

"也许说诗意更恰当些。人类永远喜欢探索……探索是开天辟地以来人类永恒不变的天性……"

"所以也就不难理解,你们的老师傅为什么到现在还一直安不下心来……"

"我们都在惦念他。船上人都认为雅戈尼奇对'猎户星号'有汗马功劳……另外,我告诉您一个秘密,我和沙布林柯还有一项任务,就是要仔细观察一下老师傅的健康状况,看能不能请他参加一次新的航行,可能是一次最重要的航行……英娜,我还有一点要感谢他,因为他,我们在这岸上相遇了。我们各自走的人生道路本来有可能彼此错过的,那样我们就永远不能碰到一起……英娜,"他突然站住,带点儿腼腆和羞怯地朝她望了望,"请您答应我……能不能给您写信……打打电报也行……行吗?"

姑娘一声不响地站着,心情十分激动。

"答应我吗,英娜?"

英娜点了点头表示回答,没有望他,只觉得脸上火辣辣的。

他们又朝前走去,漫步在可爱的海岸上。他们希望海岸没有尽头,希望大海永远像今天这样对他们低语、吟唱,希望黑暗中不断地冒出一个个笑脸相迎的沙堆,因为今夜特别温暖,星光特别灿烂,夜空无限神秘,夜空中隐隐响起美妙的乐曲,似乎在预报幸福的来临。

二十九

即使在这样肥沃的土地上，似乎也不曾有过像今年这样的丰收。在条条的护田林之间，一片片优良品种的小麦——“曙光号”和“高加索号”——密密层层，确实像金色的海洋。冬天没受到冻害，成熟期没受到干热风的烘烤，没有被暴风雨吹倒，庄稼已经到手。像这样的庄稼，祖祖辈辈没有看到过！

契列得尼琴柯大胆地向区里打了电话：

“小麦势头不小，打谷场看样子会吃不消，仓库恐怕也不够用！……”

库拉耶夫村中心机械化打谷场打扫得干干净净，暂时一颗粮食也没有。部队的小伙子们又开着汽车来参加收割了，但不是去年那一批，是另一批，他们还是在畜牧场旁边扎了营。等一声令下，就投入收割。草原的天空还是瓦蓝瓦蓝的，暂时还没有被收割时期的灰尘遮住，那像白帆一样日夜升腾在空中的尘烟还没有升起。

人们都在等待着,等待着……

终于这一天来到了。这一天伴随着歌声、音乐声来临了。全库拉耶夫村的人都来到田野上参加开镰仪式。人们都穿了节日的服装,那风吹日晒的脸上露出兴奋而喜悦的笑容:他们终于盼到了好收成!一片片的小麦呈现出金黄色,散发着暖烘烘的太阳气息和生命气息,颗颗小麦都被沉甸甸的麦穗压得弯弯欲倒。合唱团的姑娘们个个系着鲜艳的绸带,站在临时搭起的戏台上,面对着即将收割的庄稼,唱起一支庆祝丰收、赞美庄稼人的歌。这支歌是英娜专门为库拉耶夫村合唱团编的,歌名叫《田野之歌》。谁也没有要她编歌,是歌子自己出现的,是内心的激流、内心的声音、内心的崇敬之情自动流到了纸上。她和大家共同的感受、她在这不平常的几个月中的个人感受、使她不安的东西、她所期待的东西——一下子在心中成熟、激荡,喷涌而出,成为歌曲。“银河闪着晶亮的光芒,和风吹在我们的脸上……”——老水手雅戈尼奇听到了库拉耶夫村新的民歌,他的一生像一幕幕的电影出现在他的眼前:那饥饿、贫困的童年,那动乱的青年时代,前往比雷埃夫斯执行共产国际任务的情景,那可怕的战争年代,战争没有在田野上播种金色的小麦,而是扔下黑色的炸弹,在人间播种死亡……可是,如今田野复苏了,在和平、宁静的天空之下,大地又呈现出一片蓬勃的生机,田野上又是滚滚的麦浪,他那心爱的“猎户星号”想必也在准备进行新的航行了……

是的,应当就要出航了,小伙子们就要高高地扬起白帆……雅戈尼奇站在滚滚的麦浪中间,仿佛清清楚楚地看到了修船码头,看到了经过检修、即将远航大西洋辽阔水域的“猎户星号”。

看到那条轻得像一把提琴、在同狂风巨浪搏斗中却像一头猛狮的船……他仿佛看到海校高年级实习生已经来到码头上，穿着漂亮的水手服，水手帽上的缘带迎风飘动。一张张年轻的脸，有的无忧无虑，有的在沉思、想心事。他们都还没有见过风暴，没有领略过风暴中颠簸的滋味；三三两两地走着，手里提着小提箱、旅行包，有的带着吉他，有的腋下夹了一捆书，也许还不晓得，在船上是没有时间读书的……一个个穿得干净、笔挺，他们都还不知道未来的考验究竟是什么样的，但都准备拿出忘我的英雄气概和年轻人的勇气接受这样的考验。雅戈尼奇仿佛也走进了自己的篷帆修理间，将顶针放回老地方，仔细察看那心爱、结实、浸了油的帆布，呼吸着松脂、碘酒、缆绳的气味，这种气味最使他沉醉，因为它代表着大海的全部气味；这种气味如今同熟透的小麦那种又香又甜的暖烘烘的气味混到了一起……

外甥女英娜这时站在他身边。她是因为有急诊出来的，所以还穿着白色工作服，系着腰带。她屏气息声地倾听着合唱团演唱她编的歌。这支歌曲气势雄浑，赞美丰收，赞美明朗的天空、美丽的大自然，赞美劳动人民和劳动人民对祖国土地深厚的爱。

姑娘的一双眼睛透露出内心的激动，褐色的眼睛里闪烁着晶莹的泪花，好像清晨的露水珠儿……

康拜因手们穿着工作服整齐地站在自己的康拜因旁边，就像坦克手在进入战斗之前的样子，一个个庄严、肃穆，有的甚至显得过分严肃。只是当姑娘们将新割下的麦穗编成的花环套到他们的脖子上的时候，他们才笑了笑，露了露白牙。这是此地的风俗，用这种方式来庆祝开镰。别特洛也笑嘻嘻地站在成年的康拜因手中间，紧靠着爸爸；等到给他戴上花环，他为了掩盖自己的窘态，装出鬼脸，故意将头转来转去的，那意思是说：光荣倒是光荣，就是戳得受不了……这时候，歌声越来越嘹亮、高亢，姑娘们忘情地放声高唱，就像天空的云雀，仿佛她们不是唱给地上的人们听的，是向远方，向飞翔在云天之外的什么人倾诉自己的激情。

到了预定的时间，从小麦的海洋远方驰来一名骑手。这是农技员的儿子，高年级学生。他将一束小麦高高地举在头上，飞驰而来，这时歌声更嘹亮了。这名小骑手在下马的时候，一只脚卡在马镫上，差一点从马上摔下来，差一点在这样庄严的时刻出丑，幸亏没有摔下来，但也吓得脸上发白；他下马之后，朝契列得尼琴柯跑去，在主席面前立正站定。他穿着蓝色的灯笼裤，腰上束着宽宽的红带，显得十分神气；他懂得此刻的重大意义，因此十分严肃地报告说：

“样穗取到！”

他将麦穗双手交给了主席。契列得尼琴柯今天也像参加检阅一样，胸前佩戴着金星勋章，摆出这种时刻应有的庄严和肃穆神情，不管走到哪里，他那巨人般的大块头都特别显眼，特别与众不同。主席如今是双喜临门：这里大丰收，在国外的儿子又终于为他添了孙子……这时开镰仪式已经接近尾声，虽然这里似乎一切都正常地进行着，但是否还有问题呢？契列得尼琴柯时时注意观察每一项程序的进展。只见麦穗在农技员、队长、老农们的手里传递着，他们急不可待地搓去小麦的糠皮，放到嘴里用牙咬一咬，对主席点点头，意思是说：行了，可以收割了。虽然这项程序事实上也只是一种仪式、一种传统的风俗，并无多大实际意义，因为有关的一些人经常在观察小麦生长状况，昨天和今天早晨还认真检查了麦穗的成熟程度，但应有的仪式不能省略，还是要照章办事。契列得尼琴柯以总裁判的身份，同合唱团一起站在木板搭成的戏台上，等待着那些有裁判权的别的裁判员发表意见。然后，他把所有的意见归纳到一起，就好像把散乱的麦穗捆成了一捆，算是最后决定，他于是庄严地宣布：

“乡亲们，庄稼熟了，可以收割了！大家说说，我们请谁来开镰？”

他用郑重的眼光扫视着在场的人，首先是那些因功得奖和德高望重的人，最后停留在老水手雅戈尼奇那矮壮的身上：

“我们就请他，请海神爷来开镰好不好？古里耶维奇，怎么样？拿出当年的本事，没有忘记吧？”

大家轰动起来，一致表示赞成。有的说俏皮话，取笑老师傅说：让他露两下子吧，会开船，割麦子还不是呱呱叫？年轻人则热烈鼓掌。合唱团在文化宫主任的指挥下加大了唱歌的音量，表示热烈赞成。

这时一把镰刀已经递到雅戈尼奇手里，这是一把非常原始的镰刀，差不多是博物馆里的东西，镰柄磨得光光的。契列得尼琴柯亲热地鼓励他说：

“老哥，别胆怯！……”

然后他兴奋地望着自己童年时的伙伴，注视着他的每一个动作，不住地用带笑的目光鼓励他，雅戈尼奇此刻深受感动，手握镰刀，只觉得全身热血沸腾：库拉耶夫村全村的人给予自己这样崇高的荣誉，这可不是一件等闲的事！

镰刀哧啦哧啦地钻进金光闪闪、密密扎扎的小麦丛里。雅戈尼奇多年没有干农活，现在干起来觉得吃力、不灵活，两只手不听使唤；但他干得很认真，麦把子放得很整齐；他越割越有信心，手也越听使唤。他觉得自己又成了这块土地的主人，这块土地似乎又成了他的劳动伙伴。

传来合唱团的歌声：

“在陡峭的海岸上
庄稼人催赶着麦浪……”

“割得好！好极了！”大家齐声称赞说，“还没有忘记！……放得好齐整！”

这时，一个穿着节日服装的健壮的年轻媳妇也在旁边忙了起来，她像抱小娃娃似的，将割倒的小麦轻轻地、小心翼翼地抱了起来，放到一根细细的草绳上，熟练地将草绳一提，用膝盖将小麦紧紧压住，将草绳勒紧打个结子，第一捆小麦捆好了。这捆小麦翘着像胡子一样的麦芒，站在契列得尼琴柯面前，在他眼里，这不是金黄色的小麦，这是已经成为现实的黄金梦！

“乡亲们，谢谢大家！小伙子们，姑娘们，我向大家祝贺收割开始！”契列得尼琴柯激动地喊，接着便大声向康拜因手发布命令：“弟兄们，动手！”

这些原野上的战士们一齐行动，朝检修得焕然一新的自己的机子走去，一面走着一面摘下脖子上的花环，突然换成平时那种庄重的神情，飞快地爬到机子上，抓起驾驶盘。马达一齐响了起来。第一部康拜因进入战斗，接着是第二部、第三部……原野上新的战斗开始了！

英娜像送别远征的亲人似的，目送着机子上的爸爸和弟弟，弟弟那尚未长丰满的身影特别表现出临战前聚精会神的神态……一台台的康拜因向前开去，钻进金黄色的小麦海洋，第一批小麦泛着朝霞的颜色进入谷箱，顷刻间，辽阔的草原上升起第一团尘雾，有如报告战斗来临的烽烟：暂时还是稀稀的、淡淡的、半透明的，明天就会变成团团的烟云，将整个天空遮得严严的，辽阔的天空将变得灰蒙蒙的一片昏暗。

开镰仪式结束，正常的劳动开始了——一场持久的，艰苦的，不分昼夜的战斗打响了……大家都懂得时间不等人，都很快地散去：一辆汽车将合唱团送走了，姑娘们头上鲜艳的彩带渐渐看不到了。人们在动手拆戏台，拍电影的人在收拾机子。这时候，只见大路上有一辆摩托车从库拉耶夫村方向飞驰而来，来的是涅莉雅的儿子萨什柯，他骑的不知是谁的摩托车。萨什柯一面刹车，一面冲着雅戈尼奇喊道：

“您的电报！”

他将一封电报递过去。

雅戈尼奇非常激动地接过电报，拿在手里呆了一会儿，好像还不相信这是给他的，然后递给英娜说：

“念给我听听……”

电报是“猎户星号”打来的：聘请雅戈尼奇参加一次重要的航行。

三　十

度过了闷热的夏季，又是秋天的月夜。秋天带来第一场狂吼的风暴，这股好似来自天外的强大力量，掠过月色苍茫的海域，将闪着银光的巨浪一阵阵推向无遮无拦的海岸，岸边沙包上，隐隐约约有一个孤零零的少女身影。

她似乎是在深思遐想，大海在汹涌翻腾，或者如诗歌中所说的，大海在嬉戏；大海永不停息，大海在神话般的月光照射下，无休无歇、飘忽不定地闪动着粼粼的波光，令人产生一种神秘莫测之感。

在这样的夜晚，整个海滨在拍岸浪涛缓慢而无休歇的伴奏声中沉沉入睡，只有一轮明月孤零零地悬在天空，洒射着分外明亮的光华，还有天空饱蘸着月光的浮云闪出白银般的光泽，这时候，有两只白色的家鹅，出来迎接拍岸的浪涛，倾听大海的喧嚣，沐浴明月的光华——不知这是柯尔夏克老爹的鹅，还是奥维得的鹅。白天这些鹅爱钻草丛，一到夜里……一听到浪涛的翻滚声，就朝岸边奔来。是什么东西吸引着它们？是什么力量使这些家禽不在自己舒舒服服的窝里过夜，夜夜来到这空旷、凄凉的海边迎接大海的波涛？它们是不是来担任守卫，是不是担心敌人来犯？它们在古老的年代原也能够飞翔，它们本也能领略翅膀划动时的动人旋律和飞行的欢乐，是不是这种原始的本能如今又在它们身上蠢动，使它们不能安眠？谁能知道，这拍岸的浪涛、天空中银光闪闪的行云，这明亮而神秘的夜色，为什么会使这些靠野草为生的家禽如此迷恋……

有一对鹅顺着海岸走去……在雅戈尼奇改装的那条作咖啡馆的船边停了下来。这会儿这座“海盗”咖啡馆里静悄悄的，一个人也没有，只有那古式的船灯依然亮着：正是这种昏暗的船灯，在中世纪那些泊船的城市，曾经给弯弯曲曲的码头街道带来光明。船头的水神在朦胧的月光中更能引起人无限的幽思和遐想，好像真的是一只含笑的鸟儿刚刚飞出船心，正准备向前飞，飞向浪涛翻滚和洒满月光的辽阔海域。

在月光下，那一个一个的浪头，宛如大大小小的马群，不停地奔腾、跳跃，那奔腾、跳跃得最欢快的地方，便是去年一个夏夜奥维得来时走的那条月光长毯。

两只白鹅在海边大摇大摆地走着，它们那带蹼的爪子在沙上印下许多精致的花纹，留给人们明天早晨去欣赏。它们有时也叫几声，彼此交换一下意见，不过它们的语言只有它们自己才懂。

它们走到沙包跟前，停了下来，沙包之下宛如平添了两团白雪。它们看到人的身影，好像一下子猜透了人的心思，“咯咯嗒嗒”地叫了两声，仿佛在说：

“归来啦！归来啦！”

它们站了一会儿，又叫了两声，接着又往前走。它们夜夜离开它们待惯了的草丛，来到浪花飞溅的岸边，确实令人不解其中奥妙。究竟是什么神秘的力量促使这一对有灵性的禽鸟到这里来的？它们通宵达旦地守卫着什么人？它们倾听这渺渺太空中的什么音响？

波涛翻滚，月色皎洁，每座沙包似乎都听到了鹅的叫声：

“归来啦！归来啦！”

这时在远方，在一片月光的热带海域，“猎户星号”正挂着满帆，乘长风，冲破万里巨浪，奋力向祖国，向着亲爱的海岸行驶。